THÉATRE CLASSIQUE
DES FRANÇAIS.
TOME XII.

OEUVRES
DE J. RACINE.
TOME PREMIER.

OEUVRES
DE J. RACINE.

TOME PREMIER.

PARIS,

CHEZ TREUTTEL ET WÜRTZ, RUE DE LILLE, N° 17;

ET MÊME MAISON DE COMMERCE,

A STRASBOURG, GRAND'RUE, N° 15. — LONDRES, 30, SOHO-SQUARE.

1831.

AVANT-PROPOS

DES

ÉDITEURS.

Une Notice biographique et littéraire tient ici lieu d'une Préface générale de l'auteur, qui a seulement accompagné de Préfaces particulières chacune de ses pièces, rangées dans notre édition par ordre de dates. Les volumes qui les contiennent sont suivis de notes dues en partie aux Remarques de Laharpe, et où l'on compare et rappelle celles des principaux commentateurs et grammairiens. Une lettre intéressante d'Antoine Arnauld sur *Athalie* a trouvé sa place à la suite de cette pièce qui termine le théâtre de Racine.

Les Poésies diverses, qui forment la première division de ses autres OEuvres, et contiennent les Odes, Hymnes, Cantiques, Epigrammes, etc., sont également suivies de Notes grammaticales. Les OEuvres diverses en prose, qui composent la deuxième division, contiennent entre autres ouvrages, les deux parties de l'Abrégé de l'Histoire de Port-Royal; le Fragment publié par Louis Racine relatif à l'Histoire de Louis XIV, avec la Relation du Siége de Namur; le Banquet de Platon, traduit en partie par Racine.

Le dernier volume contient les différentes parties de la Correspondance, précédées d'Avertissements de Louis Racine, savoir, les Lettres de Racine, écrites dans sa jeunesse à ses amis; les Lettres fameuses adressées à l'auteur des Hérésies imaginaires, avec les Réponses et les Répliques; les Lettres de la Correspondance de Racine avec La Fontaine, et principalement avec Boileau; enfin les Lettres de Racine à son fils, avec les motifs des Extraits donnés par Louis Racine des Lettres de son père. Des Notes historiques ou bibliographiques ont été jointes aux diverses Lettres; et plusieurs dates et indications ont été rectifiées dans celles qui avoient été précédemment imprimées.

NOTICE
SUR LA VIE ET LES OUVRAGES
DE RACINE.

JEAN RACINE naquit à la Ferté-Milon le 21 décembre 1639 : il apprit le latin au collège de Beauvais, et le grec sous Claude Lancelot, sacristain de Port-Royal. Ce savant homme, auteur de plusieurs ouvrages utiles, le mit, dit-on, en moins d'un an, en état d'entendre Euripide et Sophocle. L'expérience prouve qu'il n'y a aucune langue, ni même aucune science, dans laquelle, avec de l'application, de l'aptitude, et, ce qui est plus rare encore, de bons maîtres, on ne puisse faire des progrès assez rapides : mais la langue grecque est si étendue, si abondante, ses formes sont si variées, si hardies, et la plupart des mots qui la composent ont des nuances si délicates, si fugitives, et cependant si distinctes pour qui sait les saisir, qu'on persuadera difficilement à ceux qui ont fait une étude approfondie de cette langue, que neuf ou dix mois, un an même, si l'on veut, aient suffi à Racine pour bien entendre Euripide, et surtout Sophocle, dont les chœurs ne sont pas sans obscurité, même pour les meilleurs critiques.

Racine montra, dès ses premières années, un goût très-vif pour la poésie. Son plus grand plaisir étoit d'aller s'enfoncer dans les bois, dont le vaste silence est si favorable à la méditation, et semble même y inviter. C'est là que, solitaire, il lisoit sans cesse les tragiques grecs, qu'il savoit presque par cœur, et dont il a osé le premier transporter dans sa langue les tours, les expressions, et les images.

Ayant trouvé le roman grec des amours de Théagène et de Chariclée, il le lisoit avidement, lorsque Claude Lancelot son maître, animé de ce zèle indiscret et peu réfléchi qui fait passer le but lorsqu'il ne faudroit que l'atteindre, lui arracha ce livre, et le jeta au feu. Un second exemplaire ayant eu le même sort, le jeune homme en acheta un troisième; et, après l'avoir appris par cœur, il le porta à Lancelot en lui disant : « Vous pouvez brûler encore celui-ci « comme les autres. »

Ses premiers essais de poésie latine en français ne furent pas heureux; mais il est si difficile d'écrire, même médiocrement, dans une langue morte, qu'on pardonne sans peine à Racine d'avoir fait de mauvais vers latins. Horace et Virgile peuvent nous consoler du peu de succès des modernes dans ce genre d'écrire, et devroient même les dispenser de s'y exercer.

Un homme de génie se plaît un moment à consacrer, dans un beau vers latin, la mémoire de deux événements qui font époque, l'un dans l'histoire des sciences, l'autre dans celle des empires ; mais il n'entreprendra pas de faire une ode, une épître, un poème, dans une langue qu'on ne parle plus : il aura surtout le bon esprit de préférer le mérite si nécessaire et si rare d'écrire dans sa langue avec pureté, élégance et précision, au vain plaisir de faire de barbares et d'insipides centons dans une langue que les artisans, je dirois presque les porte-faix de Rome, entendoient, écrivoient, et parloient mieux que nous.

A peine Racine eut-il achevé sa philosophie, qu'il se fit connoître assez avantageusement par son ode intitulée, LA NYMPHE DE LA SEINE. Cette pièce, qu'il publia en 1660 à l'occasion du mariage du roi, fut jugée la meilleure de toutes celles qui parurent sur le même sujet. Chapelain, alors arbitre souverain du Parnasse, et que le jeune Racine avoit consulté sur son ode, parla si favorablement à Colbert et de l'ode et du poète, que ce ministre lui envoya cent louis de la part du roi, et le mit peu de temps après sur l'état pour une pension de 600 livres. Si les vers de Chapelain ne font pas beaucoup d'honneur à son esprit, ce procédé en fait beaucoup à son discernement et à son caractère ; et le philosophe célèbre qui a soutenu, par des raisons aussi solides qu'éloquentes, qu'une belle page étoit plus difficile à faire qu'une belle action, pouvoit citer cet exemple comme une nouvelle preuve de la vérité de son opinion.

Ce premier succès, dans un âge où il n'y en a point d'indifférent, ne fit qu'accroître la passion de Racine pour la poésie, et le détermina à s'y livrer entièrement. L'étude épineuse de la jurisprudence, celle de la théologie, ces deux sciences dans lesquelles il est si difficile, même avec de grands talents, de fixer sur soi les regards du public, et de se faire une réputation durable, contrarioient trop son goût dominant pour qu'il pût se résoudre à suivre l'une ou l'autre carrière, comme ses amis et ses parents le desiroient. Cependant, par déférence pour un oncle qui vouloit lui résigner son bénéfice, Racine s'appliqua à la théologie, mais sans négliger ses occupations chéries : « Je passe mon temps, écrivoit-il à La Fon- « taine, avec mon oncle, saint Thomas, Virgile, et « l'Arioste. » Il faisoit des extraits des poètes grecs, lisoit Plutarque et Platon, étudioit surtout sa langue, qu'il a parlée depuis si purement, et à laquelle il a su donner, par un choix, une propriété d'expressions qui étonne, et par des associations de mots aussi heureuses que neuves et hardies, une richesse, une énergie, un mouvement, qu'elle n'avoit point eus jusqu'alors.

De retour à Paris en 1664, il y fit connoissance avec Molière, ce poète si philosophe qui a eu tant de successeurs et pas un rival, et que Boileau regardoit comme le génie le plus rare du siècle de Louis XIV. Une circonstance assez délicate, dans laquelle Racine se conduisit avec une légèreté que son âge rend excusable, causa entre Molière et lui un refroidissement qui dura toujours ; mais ils ne cessèrent jamais de s'estimer, et de se rendre mutuellement la justice qu'ils se devoient.

Racine se lia la même année avec Boileau, qui se vantoit de lui avoir appris à faire difficilement des vers faciles. Dès ce moment il s'établit entre eux un commerce d'amitié qui a duré sans interruption jusqu'à la mort de Racine, et dont la douceur n'a même été altérée par aucun de ces troubles intestins et passagers qui s'élèvent quelquefois parmi les amis les plus étroitement unis.

Alexandre fut joué en 1665. Corneille, à qui Racine l'avoit lu, lui dit « qu'il avoit un grand talent « pour la poésie, mais qu'il n'en avoit point pour la « tragédie. » Ce jugement nous paroît étrange, parce qu'il se lie dans notre esprit avec cette estime habituelle et sentie que nous avons pour Racine, et surtout avec l'admiration profonde que la lecture ou la représentation de ses pièces nous inspire ; mais, si l'on fait réflexion que ce n'est point à l'auteur d'Iphigénie, de Phèdre, et de Britannicus, que Corneille a tenu ce discours, mais au jeune poète qui avoit fait la Thébaïde et Alexandre, on ne doutera pas que Corneille ne fût de bonne-foi : on dira seulement qu'il s'est trompé, et que ce qu'il a dit avec raison d'ALEXANDRE il ne l'eût certainement pas dit d'ANDROMAQUE, qui fut jouée deux ans après, et que les premières tragédies de Racine ne pouvoient pas faire espérer. En effet, lorsqu'on mesure l'intervalle immense qui sépare ces deux pièces, on applique à Racine ces beaux vers d'Homère, si bien traduits par Boileau :

> Autant qu'un homme assis au rivage des mers
> Voit d'un roc élevé d'espace dans les airs,
> Autant des immortels les coursiers intrépides
> En franchissent d'un saut

ANDROMAQUE, « pièce admirable, à quelques scènes « de coquetterie près* », excita le même enthousiasme que LE CID, et ne le méritoit pas moins. Les applaudissements que Racine reçut à cette occasion étoient d'autant plus flatteurs, que de nouveaux succès dans une carrière que Corneille avoit parcourue avec tant de gloire, étoient nécessairement plus difficiles à obtenir. Lorsqu'un art ou une science a déjà fait de grands progrès chez un peuple, il faut plus de sagacité, plus de génie, pour reculer d'un pas les limites de cet art ou de cette science, qu'il n'en falloit aux premiers inventeurs pour porter l'un ou l'autre au point où ils l'ont laissé.

---

* C'est le jugement que Voltaire en porte.

Un fait assez singulier, c'est que dans le privilége d'ANDROMAQUE on donne à Racine le titre de Prieur de l'Epinay; mais il n'en jouit pas long-temps : le bénéfice lui fut disputé; et il n'en retira pour tout fruit qu'un procès que ni lui ni ses juges n'entendirent jamais, comme il le dit dans la préface des PLAIDEURS, dont ce procès fut en partie l'occasion ou le prétexte.

BRITANNICUS suivit de près ANDROMAQUE; mais sa destinée ne fut pas aussi heureuse. Soit que les amis de Corneille, trop exclusifs sans doute, et, par une suite de cette intolérance qui domine plus ou moins dans toutes les opinions quel qu'en soit l'objet, aient étouffé par leurs critiques malignes et insidieuses la voix presque toujours foible et timide de la louange; soit plutôt que les beautés dont la pièce de Racine étincelle eussent un caractère trop sévère, trop antique pour le temps où elle parut, et qu'il en soit en littérature comme en politique, où, même pour les meilleures choses, il est nécessaire que les esprits soient préparés, il est certain qu'on ne sentit pas d'abord le mérite de BRITANNICUS. Cette pièce, un des plus estimables ouvrages de Racine, « où l'on « trouve, dit Voltaire, toute l'énergie de Tacite ex- « primée dans des vers dignes de Virgile », fut reçue très-froidement, et ne réussit même que dans un temps où ce succès trop attendu devoit peu le flatter, et ne pouvoit presque rien ajouter à sa réputation.

Il avoue dans sa préface, avec cette candeur et cette modestie qu'on ne trouve que dans les hommes d'un talent supérieur, qu'il doit beaucoup à Tacite, qu'il appelle même le plus grand peintre de l'antiquité. On voit avec plaisir un juge aussi éclairé, et d'un goût aussi correct, aussi pur que Racine, rendre cette justice à Tacite : mais, ce qui fait seul l'éloge de cet excellent historien, c'est que partout où Racine s'est proposé de l'imiter, il est resté au-dessous de lui, et que ces imitations, souvent aussi heureuses que le génie si différent des deux langues le comporte et qu'une traduction en vers le permet, sont peut-être les plus beaux endroits de BRITANNICUS, où, comme Racine le remarque, « il n'y a pres- « que pas un trait éclatant dont Tacite ne lui ait « donné l'idée. »

Je n'entrerai dans aucun détail sur les autres pièces de Racine : il suffit d'observer en général qu'elles eurent le sort de tous les bons ouvrages, c'est-à-dire qu'elles furent critiquées avec autant de fiel que d'ignorance par les Zoïles du temps, et justement admirées des vrais connoisseurs, les seuls hommes dont le suffrage entraîne tôt ou tard celui de la nation, et dont la voix se fasse entendre dans l'avenir.

Après avoir donné en six ans cinq tragédies, dont la plus foible est écrite avec une élégance, un charme qui fait presque disparoître ou pardonner la langueur et la monotonie du seul sentiment qui y règne, Racine renonça à la poésie, et termina en 1677 sa carrière dramatique par la tragédie de PHÈDRE. Il avoit pour cette pièce une prédilection fondée sur d'assez fortes raisons; il disoit même que, s'il avoit produit quelque chose de parfait, c'étoit PHÈDRE. Pour moi, il me semble que cette perfection qu'il cherchoit, et dont personne n'a plus approché que lui, se trouve d'une manière plus sensible et plus frappante dans IPHIGÉNIE, quoique le caractère de Phèdre, que Voltaire appelle « le chef-d'œuvre de « l'esprit humain, et le modèle éternel, mais inimi- « table, de quiconque voudra jamais écrire en vers », soit incontestablement le plus tragique et le plus sublime qu'il y ait au théâtre.

Racine fut reçu à l'Académie françoise en 1673, et y remplaça la Mothe le Vayer. Quelques années après, il fut nommé avec Boileau historiographe du roi. M. de Valincour prétend avec beaucoup de vraisemblance, « qu'après avoir long-temps essayé ce « travail, ils sentirent qu'il étoit tout-à-fait opposé « à leur génie. » C'est que, pour bien écrire l'histoire, il ne suffit pas d'être bon poète; il faut un talent peut-être aussi rare, et que le premier ne suppose pas, celui de bien écrire en prose : il faut de plus une grande connoissance des hommes, qui ne s'acquiert point dans le silence de la retraite; une longue expérience que rien ne peut suppléer, et qui tient à un courant subtil des choses de la vie bien observées; un grand fonds d'idées, d'instruction, de raison, de philosophie; avantages qui se trouvent rarement réunis : en un mot, il faut avoir le mérite de Tacite et de Voltaire, qui, dans deux genres très-distincts, et en prenant chacun une route aussi diverse que le caractère de leur esprit et la nature des objets dont ils se sont occupés, ont laissé à la postérité les deux plus beaux modèles d'histoire qui existent dans aucune langue et chez aucun peuple, et les deux seuls entre lesquels il soit permis de balancer, et très-difficile de choisir.

Plusieurs anecdotes de la vie de Racine, ses épigrammes, et surtout la préface de la première édition de BRITANNICUS, où il tourne finement en ridicule, mais avec une ironie très-amère, la plupart des pièces de Corneille, décèlent en lui cet esprit caustique et ce caractère irascible qu'Horace attribue à tous les poètes, qu'il appelle si plaisamment une race colère. La religion, vers laquelle Racine tourna d'assez bonne heure toutes ses pensées, avoit modéré son penchant pour la raillerie; et, ce qui étoit peut-être plus difficile encore, parce que le sacrifice étoit plus grand et plus pénible pour l'amour-propre, elle avoit éteint en lui la passion des vers et celle de la gloire, la plus forte de toutes dans les hommes que la nature a destinés à faire de grandes choses : mais elle n'avoit pu affoiblir son talent pour la poésie. Douze années presque uniquement consacrées aux devoirs de la piété, dont le sentiment tranquille et doux étoit devenu un besoin pour lui et remplissoit son ame tout entière, ne lui avoient rien fait perdre de ce génie heureux et facile qu'on remarque dans tous ses ouvrages : il suffit, pour s'en convaincre, de lire avec attention les deux dernières pièces qu'il fit, à la sollicitation de madame de Maintenon, pour les demoiselles de Saint-Cyr.

Esther fut représentée par les jeunes pensionnaires de cette maison, que l'auteur avoit formées à la déclamation. Madame de Sévigné fait mention, dans une de ses lettres, des applaudissements que reçut cette tragédie, qu'elle appelle *un chef-d'œuvre de Racine*. « Ce poète s'est surpassé, dit-elle ; il aime Dieu
« comme il aimoit ses maîtresses ; il est pour les choses
« saintes comme il étoit pour les profanes : tout est
« beau, tout est grand, tout est écrit avec dignité. »

On est d'abord un peu étonné de cette admiration exagérée que madame de Sévigné montre ici pour Esther, après avoir parlé si froidement, pour ne pas dire si dédaigneusement, d'Andromaque, de Britannicus, de Bajazet, de Phèdre, etc., pièces très-supérieures à Esther : mais lorsqu'on se rappelle que, fidèle à ce qu'elle appeloit ses vieilles admirations, elle écrivoit à sa fille que « Racine n'iroit pas
« loin, et que le goût en passeroit comme celui du

« café, » on ne voit plus dans la critique comme dans l'éloge que le même défaut de tact et de jugement.

Quoiqu'Esther offre de très-beaux détails, soutenus de ce style enchanteur qui rend la lecture de Racine si délicieuse, il faut avouer que les applications particulières et malignes que les courtisans firent de plusieurs vers de cette tragédie à certains événements du temps contribuèrent beaucoup au grand succès qu'elle eut à la cour : mais le public, qui jugeoit la pièce en elle-même, et dans l'opinion duquel ces applications, bonnes ou mauvaises, ne pouvoient ajouter à l'ouvrage ni une beauté ni un défaut, ne lui fut pas aussi favorable qu'on l'avoit été à Versailles; et l'on convient généralement aujourd'hui que le public eut raison.

Deux ans après, Racine, flatté d'avoir réussi dans un genre dont il étoit l'inventeur, et qui peut-être avoit senti renaître en lui le desir si naturel et si utile de la gloire, traita dans les mêmes vues le sujet d'Athalie. Mais le long silence qu'il s'étoit imposé, et qui auroit dû lui faire pardonner sa réputation, n'avoit pu encore désarmer l'envie : tous les ressorts les plus actifs, et dont l'effet est le plus sûr lorsqu'on veut nuire, furent mis en mouvement; et l'on parvint enfin à jeter dans l'esprit de madame de Maintenon des scrupules qui firent supprimer les spectacles de Saint-Cyr; et Athalie n'y fut point représentée. Racine la fit imprimer en 1691; mais elle trouva peu de lecteurs. On se persuada qu'une pièce faite pour des enfants n'étoit bonne que pour eux; et les gens du monde, qui craignent l'ennui autant que la douleur, et qui, moins par défaut de lumières que d'application, n'ont guère en général d'autres sentiments que ceux qu'on leur inspire, suivirent le torrent, et continuèrent à dépriser ATHALIE sans l'avoir lue.

Racine, étonné que le public reçût avec cette indifférence un ouvrage qui auroit suffi pour l'immortaliser, s'imagina qu'il avoit manqué son sujet; et il l'avouoit sincèrement à Boileau, qui lui soutenoit au contraire qu'ATHALIE étoit son chef-d'œuvre : « Je m'y « connois, lui disoit-il; et le public y reviendra. » La prédiction de Boileau s'est accomplie, mais si long-temps après la mort de Racine, que ce grand homme n'a pu ni jouir du succès de sa pièce, ni même le prévoir.

Cette nouvelle injustice du public, qui venoit de commettre un second crime envers la poésie et le bon goût, détermina enfin Racine à ne plus s'occuper de vers, et à renoncer pour jamais au théâtre. Il étoit né très-sensible; et cette extrême mobilité d'ame, qui donnoit à la fortune et aux événements tant de moyens divers de le tourmenter et de le rendre malheureux, devint en effet pour lui une source de peines. « Quoique les applaudissements que j'ai reçus, « disoit-il, m'aient beaucoup flatté, la moindre criti-

« que, quelque mauvaise qu'elle ait été, m'a toujours
« causé plus de chagrin que toutes les louanges ne
« m'ont fait de plaisir. » Un homme du génie le plus
fécond, le plus original et le plus universel qu'il y ait
jamais eu, et qui a d'ailleurs beaucoup d'autres rapports avec Racine, auroit pu faire le même aveu.

La sensibilité de Racine se portoit sur tous les objets ; elle abrégea même ses jours. Il avoit fait, à la sollicitation de madame de Maintenon, et pour répondre à la confiance qu'elle lui témoignoit, un projet de finances dont l'objet étoit de proposer un plan de réforme et de législation qui pût soulager la misère du peuple. Louis XIV surprit ce projet entre les mains de madame de Maintenon, et blâma hautement le zèle inconsidéré de Racine. « Parce qu'il sait
« faire parfaitement des vers, dit le roi, croit-il tout
« savoir ? et parce qu'il est grand poète, veut-il être
« ministre ? » Racine auroit mieux fait sans doute, pour sa gloire et pour son repos, de donner au public une bonne tragédie de plus, que de s'occuper à écrire des lieux-communs plus ou moins éloquents sur des matières qu'il n'avoit pas étudiées, et sur lesquelles, avec beaucoup de connoissances et une longue expérience, il est si facile et si ordinaire de se tromper. Mais la vanité lui fit un moment illusion : son amour-propre fut flatté que madame de Maintenon l'eût choisi pour porter la vérité, ou ce qu'il prenoit pour elle, au pied du trône ; et l'espoir si séduisant et si

doux de devenir l'instrument du bonheur du peuple, après avoir été si long-temps celui de ses plaisirs, lui ferma les yeux sur les dangers de sa complaisance.

Cependant madame de Maintenon lui fit dire de ne pas paroître à la cour jusqu'à nouvel ordre. Dès ce moment Racine ne douta plus de sa disgrâce. Accablé de mélancolie, et portant partout le trait mortel dont il étoit atteint, il retourna quelque temps après à Versailles : mais tout étoit changé pour lui, ou du moins il le crut ainsi ; et Louis XIV un jour ayant passé dans la galerie sans le regarder, Racine, qui n'étoit pas, dit Voltaire, aussi philosophe que bon poète, en mourut de chagrin * après avoir traîné pendant un an une vie languissante et pénible.

On ne peut assez regretter que Racine, trop indifférent pour ses tragédies profanes, qu'il auroit même voulu pouvoir anéantir s'il en faut croire son fils, ait toujours négligé de donner une édition correcte de ses œuvres. Toutes celles qui ont paru de son vivant et depuis sa mort sont si fautives, et le texte en est si corrompu, que je ne connois aucun ouvrage qui ait plus souffert de l'incapacité des éditeurs et de la négligence des imprimeurs. L'édition publiée avec des commentaires est plus belle, mais non plus exacte que les précédentes ; et l'on doit surtout reprocher aux éditeurs de n'avoir porté dans l'examen et le choix

---

* Le 22 avril 1699.

des diverses leçons ni une critique assez éclairée, ni un goût assez sévère. A l'égard de leurs notes, il me semble qu'à l'exception des remarques de Louis Racine et de l'abbé d'Olivet, dont ils ont profité, mais qu'ils n'ont pas toujours entendues, elles n'offrent rien d'utile et d'instructif. Peut-être aussi Voltaire étoit-il seul capable de faire un bon commentaire sur Racine, et d'apprécier avec justesse ses beautés et ses défauts; mais on ne trouve dans ses ouvrages que des réflexions générales sur cet auteur, et quelques observations particulières sur BÉRÉNICE, qui sont un modèle de goût, de précision, et qui montrent toutes un jugement sain, une étude profonde et réfléchie des principes de l'art, des vues neuves et fines sur la langue et sur la poétique, et partout l'admiration la plus sincère pour Racine. Voltaire le croyoit le plus parfait de tous nos poètes, et le seul qui soutienne constamment l'épreuve de la lecture. Il en parloit même avec tant d'enthousiasme, qu'un homme de lettres lui demandant pourquoi il ne faisoit pas sur Racine le même travail qu'il avoit fait sur Corneille : « Il est tout fait, « lui répondit Voltaire; il n'y a qu'à écrire au bas de « chaque page, *beau, pathétique, harmonieux, su-* « *blime.* »

NOTICE

SUR

LES ENFANTS DE JEAN RACINE.

Jean Racine, né à la Ferté-Milon, le 21 décembre 1639, de Jean Racine, contrôleur du grenier à sel, et de Jeanne Sconin, mourut le 22 avril 1699, à 59 ans. Il fut marié en 1677 avec Catherine de Romanet, fille d'un trésorier de France, et eut six enfants de ce mariage.

Les voici dans l'ordre de leur naissance :

1° Jean-Baptiste Racine, mort garçon, le 31 janvier 1740;

2° Marie-Catherine, mariée à Pierre-Claude Colin de Morambert, le 5 juin 1699, et morte le 6 décembre 1751;

3° Anne Racine, morte religieuse au couvent de Notre-Dame de Variville;

4° Jeanne-Nicole-Françoise, morte fille, le 22 sept. 1739; à l'abbaye de Malnoue, où elle étoit pensionnaire depuis six ans;

5° Madelène, morte fille, le 7 janvier 1741;

Et 6.° *Louis Racine*, auteur du poème de la Religion, né le 2 novembre 1692, marié à Marie Presle, et décédé le 29 janvier 1763.

Le contrat de mariage de Louis Racine a été passé devant M.ᵉ Sellier, notaire à Paris, le 1ᵉʳ avril 1728. Il a eu de cette union un fils et deux filles. Le fils périt sur la plage de Cadix le 1ᵉʳ novembre 1755, dans la violente secousse de tremblement de terre qui renversa Lisbonne. Les deux filles se marièrent. L'aînée, *Anne Racine*, a été mariée à Louis-Grégoire *Mirleau de Neuville*, écuyer. Son contrat de mariage a été passé devant Mᵉ. Boulard, notaire à Paris, le 13 janvier 1746. La seconde, *Marie-Anne Racine*, a été mariée à Jacques-Bernard *Hariague*. Son contrat de mariage a été passé devant Mᵉ. Boulard, notaire, le 17 septembre 1752.

LA THÉBAÏDE,

ou

LES FRÈRES ENNEMIS,

TRAGÉDIE EN CINQ ACTES.

1664.

PRÉFACE.

Le lecteur me permettra de lui demander un peu plus d'indulgence pour cette pièce que pour les autres qui la suivent : j'étois fort jeune quand je la fis. Quelques vers que j'avois faits alors tombèrent par hasard entre les mains de quelques personnes d'esprit ; elles m'excitèrent à faire une tragédie, et me proposèrent le sujet de la Thébaïde.

Ce sujet avoit été autrefois traité par Rotrou, sous le nom d'Antigone ; mais il faisoit mourir les deux frères dès le commencement de son troisième acte : le reste étoit en quelque sorte le commencement d'une autre tragédie, où l'on entroit dans des intérêts tout nouveaux ; et il avoit réuni en une seule pièce deux actions différentes, dont l'une sert de matière aux Phéniciennes d'Euripide, et l'autre à l'Antigone de Sophocle.

Je compris que cette duplicité d'action avoit pu

nuire à sa pièce, qui d'ailleurs étoit remplie de quantité de beaux endroits. Je dressai à-peu-près mon plan sur les Phéniciennes d'Euripide : car, pour la Thébaïde qui est dans Sénèque, je suis un peu de l'opinion de Heinsius; et je tiens, comme lui, que nonseulement ce n'est point une tragédie de Sénèque, mais que c'est plutôt l'ouvrage d'un déclamateur, qui ne savoit ce que c'étoit que tragédie.

La catastrophe de ma pièce est peut-être un peu trop sanglante; en effet, il n'y paraît* presque pas un acteur qui ne meure à la fin : mais aussi c'est la Thébaïde, c'est-à-dire le sujet le plus tragique de l'antiquité.

L'amour, qui d'ordinaire a tant de part dans les tragédies, n'en a presque point ici : et je doute que je lui en donnasse davantage si c'étoit à recommencer; car il faudroit, ou que l'un des deux frères fût amoureux, ou tous les deux ensemble. Et quelle apparence de leur donner d'autres intérêts que ceux de cette fameuse haine qui les occupoit tout entiers? Ou

---

* Racine écrivoit ainsi *paraître* et *connaître*.

bien il faut jeter l'amour sur un des seconds personnages, comme j'ai fait; et alors cette passion, qui devient comme étrangère au sujet, ne peut produire que de médiocres effets. En un mot, je suis persuadé que les tendresses ou les jalousies des amants ne sauroient trouver que fort peu de place parmi les incestes, les parricides, et toutes les autres horreurs qui composent l'histoire d'OEdipe et de sa malheureuse famille.

PERSONNAGES.

ÉTÉOCLE, roi de Thèbes.
POLYNICE, frère d'Étéocle.
JOCASTE, mère de ces deux princes et d'Antigone.
ANTIGONE, sœur d'Étéocle et de Polynice.
CRÉON, oncle des princes et de la princesse.
HÉMON, fils de Créon, amant d'Antigone.
OLYMPE, confidente de Jocaste.
ATTALE, confident de Créon.
UN SOLDAT de l'armée de Polynice.
UN PAGE *.
GARDES.

La scène est à Thèbes, dans une salle du palais.

* *Esclave* désigné sous ce nom dans les éditions originales de Racine.

LA THÉBAÏDE,

OU

LES FRÈRES ENNEMIS,

TRAGÉDIE.

ACTE PREMIER.

SCÈNE I.

JOCASTE, OLYMPE.

JOCASTE.

Ils sont sortis, Olympe? Ah, mortelles douleurs!
Qu'un moment de repos me va coûter de pleurs!
Mes yeux depuis six mois étoient ouverts aux larmes,
Et le sommeil les ferme en de telles alarmes!
Puisse plutôt la mort les fermer pour jamais,
Et m'empêcher de voir le plus noir des forfaits!
Mais en sont-ils aux mains?
    OLYMPE.
       Du haut de la muraille
Je les ai vus déjà tous rangés en bataille;

J'ai vu déjà le fer briller de toutes parts;
Et pour vous avertir j'ai quitté les remparts.
J'ai vu, le fer en main, Etéocle lui-même :
Il marche des premiers; et d'une ardeur extrême
Il montre aux plus hardis à braver le danger.

JOCASTE.

N'en doutons plus, Olympe, ils se vont égorger.
(*A un page.*)
Que l'on coure avertir et hâter la princesse;
Je l'attends. Juste ciel, soutenez ma foiblesse!
Il faut courir, Olympe, après ces inhumains;
Il les faut séparer, ou mourir par leurs mains.
Nous voici donc, hélas! à ce jour détestable
Dont la seule frayeur me rendoit misérable!
Ni prières ni pleurs ne m'ont de rien servi;
Et le courroux du sort vouloit être assouvi.

O toi, Soleil, ô toi, qui rends le jour au monde,
Que ne l'as-tu laissé dans une nuit profonde!
A de si noirs forfaits prêtes-tu tes rayons?
Et peux-tu sans horreur voir ce que nous voyons?
Mais ces monstres, hélas! ne t'épouvantent guères:
La race de Laïus les a rendus vulgaires :
Tu peux voir sans frayeur les crimes de mes fils,
Après ceux que le père et la mère ont commis.
Tu ne t'étonnes pas si mes fils sont perfides,
S'ils sont tous deux méchants, et s'ils sont parricides :
Tu sais qu'ils sont sortis d'un sang incestueux;
Et tu t'étonnerois s'ils étoient vertueux.

SCÈNE II.

JOCASTE, ANTIGONE, OLYMPE.

JOCASTE.

Ma fille, avez-vous su l'excès de nos misères?

ANTIGONE.

Oui, madame : on m'a dit la fureur de mes frères.

JOCASTE.

Allons, chère Antigone, et courons de ce pas
Arrêter, s'il se peut, leurs parricides bras.
Allons leur faire voir ce qu'ils ont de plus tendre;
Voyons si contre nous ils pourront se défendre,
Ou s'ils oseront bien, dans leur noire fureur,
Répandre notre sang pour attaquer le leur.

ANTIGONE.

Madame, c'en est fait, voici le roi lui-même.

SCÈNE III.

JOCASTE, ÉTÉOCLE, ANTIGONE, OLYMPE.

JOCASTE.

Olympe, soutiens-moi; ma douleur est extrême.

ÉTÉOCLE.

Madame, qu'avez-vous? et quel trouble...

JOCASTE.

Ah, mon fils!
Quelles traces de sang vois-je sur vos habits?

Est-ce du sang d'un frère? ou n'est-ce point du vôtre?
ÉTÉOCLE.
Non, madame; ce n'est ni de l'un ni de l'autre.
Dans son camp jusqu'ici Polynice arrêté,
Pour combattre, à mes yeux ne s'est point présenté.
D'Argiens seulement une troupe hardie
M'a voulu de nos murs disputer la sortie :
J'ai fait mordre la poudre à ces audacieux;
Et leur sang est celui qui paraît à vos yeux.
JOCASTE.
Mais que prétendiez-vous? et quelle ardeur soudaine
Vous a fait tout-à-coup descendre dans la plaine?
ÉTÉOCLE.
Madame, il étoit temps que j'en usasse ainsi;
Et je perdois ma gloire à demeurer ici.
Le peuple, à qui la faim se faisoit déjà craindre,
De mon peu de vigueur commençoit à se plaindre,
Me reprochant déjà qu'il m'avoit couronné,
Et que j'occupois mal le rang qu'il m'a donné.
Il le faut satisfaire; et, quoi qu'il en arrive,
Thèbes dès aujourd'hui ne sera plus captive :
Je veux, en n'y laissant aucun de mes soldats,
Qu'elle soit seulement juge de nos combats.
J'ai des forces assez pour tenir la campagne;
Et si quelque bonheur nos armes accompagne,
L'insolent Polynice et ses fiers alliés
Laisseront Thèbes libre, ou mourront à mes pieds.
JOCASTE.
Vous pourriez d'un tel sang, ô ciel! souiller vos armes?
La couronne pour vous a-t-elle tant de charmes?

ACTE I, SCÈNE III.

Si par un parricide il la falloit gagner,
Ah, mon fils! à ce prix voudriez-vous régner?
Mais il ne tient qu'à vous, si l'honneur vous anime,
De nous donner la paix sans le secours d'un crime,
Et, de votre courroux triomphant aujourd'hui,
Contenter votre frère, et régner avec lui.

ÉTÉOCLE.

Appelez-vous régner partager ma couronne,
Et céder lâchement ce que mon droit me donne?

JOCASTE.

Vous le savez, mon fils, la justice et le sang
Lui donnent, comme à vous, sa part à ce haut rang :
Œdipe, en achevant sa triste destinée,
Ordonna que chacun règneroit son année ;
Et, n'ayant qu'un état à mettre sous vos lois,
Voulut que tour-à-tour vous fussiez tous deux rois.
A ces conditions vous daignâtes souscrire.
Le sort vous appela le premier à l'empire ;
Vous montâtes au trône ; il n'en fut point jaloux :
Et vous ne voulez pas qu'il y monte après vous!

ÉTÉOCLE.

Non, madame, à l'empire il ne doit plus prétendre :
Thèbes à cet arrêt n'a point voulu se rendre ;
Et, lorsque sur le trône il s'est voulu placer,
C'est elle, et non pas moi, qui l'en a su chasser.
Thèbes doit-elle moins redouter sa puissance,
Après avoir six mois senti sa violence?
Voudroit-elle obéir à ce prince inhumain,
Qui vient d'armer contre elle et le fer et la faim?
Prendroit-elle pour roi l'esclave de Mycène,

Qui pour tous les Thébains n'a plus que de la haine,
Qui s'est au roi d'Argos indignement soumis,
Et que l'hymen attache à nos fiers ennemis?
Lorsque le roi d'Argos l'a choisi pour son gendre,
Il espéroit par lui de voir Thèbes en cendre.
L'amour eut peu de part à cet hymen honteux;
Et la seule fureur en alluma les feux.
Thèbes m'a couronné pour éviter ses chaînes;
Elle s'attend par moi de voir finir ses peines :
Il la faut accuser si je manque de foi;
Et je suis son captif, je ne suis pas son roi.

JOCASTE.

Dites, dites plutôt, cœur ingrat et farouche,
Qu'auprès du diadème il n'est rien qui vous touche.
Mais je me trompe encor : ce rang ne vous plaît pas,
Et le crime tout seul a pour vous des appas.
Eh bien! puisqu'à ce point vous en êtes avide,
Je vous offre à commettre un double parricide;
Versez le sang d'un frère; et, si c'est peu du sien,
Je vous invite encore à répandre le mien.
Vous n'aurez plus alors d'ennemis à soumettre,
D'obstacle à surmonter, ni de crime à commettre;
Et, n'ayant plus au trône un fâcheux concurrent,
De tous les criminels vous serez le plus grand.

ÉTÉOCLE.

Eh bien, madame! eh bien! il faut vous satisfaire;
Il faut sortir du trône et couronner mon frère;
Il faut, pour seconder votre injuste projet,
De son roi que j'étois, devenir son sujet :
Et, pour vous élever au comble de la joie,

Il faut à sa fureur que je me livre en proie;
Il faut par mon trépas...

JOCASTE.

Ah, ciel! quelle rigueur!
Que vous pénétrez mal dans le fond de mon cœur!
Je ne demande pas que vous quittiez l'empire:
Régnez toujours, mon fils, c'est ce que je desire.
Mais si tant de malheurs vous touchent de pitié,
Si pour moi votre cœur garde quelque amitié,
Et si vous prenez soin de votre gloire même,
Associez un frère à cet honneur suprême:
Ce n'est qu'un vain éclat qu'il recevra de vous;
Votre règne en sera plus puissant et plus doux.
Les peuples, admirant cette vertu sublime,
Voudront toujours pour prince un roi si magnanime;
Et cet illustre effort, loin d'affoiblir vos droits,
Vous rendra le plus juste et le plus grand des rois.
Ou, s'il faut que mes vœux vous trouvent inflexible,
Si la paix à ce prix vous paraît impossible,
Et si le diadème a pour vous tant d'attraits,
Au moins consolez-moi de quelque heure de paix:
Accordez cette grâce aux larmes d'une mère.
Et cependant, mon fils, j'irai voir votre frère:
La pitié dans son ame aura peut-être lieu;
Ou du moins pour jamais j'irai lui dire adieu.
Dès ce même moment permettez que je sorte:
J'irai jusqu'à sa tente, et j'irai sans escorte;
Par mes justes soupirs j'espère l'émouvoir.

ÉTÉOCLE.

Madame, sans sortir, vous le pouvez revoir;

Et si cette entrevue a pour vous tant de charmes,
Il ne tiendra qu'à lui de suspendre nos armes :
Vous pouvez dès cette heure accomplir vos souhaits,
Et le faire venir jusque dans ce palais.
J'irai plus loin encore; et, pour faire connaître
Qu'il a tort en effet de me nommer un traître,
Et que je ne suis pas un tyran odieux,
Que l'on fasse parler et le peuple et les dieux.
Si le peuple y consent, je lui cède ma place;
Mais qu'il se rende enfin, si le peuple le chasse.
Je ne force personne; et j'engage ma foi
De laisser aux Thébains à se choisir un roi.

SCÈNE IV.

JOCASTE, ÉTÉOCLE, ANTIGONE, CRÉON, OLYMPE.

CRÉON, *au roi.*

Seigneur, votre sortie a mis tout en alarmes;
Thèbes, qui croit vous perdre, est déjà toute* en larmes;
L'épouvante et l'horreur règnent de toutes parts,
Et le peuple effrayé tremble sur ses remparts.

ÉTÉOCLE.

Cette vaine frayeur sera bientôt calmée.
Madame, je m'en vais retrouver mon armée;
Cependant vous pouvez accomplir vos souhaits,
Faire entrer Polynice, et lui parler de paix.

---

* Orthographe de Racine.

Créon, la reine ici commande en mon absence;
Disposez tout le monde à son obéissance;
Laissez, pour recevoir et pour donner ses lois,
Votre fils Ménécée, et j'en ai fait le choix :
Comme il a de l'honneur autant que de courage *,
Ce choix aux ennemis ôtera tout ombrage,
Et sa vertu suffit pour les rendre assurés.
(à Créon.)
Commandez-lui, madame. Et vous, vous me suivrez.

CRÉON.

Quoi! seigneur...

ÉTÉOCLE.

Oui, Créon, la chose est résolue.

CRÉON.

Et vous quittez ainsi la puissance absolue?

ÉTÉOCLE.

Que je la quitte ou non, ne vous tourmentez pas;
Faites ce que j'ordonne, et venez sur mes pas.

SCÈNE V.

JOCASTE, ANTIGONE, CRÉON, OLYMPE.

CRÉON.

Qu'avez-vous fait, madame? et par quelle conduite
Forcez-vous un vainqueur à prendre ainsi la fuite?
Ce conseil va tout perdre.

---

* On lit *de* courage, et non *du*, dans l'édition de 1679.

JOCASTE.

              Il va tout conserver ;
Et par ce seul conseil Thèbes se peut sauver.

CRÉON.

Eh quoi, madame ! eh quoi ! dans l'état où nous sommes,
Lorsqu'avec un renfort de plus de six mille hommes
La fortune promet toute chose aux Thébains,
Le roi se laisse ôter la victoire des mains !

JOCASTE.

La victoire, Créon, n'est pas toujours si belle :
La honte et les remords vont souvent après elle.
Quand deux frères armés vont s'égorger entre eux,
Ne les pas séparer, c'est les perdre tous deux.
Peut-on faire au vainqueur une injure plus noire
Que lui laisser gagner une telle victoire ?

CRÉON.

Leur courroux est trop grand...

JOCASTE.

                    Il peut être adouci.

CRÉON.

Tous deux veulent régner.

JOCASTE.

                    Ils régneront aussi.

CRÉON.

On ne partage point la grandeur souveraine ;
Et ce n'est pas un bien qu'on quitte et qu'on reprenne.

JOCASTE.

L'intérêt de l'état leur servira de loi.

CRÉON.

L'intérêt de l'état est de n'avoir qu'un roi,

Qui, d'un ordre constant gouvernant ses provinces,
Accoutume à ses lois et le peuple et les princes.
Ce règne interrompu de deux rois différents,
En lui donnant deux rois lui donne deux tyrans.
Par un ordre, souvent l'un à l'autre contraire,
Un frère détruiroit ce qu'auroit fait un frère :
Vous les verriez toujours former quelque attentat,
Et changer tous les ans la face de l'état.
Ce terme limité, que l'on veut leur prescrire,
Accroît leur violence en bornant leur empire.
Tous deux feront gémir les peuples tour-à-tour :
Pareils à ces torrents qui ne durent qu'un jour;
Plus leur cours est borné, plus ils font de ravage,
Et d'horribles dégâts signalent leur passage.

JOCASTE.

On les verroit plutôt, par de nobles projets,
Se disputer tous deux l'amour de leurs sujets.
Mais avouez, Créon, que toute votre peine
C'est de voir que la paix rend votre attente vaine,
Qu'elle assure à mes fils le trône où vous tendez,
Et va rompre le piége où vous les attendez.
Comme, après leur trépas, le droit de la naissance
Fait tomber en vos mains la suprême puissance,
Le sang qui vous unit aux deux princes mes fils
Vous fait trouver en eux vos plus grands ennemis;
Et votre ambition, qui tend à leur fortune,
Vous donne pour tous deux une haine commune.
Vous inspirez au roi vos conseils dangereux;
Et vous en servez un pour les perdre tous deux.

CRÉON.

Je ne me repais point de pareilles chimères :
Mes respects pour le roi sont ardents et sincères ;
Et mon ambition est de le maintenir
Au trône où vous croyez que je veux parvenir.
Le soin de sa grandeur est le seul qui m'anime ;
Je hais ses ennemis, et c'est-là tout mon crime :
Je ne m'en cache point. Mais, à ce que je voi,
Chacun n'est pas ici criminel comme moi.

JOCASTE.

Je suis mère, Créon ; et, si j'aime son frère,
La personne du roi ne m'en est pas moins chère.
De lâches courtisans peuvent bien le haïr ;
Mais une mère enfin ne peut pas se trahir.

ANTIGONE.

Vos intérêts ici sont conformes aux nôtres ;
Les ennemis du roi ne sont pas tous les vôtres :
Créon, vous êtes père ; et, dans ces ennemis,
Peut-être songez-vous que vous avez un fils.
On sait de quelle ardeur Hémon sert Polynice.

CRÉON.

Oui, je le sais, madame ; et je lui fais justice.
Je le dois en effet distinguer du commun ;
Mais c'est pour le haïr encor plus que pas un :
Et je souhaiterois, dans ma juste colère,
Que chacun le haït comme le hait son père.

ANTIGONE.

Après tout ce qu'a fait la valeur de son bras,
Tout le monde, en ce point, ne vous ressemble pas.

CRÉON.
Je le vois bien, madame, et c'est ce qui m'afflige :
Mais je sais bien à quoi sa révolte m'oblige ;
Et tous ces beaux exploits qui le font admirer,
C'est ce qui me le fait justement abhorrer.
La honte suit toujours le parti des rebelles :
Leurs grandes actions sont les plus criminelles ;
Ils signalent leur crime en signalant leur bras ;
Et la gloire n'est point où les rois ne sont pas.

ANTIGONE.
Ecoutez un peu mieux la voix de la nature.

CRÉON.
Plus l'offenseur m'est cher, plus je ressens l'injure.

ANTIGONE.
Mais un père à ce point doit-il être emporté ?
Vous avez trop de haine ;

CRÉON.
Et vous, trop de bonté.
C'est trop parler, madame, en faveur d'un rebelle.

ANTIGONE.
L'innocence vaut bien que l'on parle pour elle.

CRÉON.
Je sais ce qui le rend innocent à vos yeux.

ANTIGONE.
Et je sais quel sujet vous le rend odieux.

CRÉON.
L'Amour a d'autres yeux que le commun des hommes.

JOCASTE.
Vous abusez, Créon, de l'état où nous sommes.

Tout vous semble permis: mais craignez mon courroux;
Vos libertés enfin retomberoient sur vous.

ANTIGONE.

L'intérêt du public agit peu sur son ame,
Et l'amour du pays nous cache une autre flamme.
Je la sais* : mais Créon, j'en abhorre le cours ;
Et vous ferez bien mieux de la cacher toujours.

CRÉON.

Je le ferai, madame; et je veux par avance
Vous épargner encor jusques à ma présence.
Aussi bien mes respects redoublent vos mépris :
Et je vais faire place à ce bienheureux fils.
Le roi m'appelle ailleurs; il faut que j'obéisse.
Adieu. Faites venir Hémon et Polynice.

JOCASTE.

N'en doute pas, méchant; ils vont venir tous deux :
Tous deux ils préviendront tes desseins malheureux.

SCÈNE VI.

JOCASTE, ANTIGONE, OLYMPE.

ANTIGONE.

Le perfide! A quel point son insolence monte!

JOCASTE.

Ses superbes discours tourneront à sa honte.
Bientôt, si nos desirs sont exaucés des cieux,
La paix nous vengera de cet ambitieux.

---

* Racine a écrit ainsi : *Je la sais.*

Mais il faut se hâter; chaque heure nous est chère :
Appelons promptement Hémon et votre frère;
Je suis, pour ce dessein, prête à leur accorder
Toutes les sûretés qu'ils pourront demander.
 Et toi, si mes malheurs ont lassé ta justice,
Ciel, dispose à la paix le cœur de Polynice;
Seconde mes soupirs, donne force à mes pleurs,
Et comme il faut enfin fais parler mes douleurs!

ANTIGONE, *seule.*

Et si tu prends pitié d'une flamme innocente,
O Ciel, en ramenant Hémon à son amante,
Ramène-le fidèle; et permets, en ce jour,
Qu'en retrouvant l'amant je retrouve l'amour!

FIN DU PREMIER ACTE.

ACTE SECOND.

SCÈNE I.

ANTIGONE, HÉMON.

HÉMON.

Quoi! vous me refusez votre aimable présence,
Après un an entier de supplice et d'absence!
Ne m'avez-vous, madame, appelé près de vous
Que pour m'ôter sitôt un bien qui m'est si doux?

ANTIGONE.

Et voulez-vous sitôt que j'abandonne un frère?
Ne dois-je pas au temple accompagner ma mère?
Et dois-je préférer, au gré de vos souhaits,
Le soin de votre amour à celui de la paix?

HÉMON.

Madame, à mon bonheur c'est chercher trop d'obstacles:
Ils iront bien, sans nous, consulter les oracles.
Permettez que mon cœur, en voyant vos beaux yeux,
De l'état de son sort interroge ses dieux.
Puis-je leur demander, sans être téméraire,
S'ils ont toujours pour moi leur douceur ordinaire?
Souffrent-ils sans courroux mon ardente amitié?
Et du mal qu'ils ont fait ont-ils quelque pitié?
Durant le triste cours d'une absence cruelle,
Avez-vous souhaité que je fusse fidèle?

ACTE II, SCÈNE I.

Songiez-vous que la mort menaçoit, loin de vous,
Un amant qui ne doit mourir qu'à vos genoux ?
Ah ! d'un si bel objet quand une ame est blessée,
Quand un cœur jusqu'à vous élève sa pensée,
Qu'il est doux d'adorer tant de divins appas !
Mais aussi que l'on souffre en ne les voyant pas !
Un moment, loin de vous, me duroit une année :
J'aurois fini cent fois ma triste destinée,
Si je n'eusse songé, jusques à mon retour,
Que mon éloignement vous prouvoit mon amour ;
Et que le souvenir de mon obéissance
Pourroit en ma faveur parler en mon absence ;
Et que, pensant à moi, vous penseriez aussi
Qu'il faut aimer beaucoup pour obéir ainsi.

ANTIGONE.

Oui, je l'avois bien cru qu'une ame si fidèle
Trouveroit dans l'absence une peine cruelle ;
Et, si mes sentiments se doivent découvrir,
Je souhaitois, Hémon, qu'elle vous fît souffrir,
Et qu'étant loin de moi, quelque ombre d'amertume
Vous fît trouver les jours plus longs que de coutume.
Mais ne vous plaignez pas : mon cœur chargé d'ennui
Ne vous souhaitoit rien qu'il n'éprouvât en lui,
Surtout depuis le temps que dure cette guerre,
Et que de gens armés vous couvrez cette terre.
O dieux ! à quels tourments mon cœur s'est vu soumis,
Voyant des deux côtés ses plus tendres amis !
Mille objets de douleur déchiroient mes entrailles ;
J'en voyois et dehors et dedans nos murailles :

Chaque assaut à mon cœur livroit mille combats ;
Et mille fois le jour je souffrois le trépas.

HÉMON.

Mais enfin qu'ai-je fait, en ce malheur extrême,
Que ne m'ait ordonné ma princesse elle-même ?
J'ai suivi Polynice ; et vous l'avez voulu :
Vous me l'avez prescrit par un ordre absolu.
Je lui vouai dès-lors une amitié sincère ;
Je quittai mon pays, j'abandonnai mon père :
Sur moi, par ce départ, j'attirai son courroux ;
Et, pour tout dire enfin, je m'éloignai de vous.

ANTIGONE.

Je m'en souviens, Hémon, et je vous fais justice ;
C'est moi que vous serviez en servant Polynice :
Il m'étoit cher alors comme il l'est * aujourd'hui ;
Et je prenois pour moi ce qu'on faisoit pour lui.
Nous nous aimions tous deux dès la plus tendre enfance,
Et j'avois sur son cœur une entière puissance ;
Je trouvois à lui plaire une extrême douceur,
Et les chagrins du frère étoient ceux de la sœur.
Ah ! si j'avois encor sur lui le même empire,
Il aimeroit la paix pour qui mon cœur soupire.
Notre commun malheur en seroit adouci :
Je le verrois, Hémon ; vous me verriez aussi !

HÉMON.

De cette affreuse guerre il abhorre l'image.
Je l'ai vu soupirer de douleur et de rage,
Lorsque, pour remonter au trône paternel,

---

* On lit *il est*, dans les anciennes éditions.

On le força de prendre un chemin si cruel.
Espérons que le ciel, touché de nos misères,
Achèvera bientôt de réunir les frères :
Puisse-t-il rétablir l'amitié dans leur cœur,
Et conserver l'amour dans celui de la sœur !

ANTIGONE.

Hélas ! ne doutez point que ce dernier ouvrage
Ne lui soit plus aisé que de calmer leur rage :
Je les connais tous deux ; et je répondrois bien
Que leur cœur, cher Hémon, est plus dur que le mien.
Mais les dieux quelquefois font de plus grands miracles.

SCÈNE II.

ANTIGONE, HÉMON, OLYMPE.

ANTIGONE.

Eh bien, apprendrons-nous ce qu'ont dit les oracles ?
Que faut-il faire ?

OLYMPE.

Hélas !

ANTIGONE.

Quoi ? qu'en a-t-on appris ?
Est-ce la guerre, Olympe ?

OLYMPE.

Ah ! c'est encore pis !

HÉMON.

Quel est donc ce grand mal que leur courroux annonce ?

OLYMPE.

Prince, pour en juger, écoutez leur réponse :

« Thébains, pour n'avoir plus de guerres,
« Il faut, par un ordre fatal,
« Que le dernier du sang royal
« Par son trépas ensanglante vos terres. »

ANTIGONE.

O Dieux, que vous a fait ce sang infortuné?
Et pourquoi tout entier l'avez-vous condamné?
N'êtes-vous pas contents de la mort de mon père?
Tout notre sang doit-il sentir votre colère?

HÉMON.

Madame, cet arrêt ne vous regarde pas;
Votre vertu vous met à couvert du trépas:
Les dieux savent trop bien connaître l'innocence.

ANTIGONE.

Et * ce n'est pas pour moi que je crains leur vengeance.
Mon innocence, Hémon, seroit un foible appui:
Fille d'OEdipe, il faut que je meure pour lui.
Je l'attends, cette mort, et je l'attends sans plainte;
Et, s'il faut avouer le sujet de ma crainte,
C'est pour vous que je crains; oui, cher Hémon, pour vous
De ce sang malheureux vous sortez comme nous;
Et je ne vois que trop que le courroux céleste
Vous rendra, comme à nous, cet honneur bien funeste,
Et fera regretter aux princes des Thébains
De n'être pas sortis du dernier des humains.

HÉMON.

Peut-on se repentir d'un si grand avantage?
Un si noble trépas flatte trop mon courage;

---

* Ainsi dans le texte des éditions originales où se trouve *Et*, et non *Eh!*

Et du sang de ses rois il est beau d'être issu,
Dût-on rendre ce sang sitôt qu'on l'a reçu.
ANTIGONE.
Hé quoi! si parmi nous on a fait quelque offense,
Le ciel doit-il sur vous en prendre la vengeance?
Et n'est-ce pas assez du père et des enfants,
Sans qu'il aille plus loin chercher des innocents?
C'est à nous à payer pour les crimes des nôtres :
Punissez-nous, grands Dieux; mais épargnez les autres.
Mon père, cher Hémon, vous va perdre aujourd'hui;
Et je vous perds peut-être encore plus que lui :
Le ciel punit sur vous et sur votre famille,
Et les crimes du père, et l'amour de la fille;
Et ce funeste amour vous nuit encore plus
Que les crimes d'OEdipe et le sang de Laïus.
HÉMON.
Quoi! mon amour, madame? Et qu'a-t-il de funeste?
Est-ce un crime qu'aimer une beauté céleste?
Et puisque sans colère il est reçu de vous,
En quoi peut-il du ciel mériter le courroux?
Vous seule en mes soupirs êtes intéressée;
C'est à vous à juger s'ils vous ont offensée :
Tels que seront pour eux vos arrêts tout-puissants,
Ils seront criminels, ou seront innocents.
Que le ciel à son gré de ma perte dispose,
J'en chérirai toujours et l'une et l'autre cause,
Glorieux de mourir pour le sang de mes rois,
Et plus heureux encor de mourir sous vos lois.
Aussi-bien que ferois-je en ce commun naufrage?
Pourrois-je me résoudre à vivre davantage?

En vain les dieux voudroient différer mon trépas ;
Mon désespoir feroit ce qu'ils ne feroient pas.
Mais peut-être, après tout, notre frayeur est vaine :
Attendons... Mais voici Polynice et la reine.

SCÈNE III.

JOCASTE, POLYNICE, ANTIGONE, HÉMON.

POLYNICE.

Madame, au nom des dieux, cessez de m'arrêter :
Je vois bien que la paix ne peut s'exécuter.
J'espérois que du ciel la justice infinie
Voudroit se déclarer contre la tyrannie,
Et que, lassé de voir répandre tant de sang,
Il rendroit à chacun son légitime rang :
Mais puisque ouvertement il tient pour l'injustice,
Et que des criminels il se rend le complice,
Dois-je encore espérer qu'un peuple révolté,
Quand le ciel est injuste, écoute l'équité ?
Dois-je prendre pour juge une troupe insolente,
D'un fier usurpateur ministre violente,
Qui sert mon ennemi par un lâche intérêt,
Et qu'il anime encor, tout éloigné qu'il est ?
La raison n'agit point sur une populace.
De ce peuple déjà j'ai ressenti l'audace ;
Et, loin de me reprendre après m'avoir chassé,
Il croit voir un tyran dans un prince offensé.
Comme sur lui l'honneur n'eut jamais de puissance,
Il croit que tout le monde aspire à la vengeance :

De ses inimitiés rien n'arrête le cours ;
Quand il hait une fois, il veut haïr toujours.

JOCASTE.

Mais s'il est vrai, mon fils, que ce peuple vous craigne,
Et que tous les Thébains redoutent votre règne,
Pourquoi par tant de sang cherchez-vous à régner
Sur ce peuple endurci que rien ne peut gagner?

POLYNICE.

Est-ce au peuple, madame, à se choisir un maître?
Sitôt qu'il hait un roi, doit-on cesser de l'être?
Sa haine, ou son amour, sont-ce les premiers droits
Qui font monter au trône ou descendre les rois?
Que le peuple à son gré nous craigne ou nous chérisse,
Le sang nous met au trône, et non pas son caprice :
Ce que le sang lui donne, il le doit accepter ;
Et s'il n'aime son prince, il le doit respecter.

JOCASTE.

Vous serez un tyran haï de vos provinces.

POLYNICE.

Ce nom ne convient pas aux légitimes princes ;
De ce titre odieux mes droits me sont garants :
La haine des sujets ne fait pas les tyrans.
Appelez de ce nom Etéocle lui-même.

JOCASTE.

Il est aimé de tous.

POLYNICE.

C'est un tyran qu'on aime,
Qui par cent lâchetés tâche à se maintenir
Au rang où par la force il a su parvenir ;

Et son orgueil le rend, par un effet contraire,
Esclave de son peuple et tyran de son frère.
Pour commander tout seul il veut bien obéir,
Et se fait mépriser pour me faire haïr.
Ce n'est pas sans sujet qu'on me préfère un traître :
Le peuple aime un esclave, et craint d'avoir un maître.
Mais je croirois trahir la majesté des rois,
Si je faisois le peuple arbitre de mes droits.

JOCASTE.

Ainsi donc la discorde a pour vous tant de charmes?
Vous lassez-vous déjà d'avoir posé les armes?
Ne cesserons-nous point, après tant de malheurs,
Vous, de verser du sang; moi, de verser des pleurs?
N'accorderez-vous rien aux larmes d'une mère?
Ma fille, s'il se peut, retenez votre frère :
Le cruel pour vous seule avoit de l'amitié.

ANTIGONE.

Ah! si pour vous son ame est sourde à la pitié,
Que pourrois-je espérer d'une amitié passée,
Qu'un long éloignement n'a que trop effacée?
A peine en sa mémoire ai-je encor quelque rang :
Il n'aime, il ne se plaît qu'à répandre du sang.
Ne cherchez plus en lui ce prince magnanime,
Ce prince qui montroit tant d'horreur pour le crime,
Dont l'ame généreuse avoit tant de douceur,
Qui respectoit sa mère et chérissoit sa sœur :
La nature pour lui n'est plus qu'une chimère;
Il méconnaît sa sœur, il méprise sa mère;
Et l'ingrat, en l'état où son orgueil l'a mis,
Nous croit des étrangers, ou bien des ennemis.

POLYNICE.

N'imputez point ce crime à mon ame affligée :
Dites plutôt, ma sœur, que vous êtes changée;
Dites que de mon rang l'injuste usurpateur
M'a su ravir encor l'amitié de ma sœur.
Je vous connais toujours, et suis toujours le même.

ANTIGONE.

Est-ce m'aimer, cruel, autant que je vous aime,
Que d'être inexorable à mes tristes soupirs,
Et m'exposer encore à tant de déplaisirs?

POLYNICE.

Mais vous-même, ma sœur, est-ce aimer votre frère
Que de lui faire ici* cette injuste prière,
Et me vouloir ravir le sceptre de la main?
Dieux! qu'est-ce qu'Étéocle a de plus inhumain?
C'est trop favoriser un tyran qui m'outrage.

ANTIGONE.

Non, non, vos intérêts me touchent davantage :
Ne croyez pas mes pleurs perfides à ce point;
Avec vos ennemis ils ne conspirent point.
Cette paix que je veux me seroit un supplice
S'il en devoit coûter le sceptre à Polynice;
Et l'unique faveur, mon frère, où je prétends,
C'est qu'il me soit permis de vous voir plus long-temps.
Seulement quelques jours souffrez que l'on vous voie,
Et donnez-nous le temps de chercher quelque voie
Qui puisse vous remettre au rang de vos aïeux,
Sans que vous répandiez un sang si précieux.

---

* On a suivi l'édition de 1679, qui porte *ici*.

Pouvez-vous refuser cette grâce légère
Aux larmes d'une sœur, aux soupirs d'une mère?

JOCASTE.

Mais quelle crainte encor vous peut inquiéter?
Pourquoi si promptement voulez-vous nous quitter?
Quoi! ce jour tout entier n'est-il pas de la trêve?
Dès qu'elle a commencé, faut-il qu'elle s'achève?
Vous voyez qu'Etéocle a mis les armes bas;
Il veut que je vous voie, et vous ne voulez pas.

ANTIGONE.

Oui, mon frère, il n'est pas comme vous inflexible;
Aux larmes de sa mère il a paru sensible;
Nos pleurs ont désarmé sa colère aujourd'hui :
Vous l'appelez cruel; vous l'êtes plus que lui.

HÉMON.

Seigneur, rien ne vous presse; et vous pouvez sans peine
Laisser agir encor la princesse et la reine :
Accordez tout ce jour à leur pressant desir;
Voyons si leur dessein ne pourra réussir.
Ne donnez pas la joie au prince votre frère
De dire que, sans vous, la paix se pouvoit faire.
Vous aurez satisfait une mère, une sœur,
Et vous aurez surtout satisfait votre honneur.
Mais que veut ce soldat? son ame est toute* émue.

---

* Orthographe de Racine.

SCÈNE IV.

JOCASTE, POLYNICE, ANTIGONE, HÉMON,
UN SOLDAT.

LE SOLDAT, *à Polynice.*

Seigneur, on est aux mains, et la trêve est rompue;
Créon, et les Thébains, par ordre de leur roi,
Attaquent votre armée, et violent leur foi.
Le brave Hippomédon s'efforce, en votre absence,
De soutenir leur choc de toute sa puissance,
Par son ordre, seigneur, je vous viens avertir.

POLYNICE.

Ah, les traîtres! Allons, Hémon, il faut sortir.
 (*à la reine.*)
Madame, vous voyez comme il tient sa parole.
Mais il veut le combat, il m'attaque; et j'y vole.

JOCASTE.

Polynice! mon fils!... Mais il ne m'entend plus;
Aussi-bien que mes pleurs, mes cris sont superflus.
Chère Antigone, allez, courez à ce barbare :
Du moins allez prier Hémon qu'il les sépare.
La force m'abandonne, et je n'y puis courir;
Tout ce que je puis faire, hélas! c'est de mourir.

FIN DU SECOND ACTE.

ACTE TROISIÈME.

SCÈNE I.

JOCASTE, OLYMPE.

JOCASTE.

Olympe, va-t'en voir ce funeste spectacle ;
Va voir si leur fureur n'a point trouvé d'obstacle,
Si rien n'a pu toucher l'un ou l'autre parti.
On dit qu'à ce dessein Ménécée est sorti.

OLYMPE.

Je ne sais quel dessein animoit son courage ;
Une héroïque ardeur brilloit sur son visage.
Mais vous devez, madame, espérer jusqu'au bout.

JOCASTE.

Va tout voir, chère Olympe, et me viens dire tout ;
Eclaircis promptement ma triste inquiétude.

OLYMPE.

Mais vous dois-je laisser en cette solitude ?

JOCASTE.

Va : je veux être seule en l'état où je suis ;
Si toutefois on peut l'être avec tant d'ennuis !

SCÈNE II.

JOCASTE.

Dureront-ils toujours ces ennuis si funestes?
N'épuiseront-ils point les vengeances célestes?
Me feront-ils souffrir tant de cruels trépas,
Sans jamais au tombeau précipiter mes pas?
O Ciel, que tes rigueurs seroient peu redoutables
Si la foudre d'abord accabloit les coupables!
Et que tes châtiments paraissent infinis
Quand tu laisses la vie à ceux que tu punis!
Tu ne l'ignores pas, depuis le jour infâme
Où de mon propre fils je me trouvai la femme,
Le moindre des tourments que mon cœur a soufferts
Egale tous les maux que l'on souffre aux enfers.
Et toutefois, ô Dieux, un crime involontaire
Devoit-il attirer toute votre colère?
Le connoissais-je, hélas! ce fils infortuné?
Vous-mêmes dans mes bras vous l'avez amené.
C'est vous dont la rigueur m'ouvrit ce précipice.
Voilà de ces grands dieux la suprême justice!
Jusques au bord du crime ils conduisent nos pas ;
Ils nous le font commettre, et ne l'excusent pas!
Prennent-ils donc plaisir à faire des coupables,
Afin d'en faire, après, d'illustres misérables?
Et ne peuvent-ils point, quand ils sont en courroux,
Chercher des criminels à qui le crime est doux?

SCÈNE III.

JOCASTE, ANTIGONE.

JOCASTE.

Eh bien! en est-ce fait? L'un ou l'autre perfide
Vient-il d'exécuter son noble parricide?
Parlez, parlez, ma fille.

ANTIGONE.

     Ah, madame! en effet
L'oracle est accompli, le ciel est satisfait.

JOCASTE.

Quoi! mes deux fils sont morts?

ANTIGONE.

      Un autre sang, madame,
Rend la paix à l'état, et le calme à votre ame;
Un sang digne des rois dont il est découlé :
Un héros pour l'état s'est lui-même immolé.
Je courois pour fléchir Hémon et Polynice :
Ils étoient déjà loin avant que je sortisse;
Ils ne m'entendoient plus, et mes cris douloureux
Vainement par leur nom les rappeloient tous deux.
Ils ont tous deux volé vers le champ de bataille;
Et moi, je suis montée au haut de la muraille,
D'où le peuple étonné regardoit, comme moi,
L'approche d'un combat qui le glaçoit d'effroi.
A cet instant fatal, le dernier de nos princes,
L'honneur de notre sang, l'espoir de nos provinces,
Ménécée, en un mot, digne frère d'Hémon,

ACTE III, SCÈNE III.

Et trop indigne aussi d'être fils de Créon,
De l'amour du pays montrant son ame atteinte,
Au milieu des deux camps s'est avancé sans crainte;
Et se faisant ouïr des Grecs et des Thébains :
« Arrêtez, a-t-il dit, arrêtez, inhumains ! »
Ces mots impérieux n'ont point trouvé d'obstacle.
Les soldats, étonnés de ce nouveau spectacle,
De leur noire fureur ont suspendu le cours;
Et ce prince aussitôt poursuivant son discours :
« Apprenez, a-t-il dit, l'arrêt des destinées,
« Par qui vous allez voir vos misères bornées.
« Je suis le dernier sang de vos rois descendu,
« Qui par l'ordre des dieux doit être répandu.
« Recevez donc ce sang que ma main va répandre;
« Et recevez la paix où vous n'osiez prétendre. »
Il se tait, et se frappe en achevant ces mots :
Et les Thébains, voyant expirer ce héros,
Comme si leur salut devenoit leur supplice,
Regardent en tremblant ce noble sacrifice.
J'ai vu le triste Hémon abandonner son rang
Pour venir embrasser ce frère tout en sang.
Créon, à son exemple, a jeté bas les armes,
Et vers ce fils mourant est venu tout en larmes;
Et l'un et l'autre camp, les voyant retirés,
Ont quitté le combat, et se sont séparés.
Et moi, le cœur tremblant, et l'ame toute émue,
D'un si funeste objet j'ai détourné la vue,
De ce prince admirant l'héroïque fureur.

JOCASTE.
Comme vous je l'admire, et j'en frémis d'horreur.

Est-il possible, ô Dieux, qu'après ce grand miracle
Le repos des Thébains trouve encor quelque obstacle?
Cet illustre trépas ne peut-il vous calmer,
Puisque même mes fils s'en laissent désarmer?
La refuserez-vous cette noble victime?
Si la vertu vous touche autant que fait le crime,
Si vous donnez les prix comme vous punissez,
Quels crimes par ce sang ne seront effacés?

ANTIGONE.

Oui, oui, cette vertu sera récompensée;
Les dieux sont trop payés du sang de Ménécée;
Et le sang d'un héros, auprès des immortels,
Vaut seul plus que celui de mille criminels.

JOCASTE.

Connoissez mieux du ciel la vengeance fatale.
Toujours à ma douleur il met quelque intervalle :
Mais, hélas! quand sa main semble me secourir,
C'est alors qu'il s'apprête à me faire périr.
Il a mis, cette nuit, quelque fin à mes larmes,
Afin qu'à mon réveil je visse tout en armes.
S'il me flatte aussitôt de quelque espoir de paix,
Un oracle cruel me l'ôte pour jamais.
Il m'amène mon fils; il veut que je le voie :
Mais, hélas! combien cher me vend-il cette joie!
Ce fils est insensible, et ne m'écoute pas;
Et soudain il me l'ôte, et l'engage aux combats.
Ainsi, toujours cruel, et toujours en colère,
Il feint de s'apaiser, et devient plus sévère;
Il n'interrompt ses coups que pour les redoubler,
Et retire son bras pour me mieux accabler.

ANTIGONE.

Madame, espérons tout de ce dernier miracle.
JOCASTE.
La haine de mes fils est un trop grand obstacle.
Polynice endurci n'écoute que ses droits :
Du peuple et de Créon l'autre écoute la voix ;
Oui, du lâche Créon. Cette ame intéressée
Nous ravit tout le fruit du sang de Ménécée :
En vain pour nous sauver ce grand prince se perd,
Le père nous nuit plus que le fils ne nous sert.
De deux jeunes héros cet infidèle père...
ANTIGONE.
Ah! le voici, madame, avec le roi mon frère.

SCÈNE IV.

JOCASTE, ÉTÉOCLE, ANTIGONE, CRÉON.

JOCASTE.
Mon fils, c'est donc ainsi que l'on garde sa foi ?
ÉTÉOCLE.
Madame, ce combat n'est pas venu de moi,
Mais de quelques soldats, tant d'Argos que des nôtres,
Qui, s'étant querellés les uns avec les autres,
Ont insensiblement tout le corps ébranlé,
Et fait un grand combat d'un simple démêlé.
La bataille sans doute alloit être cruelle,
Et son événement vidoit notre querelle,
Quand du fils de Créon l'héroïque trépas
De tous les combattants a retenu le bras.

Ce prince, le dernier de la race royale,
S'est appliqué des dieux la réponse fatale;
Et lui-même à la mort il s'est précipité,
De l'amour du pays noblement transporté.

JOCASTE.

Ah! si le seul amour qu'il eut pour sa patrie
Le rendit insensible aux douceurs de la vie,
Mon fils, ce même amour ne peut-il seulement
De votre ambition vaincre l'emportement?
Un exemple si beau vous invite à le suivre.
Il ne faudra cesser de régner ni de vivre :
Vous pouvez, en cédant un peu de votre rang,
Faire plus qu'il n'a fait en versant tout son sang;
Il ne faut que cesser de haïr votre frère;
Vous ferez beaucoup plus que sa mort n'a su faire.
O Dieux! aimer un frère, est-ce un plus grand effort
Que de haïr la vie et courir à la mort?
Et doit-il être enfin plus facile en un autre
De répandre son sang, qu'en vous d'aimer le vôtre?

ÉTÉOCLE.

Son illustre vertu me charme comme vous;
Et d'un si beau trépas je suis même jaloux.
Et toutefois, madame, il faut que je vous die
Qu'un trône est plus pénible à quitter que la vie :
La gloire bien souvent nous porte à la haïr;
Mais peu de souverains font gloire d'obéir.
Les dieux vouloient son sang; et ce prince, sans crime,
Ne pouvoit à l'état refuser sa victime :
Mais ce même pays, qui demandoit son sang,
Demande que je règne, et m'attache à mon rang.

ACTE III, SCÈNE IV.

Jusqu'à ce qu'il m'en ôte, il faut que j'y demeure,
Il n'a qu'à prononcer, j'obéirai sur l'heure;
Et Thèbes me verra, pour apaiser son sort,
Et descendre du trône, et courir à la mort.

CRÉON.

Ah! Ménécée est mort; le ciel n'en veut point d'autre:
Laissez couler son sang, sans y mêler le vôtre;
Et puisqu'il l'a versé pour nous donner la paix,
Accordez-la, seigneur, à nos justes souhaits.

ÉTÉOCLE.

Hé quoi! même Créon pour la paix se déclare?

CRÉON.

Pour avoir trop aimé cette guerre barbare,
Vous voyez les malheurs où le ciel m'a plongé:
Mon fils est mort, seigneur.

ÉTÉOCLE.

      Il faut qu'il soit vengé.

CRÉON.

Sur qui me vengerois-je en ce malheur extrême?

ÉTÉOCLE.

Vos ennemis, Créon, sont ceux de Thèbes même:
Vengez-la, vengez-vous.

CRÉON.

      Ah! dans ses ennemis
Je trouve votre frère, et je trouve mon fils!
Dois-je verser mon sang, ou répandre le vôtre?
Et dois-je perdre un fils pour en venger un autre?
Seigneur, mon sang m'est cher; le vôtre m'est sacré:
Serai-je sacrilége, ou bien dénaturé?
Souillerai-je ma main d'un sang que je révère?

Serai-je parricide, afin d'être bon père?
Un si cruel secours ne me peut soulager;
Et ce seroit me perdre au lieu de me venger.
Tout le soulagement où ma douleur aspire,
C'est qu'au moins mes malheurs servent à votre empire.
Je me consolerai, si ce fils que je plains
Assure par sa mort le repos des Thébains.
Le ciel promet la paix au sang de Ménécée;
Achevez-la, seigneur, mon fils l'a commencée :
Accordez-lui ce prix qu'il en a prétendu;
Et que son sang en vain ne soit pas répandu.

JOCASTE.

Non, puisqu'à mon malheur vous devenez sensible,
Au sang de Ménécée il n'est rien d'impossible.
Que Thèbes se rassure après ce grand effort;
Puisqu'il change votre ame, il changera son sort.
La paix dès ce moment n'est plus désespérée :
Puisque Créon la veut, je la tiens assurée.
Bientôt ces cœurs de fer se verront adoucis :
Le vainqueur de Créon peut bien vaincre mes fils.

(*A Étéocle.*)

Qu'un si grand changement vous désarme et vous touche:
Quittez, mon fils, quittez cette haine farouche;
Soulagez une mère, et consolez Créon;
Rendez-moi Polynice, et lui rendez Hémon.

ÉTÉOCLE.

Mais enfin c'est vouloir que je m'impose un maître.
Vous ne l'ignorez pas, Polynice veut l'être;
Il demande surtout le pouvoir souverain,
Et ne veut revenir que le sceptre à la main.

SCÈNE V.

JOCASTE, ÉTÉOCLE, ANTIGONE, CRÉON,
ATTALE.

ATTALE, *à Etéocle.*

Polynice, seigneur, demande une entrevue ;
C'est ce que d'un héraut nous apprend la venue.
Il vous offre, seigneur, ou de venir ici,
Ou d'attendre en son camp.

CRÉON.

Peut-être qu'adouci
Il songe à terminer une guerre si lente,
Et son ambition n'est plus si violente :
Par ce dernier combat il apprend aujourd'hui
Que vous êtes au moins aussi puissant que lui.
Les Grecs mêmes sont las de servir sa colère ;
Et j'ai su, depuis peu, que le roi son beau-père,
Préférant à la guerre un solide repos,
Se réserve Mycène, et le fait roi d'Argos.
Tout courageux qu'il est, sans doute il ne souhaite
Que de faire en effet une honnête retraite.
Puisqu'il s'offre à vous voir, croyez qu'il veut la paix.
Ce jour la doit conclure, ou la rompre à jamais.
Tâchez dans ce dessein de l'affermir vous-même,
Et lui promettez tout, hormis le diadème.

ÉTÉOCLE.

Hormis le diadème il ne demande rien.

JOCASTE.

Mais voyez-le du moins.

CRÉON.

Oui, puisqu'il le veut bien :
Vous ferez plus tout seul que nous ne saurions faire ;
Et le sang reprendra son empire ordinaire.

ÉTÉOCLE.

Allons donc le chercher.

JOCASTE.

Mon fils, au nom des dieux,
Attendez-le plutôt, voyez-le dans ces lieux.

ÉTÉOCLE.

Eh bien, madame! eh bien! qu'il vienne, et qu'on lui donne
Toutes les sûretés qu'il faut pour sa personne.
Allons.

ANTIGONE.

Ah! si ce jour rend la paix aux Thébains,
Elle sera, Créon, l'ouvrage de vos mains.

SCÈNE VI.

CRÉON, ATTALE.

CRÉON.

L'intérêt des Thébains n'est pas ce qui vous touche,
Dédaigneuse princesse ; et cette ame farouche,
Qui semble me flatter après tant de mépris,
Songe moins à la paix qu'au retour de mon fils.
Mais nous verrons bientôt si la fière Antogone
Aussi bien que mon cœur dédaignera le trône ;
Nous verrons, quand les dieux m'auront fait votre roi,
Si ce fils bienheureux l'emportera sur moi.

ACTE III, SCÈNE VI.

ATTALE.

Eh! qui n'admireroit un changement si rare?
Créon même, Créon, pour la paix se déclare!

CRÉON.

Tu crois donc que la paix est l'objet de mes soins?

ATTALE.

Oui, je le crois, seigneur, quand j'y pensois le moins;
Et, voyant qu'en effet ce beau soin vous anime,
J'admire à tout moment cet effort magnanime
Qui vous fait mettre enfin votre haine au tombeau.
Ménécée, en mourant, n'a rien fait de plus beau.
Et qui peut immoler sa haine à sa patrie
Lui pourroit bien aussi sacrifier sa vie.

CRÉON.

Ah! sans doute, qui peut, d'un généreux effort,
Aimer son ennemi, peut bien aimer la mort.
Quoi! je négligerois le soin de ma vengeance,
Et de mon ennemi je prendrois la défense!
De la mort de mon fils Polynice est l'auteur,
Et moi je deviendrois son lâche protecteur!
Quand je renoncerois à cette haine extrême,
Pourrois-je bien cesser d'aimer le diadème?
Non, non; tu me verras d'une constante ardeur
Haïr mes ennemis et chérir ma grandeur.
Le trône fit toujours mes ardeurs les plus chères:
Je rougis d'obéir où régnèrent mes pères;
Je brûle de me voir au rang de mes aïeux,
Et je l'envisageai dès que j'ouvris les yeux.
Surtout depuis deux ans ce noble soin m'inspire;
Je ne fais point de pas qui ne tende à l'empire:

Des princes mes neveux j'entretiens la fureur,
Et mon ambition autorise la leur.
D'Etéocle d'abord j'appuyai l'injustice;
Je lui fis refuser le trône à Polynice.
Tu sais que je pensois dès-lors à m'y placer;
Et je l'y mis, Attale, afin de l'en chasser.

ATTALE.

Mais, seigneur, si la guerre eut pour vous tant de charmes
D'où vient que de leurs mains vous arrachez les armes?
Et, puisque leur discorde est l'objet de vos vœux,
Pourquoi, par vos conseils, vont-ils se voir tous deux?

CRÉON.

Plus qu'à mes ennemis la guerre m'est mortelle,
Et le courroux du ciel me la rend trop cruelle :
Il s'arme contre moi de mon propre dessein;
Il se sert de mon bras pour me percer le sein.
La guerre s'allumoit, lorsque, pour mon supplice,
Hémon m'abandonna pour servir Polynice :
Les deux frères par moi devinrent ennemis :
Et je devins, Attale, ennemi de mon fils.
Enfin, ce même jour, je fais rompre la trêve,
J'excite le soldat, tout le camp se soulève,
On se bat; et voilà qu'un fils désespéré
Meurt, et rompt un combat que j'ai tant préparé.
Mais il me reste un fils; et je sens que je l'aime
Tout rebelle qu'il est, et tout mon rival même :
Sans le perdre, je veux perdre mes ennemis.
Il m'en coûteroit trop, s'il m'en coûtoit deux fils.
Des deux princes, d'ailleurs, la haine est trop puissante :
Ne crois pas qu'à la paix jamais elle consente.

ACTE III, SCÈNE VI.

Moi-même je saurai si bien l'envenimer,
Qu'ils périront tous deux plutôt que de s'aimer.
Les autres ennemis n'ont que de courtes haines :
Mais quand de la nature on a brisé les chaînes,
Cher Attale, il n'est rien qui puisse réunir
Ceux que des nœuds si forts n'ont pas su retenir :
L'on hait avec excès lorsque l'on hait un frère.
Mais leur éloignement ralentit leur colère :
Quelque haine qu'on ait contre un fier ennemi,
Quand il est loin de nous, on la perd à demi.
Ne t'étonne donc plus si je veux qu'ils se voient :
Je veux qu'en se voyant leurs fureurs se déploient ;
Que rappelant leur haine, au lieu de la chasser,
Ils s'étouffent, Attale, en voulant s'embrasser.

ATTALE.

Vous n'avez plus, seigneur, à craindre que vous-même :
On porte ses remords avec le diadème :

CRÉON.

Quand on est sur le trône on a bien d'autres soins ;
Et les remords sont ceux qui nous pèsent le moins.
Du plaisir de régner une ame possédée
De tout le temps passé détourne son idée ;
Et de tout autre objet un esprit éloigné
Croit n'avoir point vécu quand il n'a point régné.
Mais allons. Le remords n'est pas ce qui me touche,
Et je n'ai plus un cœur que le crime effarouche :
Tous les premiers forfaits coûtent quelques efforts ;
Mais, Attale, on commet les seconds sans remords.

FIN DU TROISIÈME ACTE.

ACTE QUATRIÈME.

SCÈNE I.

ÉTÉOCLE, CRÉON.

ÉTÉOCLE.

Oui, Créon, c'est ici qu'il doit bientôt se rendre;
Et tous deux en ce lieu nous le pouvons attendre.
Nous verrons ce qu'il veut; mais je répondrois bien
Que par cette entrevue on n'avancera rien.
Je connais Polynice et son humeur altière;
Je sais bien que sa haine est encor toute entière;
Je ne crois pas qu'on puisse en arrêter le cours;
Et, pour moi, je sens bien que je le hais toujours.

CRÉON.

Mais s'il vous cède enfin la grandeur souveraine,
Vous devez, ce me semble, apaiser votre haine.

ÉTÉOCLE.

Je ne sais si mon cœur s'apaisera jamais:
Ce n'est pas son orgueil, c'est lui seul que je hais.
Nous avons l'un et l'autre une haine obstinée:
Elle n'est pas, Créon, l'ouvrage d'une année;
Elle est née avec nous, et sa noire fureur,
Aussitôt que la vie, entra dans notre cœur.
Nous étions ennemis dès la plus tendre enfance;
Que dis-je? nous l'étions avant notre naissance:

Triste et fatal effet d'un sang incestueux !
Pendant qu'un même sein nous renfermoit tous deux,
Dans les flancs de ma mère une guerre intestine
De nos divisions lui marqua l'origine.
Elles ont, tu le sais, paru dans le berceau,
Et nous suivront peut-être encor dans le tombeau.
On diroit que le ciel, par un arrêt funeste,
Voulut de nos parents punir ainsi l'inceste;
Et que dans notre sang il voulut mettre au jour
Tout ce qu'ont de plus noir et la haine et l'amour.
Et maintenant, Créon, que j'attends sa venue,
Ne crois pas que pour lui ma haine diminue;
Plus il approche, et plus il me semble odieux;
Et sans doute il faudra qu'elle éclate à ses yeux.
J'aurois même regret qu'il me quittât l'empire :
Il faut, il faut qu'il fuie, et non qu'il se retire.
Je ne veux point, Créon, le haïr à moitié;
Et je crains son courroux moins que son amitié.
Je veux, pour donner cours à mon ardente haine,
Que sa fureur au moins autorise la mienne;
Et, puisqu'enfin mon cœur ne sauroit se trahir,
Je veux qu'il me déteste, afin de le haïr.
Tu verras que sa rage est encore la même,
Et que toujours son cœur aspire au diadème;
Qu'il m'abhorre toujours, et veut toujours régner;
Et qu'on peut bien le vaincre, et non pas le gagner.

CRÉON.

Domptez-le donc, seigneur, s'il demeure inflexible.
Quelque fier qu'il puisse être, il n'est pas invincible;
Et, puisque la raison ne peut rien sur son cœur,

Eprouvez ce que peut un bras toujours vainqueur.
Oui, quoique dans la paix je trouvasse des charmes,
Je serai le premier à reprendre les armes;
Et si je demandois qu'on en rompît le cours,
Je demande encor plus que vous régniez toujours.
Que la guerre s'enflamme et jamais ne finisse,
S'il faut, avec la paix, recevoir Polynice.
Qu'on ne nous vienne plus vanter un bien si doux;
La guerre et ses horreurs nous plaisent avec vous.
Tout le peuple thébain vous parle par ma bouche;
Ne le soumettez pas à ce prince farouche :
Si la paix se peut faire, il la veut comme moi :
Surtout, si vous l'aimez, conservez-lui son roi.
Cependant écoutez le prince votre frère,
Et, s'il se peut, seigneur, cachez votre colère;
Feignez... Mais quelqu'un vient.

SCÈNE II.

ÉTÉOCLE, CRÉON, ATTALE.

ÉTÉOCLE.

Sont-ils bien près d'ici?
Vont-ils venir, Attale?

ATTALE.

Oui, seigneur, les voici.
Ils ont trouvé d'abord la princesse et la reine;
Et bientôt ils seront dans la chambre prochaine.

ÉTÉOCLE.

Qu'ils entrent. Cette approche excite mon courroux.
Qu'on hait un ennemi quand il est près de nous!

ACTE IV, SCÈNE II.

CRÉON.

(*à part.*)

Ah! le voici. Fortune, achève mon ouvrage,
Et livre-les tous deux aux transports de leur rage!

SCÈNE III.

JOCASTE, ÉTÉOCLE, POLYNICE, ANTIGONE,
CRÉON, HÉMON.

JOCASTE.

Me voici donc tantôt au comble de mes vœux,
Puisque déjà le ciel vous rassemble tous deux.
Vous revoyez un frère après deux ans d'absence,
Dans ce même palais où vous prîtes naissance :
Et moi, par un bonheur où je n'osois penser,
L'un et l'autre à-la-fois je vous puis embrasser.
Commencez donc, mes fils, cette union si chère;
Et que chacun de vous reconnaisse son frère :
Tous deux dans votre frère envisagez vos traits;
Mais, pour en mieux juger, voyez-les de plus près.
Surtout que le sang parle et fasse son office.
Approchez, Etéocle; avancez, Polynice...
Hé quoi! loin d'approcher, vous reculez tous deux!
D'où vient ce sombre accueil et ces regards fâcheux?
N'est-ce point que chacun, d'une ame irrésolue,
Pour saluer son frère attend qu'il le salue;
Et qu'affectant l'honneur de céder le dernier,
L'un ni l'autre ne veut embrasser le premier?
Etrange ambition qui n'aspire qu'au crime,
Où le plus furieux passe pour magnanime!

Le vainqueur doit rougir en ce combat honteux ;
Et les premiers vaincus sont les plus généreux :
Voyons donc qui des deux aura plus de courage,
Qui voudra le premier triompher de sa rage...
Quoi ! vous n'en faites rien ! C'est à vous d'avancer,
Et, venant de si loin, vous devez commencer ;
Commencez, Polynice, embrassez votre frère ;
Et montrez...

ÉTÉOCLE.

Hé, madame ! à quoi bon ce mystère ?
Tous ces embrassements ne sont guère à propos :
Qu'il parle, qu'il s'explique, et nous laisse en repos.

POLYNICE.

Quoi ! faut-il davantage expliquer mes pensées ?
On les peut découvrir par les choses passées :
La guerre, les combats, tant de sang répandu,
Tout cela dit assez que le trône m'est dû.

ÉTÉOCLE.

Et ces mêmes combats, et cette même guerre,
Ce sang qui tant de fois a fait rougir la terre,
Tout cela dit assez que le trône est à moi ;
Et, tant que je respire, il ne peut être à toi.

POLYNICE.

Tu sais qu'injustement tu remplis cette place.

ÉTÉOCLE.

L'injustice me plaît, pourvu que je t'en chasse.

POLYNICE.

Si tu n'en veux sortir, tu pourras en tomber.

ÉTÉOCLE.

Si je tombe, avec moi tu pourras succomber.

ACTE IV, SCÈNE III.

JOCASTE.

O Dieux! que je me vois cruellement déçue!
N'avois-je tant pressé cette fatale vue
Que pour les désunir encor plus que jamais?
Ah, mes fils! est-ce là comme on parle de paix?
Quittez, au nom des Dieux, ces tragiques pensées;
Ne renouvelez point vos discordes passées :
Vous n'êtes pas ici dans un champ inhumain.
Est-ce moi qui vous mets les armes à la main?
Considérez ces lieux où vous prîtes naissance;
Leur aspect sur vos cœurs n'a-t-il point de puissance?
C'est ici que tous deux vous reçûtes le jour;
Tout ne vous parle ici que de paix et d'amour :
Ces princes, votre sœur, tout condamne vos haines;
Enfin moi, qui pour vous pris toujours tant de peines,
Qui, pour vous réunir, immolerois... Hélas!
Ils détournent la tête, et ne m'écoutent pas!
Tous deux, pour s'attendrir, ils ont l'âme trop dure;
Ils ne connaissent plus la voix de la nature!

(*à Polynice.*)

Et vous, que je croyois plus doux et plus soumis...

POLYNICE.

Je ne veux rien de lui que ce qu'il m'a promis :
Il ne sauroit régner sans se rendre parjure.

JOCASTE.

Une extrême justice est souvent une injure.
Le trône vous est dû, je n'en saurois douter;
Mais vous le renversez en voulant y monter.
Ne vous lassez-vous point de cette affreuse guerre?
Voulez-vous sans pitié désoler cette terre,

Détruire cet empire afin de le gagner?
Est-ce donc sur des morts que vous voulez régner?
Thèbes avec raison craint le règne d'un prince
Qui de fleuves de sang inonde sa province :
Voudroit-elle obéir à votre injuste loi?
Vous êtes son tyran avant qu'être son roi.
Dieux! si devenant grand souvent on devient pire,
Si la vertu se perd quand on gagne l'empire,
Lorsque vous régnerez, que serez-vous, hélas!
Si vous êtes cruel quand vous ne régnez pas?

POLYNICE.

Ah! si je suis cruel, on me force de l'être;
Et de mes actions je ne suis pas le maître.
J'ai honte des horreurs où je me vois contraint;
Et c'est injustement que le peuple me craint.
Mais il faut en effet soulager ma patrie;
De ses gémissements mon âme est attendrie.
Trop de sang innocent se verse tous les jours;
Il faut de ses malheurs que j'arrête le cours;
Et, sans faire gémir ni Thèbes ni la Grèce,
A l'auteur de mes maux il faut que je m'adresse :
Il suffit aujourd'hui de son sang ou du mien.

JOCASTE.

Du sang de votre frère?

POLYNICE.

    Oui, madame, du sien :
Il faut finir ainsi cette guerre inhumaine.
 (*à Étéocle.*)
Oui, cruel, et c'est-là le dessein qui m'amène;
Moi-même à ce combat j'ai voulu t'appeler :

A tout autre qu'à toi je craignois d'en parler ;
Tout autre auroit voulu condamner ma pensée,
Et personne en ces lieux ne te l'eût annoncée.
Je te l'annonce donc. C'est à toi de prouver
Si ce que tu ravis tu le sais conserver.
Montre-toi digne enfin d'une si belle proie.

ÉTÉOCLE.

J'accepte ton dessein, et l'accepte avec joie ;
Créon sait là-dessus quel étoit mon desir :
J'eusse accepté le trône avec moins de plaisir.
Je te crois maintenant digne du diadème ;
Je te le vais porter au bout de ce fer même.

JOCASTE.

Hâtez-vous donc, cruels, de me percer le sein,
Et commencez par moi votre horrible dessein :
Ne considérez point que je suis votre mère ;
Considérez en moi celle de votre frère.
Si de votre ennemi vous recherchez le sang,
Recherchez-en la source en ce malheureux flanc :
Je suis de tous les deux la commune ennemie,
Puisque votre ennemi reçut de moi la vie :
Cet ennemi, sans moi, ne verroit pas le jour.
S'il meurt, ne faut-il pas que je meure à mon tour ?
N'en doutez point, sa mort me doit être commune :
Il faut en donner deux, ou n'en donner pas une ;
Et, sans être ni doux ni cruels à demi,
Il faut me perdre, ou bien sauver votre ennemi.
Si la vertu vous plaît, si l'honneur vous anime,
Barbares, rougissez de commettre un tel crime ;
Ou si le crime enfin vous plaît tant à chacun,

Barbares, rougissez de n'en commettre qu'un.
Aussi bien, ce n'est point que l'amour vous retienne,
Si vous sauvez ma vie en poursuivant la sienne :
Vous vous garderiez bien, cruels, de m'épargner,
Si je vous empêchois un moment de régner.
Polynice, est-ce ainsi que l'on traite une mère?

POLYNICE.

J'épargne mon pays.

JOCASTE.

Et vous tuez un frère!

POLYNICE.

Je punis un méchant.

JOCASTE.

Et sa mort aujourd'hui
Vous rendra plus coupable et plus méchant que lui.

POLYNICE.

Faut-il que de ma main je couronne ce traître,
Et que de cour en cour j'aille chercher un maître;
Qu'errant et vagabond je quitte mes états,
Pour observer des lois qu'il ne respecte pas?
De ses propres forfaits serai-je la victime?
Le diadème est-il le partage du crime?
Quel droit ou quel devoir n'a-t-il point violé?
Et cependant il règne, et je suis exilé!

JOCASTE.

Mais si le roi d'Argos vous cède une couronne...

POLYNICE.

Dois-je chercher ailleurs ce que le sang me donne?
En m'alliant chez lui n'aurai-je rien porté?
Et tiendrai-je mon rang de sa seule bonté?

D'un trône qui m'est dû faut-il que l'on me chasse,
Et d'un prince étranger que je brigue la place?
Non, non : sans m'abaisser à lui faire la cour,
Je veux devoir le sceptre à qui je dois le jour.
JOCASTE.
Qu'on le tienne, mon fils, d'un beau-père ou d'un père,
La main de tous les deux vous sera toujours chère.
POLYNICE.
Non, non; la différence est trop grande pour moi :
L'un me feroit esclave, et l'autre me fait roi.
Quoi! ma grandeur seroit l'ouvrage d'une femme!
D'un éclat si honteux je rougirois dans l'ame.
Le trône, sans l'amour, me seroit donc fermé?
Je ne règnerois pas si l'on ne m'eût aimé?
Je veux m'ouvrir le trône, ou jamais n'y paraître;
Et, quand j'y monterai, j'y veux monter en maître;
Que le peuple à moi seul soit forcé d'obéir,
Et qu'il me soit permis de m'en faire haïr.
Enfin, de ma grandeur je veux être l'arbitre,
N'être point roi, madame, ou l'être à juste titre;
Que le sang me couronne, ou, s'il ne suffit pas,
Je veux à son secours n'appeler que mon bras.
JOCASTE.
Faites plus, tenez tout de votre grand courage;
Que votre bras tout seul fasse votre partage;
Et, dédaignant les pas des autres souverains,
Soyez, mon fils, soyez l'ouvrage de vos mains.
Par d'illustres exploits couronnez-vous vous-même;
Qu'un superbe laurier soit votre diadème;
Régnez et triomphez, et joignez à-la-fois

La gloire des héros à la pourpre des rois.
Quoi! votre ambition seroit-elle bornée
A régner tour-à-tour l'espace d'une année?
Cherchez à ce grand cœur, que rien ne peut dompter,
Quelque trône où vous seul ayez droit de monter.
Mille sceptres nouveaux s'offrent à votre épée,
Sans que d'un sang si cher nous la voyions trempée.
Vos triomphes pour moi n'auront rien que de doux,
Et votre frère même ira vaincre avec vous.

POLYNICE.

Vous voulez que mon cœur, flatté de ces chimères
Laisse un usurpateur au trône de mes pères?

JOCASTE.

Si vous lui souhaitez en effet tant de mal,
Elevez-le vous-même à ce trône fatal.
Ce trône fut toujours un dangereux abyme;
La foudre l'environne aussi bien que le crime :
Votre père et les rois qui vous ont devancés,
Sitôt qu'ils y montoient, s'en sont vus renversés.

POLYNICE.

Quand je devrois au ciel rencontrer le tonnerre,
J'y monterois plutôt que de ramper à terre.
Mon cœur, jaloux du sort de ces grands malheureux,
Veut s'élever, madame, et tomber avec eux.

ÉTÉOCLE.

Je saurai t'épargner une chute si vaine.

POLYNICE.

Ah! ta chute, crois-moi, précédera la mienne.

JOCASTE.

Mon fils, son règne plaît.

POLYNICE.
Mais il m'est odieux.
JOCASTE.
Il a pour lui le peuple.
POLYNICE.
Et j'ai pour moi les dieux.
ÉTÉOCLE.
Les dieux de ce haut rang te vouloient interdire,
Puisqu'ils m'ont élevé le premier à l'empire :
Ils ne savoient que trop, lorsqu'ils firent ce choix,
Qu'on veut régner toujours quand on règne une fois.
Jamais dessus le trône on ne vit plus d'un maître ;
Il n'en peut tenir deux, quelque grand qu'il puisse être :
L'un des deux, tôt ou tard, se verroit renversé ;
Et d'un autre soi-même on y seroit pressé.
Jugez donc, par l'horreur que ce méchant me donne,
Si je puis avec lui partager la couronne.
POLYNICE.
Et moi, je ne veux plus, tant tu m'es odieux !
Partager avec toi la lumière des cieux.
JOCASTE.
Allez donc, j'y consens, allez perdre la vie ;
A ce cruel combat tous deux je vous convie :
Puisque tous mes efforts ne sauroient vous changer,
Que tardez-vous ? allez vous perdre et me venger.
Surpassez, s'il se peut, les crimes de vos pères ;
Montrez, en vous tuant, comme vous êtes frères :
Le plus grand des forfaits vous a donné le jour ;
Il faut qu'un crime égal vous l'arrache à son tour.
Je ne condamne plus la fureur qui vous presse ;
Je n'ai plus pour mon sang ni pitié ni tendresse :

Votre exemple m'apprend à ne le plus chérir;
Et moi, je vais, cruels, vous apprendre à mourir.

SCÈNE IV.

ANTIGONE, ÉTÉOCLE, POLYNICE, CRÉON, HÉMON.

ANTIGONE.

Madame... O ciel! que vois-je! Hélas! rien ne les touche!

HÉMON.

Rien ne peut ébranler leur constance farouche.

ANTIGONE.

Princes...

ÉTÉOCLE.

Pour ce combat choisissons quelque lieu.

POLYNICE.

Courons. Adieu, ma sœur.

ÉTÉOCLE.

Adieu, princesse, adieu.

ANTIGONE.

Mes frères, arrêtez! Gardes, qu'on les retienne;
Joignez, unissez tous vos douleurs à la mienne.
C'est leur être cruels que de les respecter.

HÉMON.

Madame, il n'est plus rien qui les puisse arrêter.

ANTIGONE.

Ah, généreux Hémon! c'est vous seul que j'implore :
Si la vertu vous plaît, si vous m'aimez encore,
Et qu'on puisse arrêter leurs parricides mains,
Hélas! pour me sauver, sauvez ces inhumains.

FIN DU QUATRIÈME ACTE.

ACTE CINQUIÈME.

SCÈNE I.

ANTIGONE.

A quoi te résous-tu, princesse infortunée ?
    Ta mère vient de mourir dans tes bras ;
        Ne saurois-tu suivre ses pas,
Et finir en mourant ta triste destinée ?
A de nouveaux malheurs te veux-tu réserver ?
Tes frères sont aux mains ; rien ne les peux sauver
        De leurs cruelles armes.
Leur exemple t'anime à te percer le flanc :
    Et toi seule verses des larmes !
    Tous les autres versent du sang.

Quelle est de mes malheurs l'extrémité mortelle !
    Où ma douleur doit-elle recourir ?
      Dois-je vivre ? dois-je mourir ?
Un amant me retient, une mère m'appelle ;
Dans la nuit du tombeau je la vois qui m'attend :
Ce que veut la raison, l'amour me le défend,
        Et m'en ôte l'envie.
Que je vois de sujets d'abandonner le jour !
    Mais, hélas ! qu'on tient à la vie
    Quand on tient si fort à l'amour !

Oui, tu retiens, amour, mon ame fugitive;
Je reconnais la voix de mon vainqueur :
L'espérance est morte en mon cœur;
Et cependant tu vis, et tu veux que je vive :
Tu dis que mon amant me suivroit au tombeau;
Que je dois de mes jours conserver le flambeau,
Pour sauver ce que j'aime.
Hémon, vois le pouvoir que l'amour a sur moi :
Je ne vivrois pas pour moi-même,
Et je veux bien vivre pour toi.

Si jamais tu doutas de ma flamme fidèle...
Mais voici du combat la funeste nouvelle.

SCÈNE II.

ANTIGONE, OLYMPE.

ANTIGONE.

Hé bien, ma chère Olympe, as-tu vu ce forfait?
OLYMPE.
J'y suis courue en vain, c'en étoit déjà fait.
Du haut de nos remparts j'ai vu descendre en larmes
Le peuple qui couroit, et qui crioit aux armes;
Et, pour vous dire enfin d'où venoit sa terreur,
Le roi n'est plus, madame, et son frère est vainqueur.
On parle aussi d'Hémon; l'on dit que son courage
S'est efforcé long-temps de suspendre leur rage,
Mais que tous ses efforts ont été superflus :
C'est ce que j'ai compris de mille bruits confus.

ANTIGONE.

Ah! je n'en doute pas, Hémon est magnanime;
Son grand cœur eut toujours trop d'horreur pour le crime
Je l'avois conjuré d'empêcher ce forfait;
Et s'il l'avoit pu faire, Olympe, il l'auroit fait.
Mais, hélas! leur fureur ne pouvoit se contraindre;
Dans des ruisseaux de sang elle vouloit s'éteindre.
Princes dénaturés, vous voilà satisfaits;
La mort seule entre vous pouvoit mettre la paix.
Le trône pour vous deux avoit trop peu de place;
Il falloit entre vous mettre un plus grand espace,
Et que le ciel vous mît, pour finir vos discords,
L'un parmi les vivants, l'autre parmi les morts.
Infortunés tous deux, dignes qu'on vous déplore!
Moins malheureux pourtant que je ne suis encore,
Puisque, de tous les maux qui sont tombés sur vous,
Vous n'en sentez aucun, et que je les sens tous!

OLYMPE.

Mais pour vous ce malheur est un moindre supplice
Que si la mort vous eût enlevé Polynice;
Ce prince étoit l'objet qui faisoit tous vos soins :
Les intérêts du roi vous touchoient beaucoup moins.

ANTIGONE.

Il est vrai, je l'aimois d'une amitié sincère;
Je l'aimois beaucoup plus que je n'aimois son frère :
Et ce qui lui donnoit tant de part dans mes vœux,
Il étoit vertueux, Olympe, et malheureux.
Mais, hélas! ce n'est plus ce cœur si magnanime,
Et c'est un criminel qu'a couronné son crime :

Son frère plus que lui commence à me toucher;
Devenant malheureux, il m'est devenu cher.

OLYMPE.

Créon vient.

ANTIGONE.

Il est triste; et j'en connois la cause :
Au courroux du vainqueur la mort du roi l'expose.
C'est de tous nos malheurs l'auteur pernicieux.

SCÈNE III.

ANTIGONE, CRÉON, OLYMPE, ATTALE.
GARDES.

CRÉON.

Madame, qu'ai-je appris en entrant dans ces lieux?
Est-il vrai que la reine...

ANTIGONE.

Oui, Créon, elle est morte.

CRÉON.

O dieux! puis-je savoir de quelle étrange sorte
Ses jours infortunés ont éteint leur flambeau?

OLYMPE.

Elle-même, seigneur, s'est ouvert le tombeau;
Et, s'étant d'un poignard en un moment saisie,
Elle en a terminé ses malheurs et sa vie.

ANTIGONE.

Elle a su prévenir la perte de son fils.

CRÉON.

Ah, madame! il est vrai que les dieux ennemis...

ACTE V, SCÈNE III.

ANTIGONE.

N'imputez qu'à vous seul la mort du roi mon frère,
Et n'en accusez point la céleste colère.
A ce combat fatal vous seul l'avez conduit :
Il a cru vos conseils; sa mort en est le fruit.
Ainsi de leurs flatteurs les rois sont les victimes;
Vous avancez leur perte en approuvant leurs crimes :
De la chute des rois vous êtes les auteurs;
Mais les rois, en tombant, entraînent leurs flatteurs.
Vous le voyez, Créon; sa disgrace mortelle
Vous est funeste autant qu'elle nous est cruelle :
Le ciel, en le perdant, s'en est vengé sur vous;
Et vous avez peut-être à pleurer comme nous.

CRÉON.

Madame, je l'avoue; et les destins contraires
Me font pleurer deux fils, si vous pleurez deux frères.

ANTIGONE.

Mes frères et vos fils! Dieux! que veut ce discours?
Quelque autre qu'Etéocle a-t-il fini ses jours?

CRÉON.

Mais ne savez-vous pas cette sanglante histoire?

ANTIGONE.

J'ai su que Polynice a gagné la victoire,
Et qu'Hémon a voulu les séparer en vain.

CRÉON.

Madame, ce combat est bien plus inhumain.
Vous ignorez encor mes pertes et les vôtres;
Mais, hélas! apprenez les unes et les autres.

ANTIGONE.

Rigoureuse Fortune, achève ton courroux!
Ah! sans doute, voici le dernier de tes coups!

CRÉON.

Vous avez vu, madame, avec quelle furie
Les deux princes sortoient pour s'arracher la vie;
Que d'une ardeur égale ils fuyoient de ces lieux,
Et que jamais leurs cœurs ne s'accordèrent mieux.
La soif de se baigner dans le sang de leur frère
Faisoit ce que jamais le sang n'avoit su faire :
Par l'excès de leur haine ils sembloient réunis;
Et, prêts à s'égorger, ils paraissoient amis.
Ils ont choisi d'abord, pour leur champ de bataille,
Un lieu près des deux camps, au pied de la muraille.
C'est-là que, reprenant leur première fureur,
Ils commencent enfin ce combat plein d'horreur.
D'un geste menaçant, d'un œil brûlant de rage,
Dans le sein l'un de l'autre ils cherchent un passage;
Et, la seule fureur précipitant leurs bras,
Tous deux semblent courir au-devant du trépas.
Mon fils, qui de douleur en soupiroit dans l'ame,
Et qui se souvenoit de vos ordres, madame,
Se jette au milieu d'eux, et méprise pour vous
Leurs ordres absolus qui nous arrêtoient tous.
Il leur retient le bras, les repousse, les prie,
Et pour les séparer s'expose à leur furie :
Mais il s'efforce en vain d'en arrêter le cours;
Et ces deux furieux se rapprochent toujours.
Il tient ferme pourtant, et ne perd point courage;
De mille coups mortels il détourne l'orage;

ACTE V, SCÈNE III.

Jusqu'à ce que du roi le fer trop rigoureux,
Soit qu'il cherchât son frère, ou ce fils malheureux,
Le renverse à ses pieds prêt à rendre la vie.

ANTIGONE.

Et la douleur encor ne me l'a pas ravie!

CRÉON.

J'y cours, je le relève, et le prends dans mes bras;
Et me reconnoissant : « Je meurs, dit-il tout bas,
« Trop heureux d'expirer pour ma belle princesse!
« En vain à mon secours votre amitié s'empresse;
« C'est à ces furieux que vous devez courir :
« Séparez-les, mon père, et me laissez mourir. »
Il expire à ces mots. Ce barbare spectacle
A leur noire fureur n'apporte point d'obstacle;
Seulement Polynice en paraît affligé :
« Attends, Hémon, dit-il, tu vas être vengé. »
En effet, sa douleur renouvelle sa rage;
Et bientôt le combat tourne à son avantage.
Le roi, frappé d'un coup qui lui perce le flanc,
Lui cède la victoire, et tombe dans son sang.
Les deux camps aussitôt s'abandonnent en proie,
Le nôtre à la douleur, et les Grecs à la joie;
Et le peuple, alarmé du trépas de son roi,
Sur le haut de ses tours témoigne son effroi.
Polynice, tout fier du succès de son crime,
Regarde avec plaisir expirer sa victime;
Dans le sang de son frère il semble se baigner :
« Et tu meurs, lui dit-il, et moi, je vais régner.
« Regarde dans mes mains l'empire et la victoire :
« Va rougir aux enfers de l'excès de ma gloire;

« Et, pour mourir encore avec plus de regret,
« Traître, songe en mourant que tu meurs mon sujet. »
En achevant ces mots, d'une démarche fière
Il s'approche du roi couché sur la poussière,
Et pour le désarmer il avance le bras.
Le roi, qui semble mort, observe tous ses pas;
Il le voit, il l'attend, et son ame irritée
Pour quelque grand dessein semble s'être arrêtée.
L'ardeur de se venger flatte encor ses desirs,
Et retarde le cours de ses derniers soupirs.
Prêt à rendre la vie, il en cache le reste;
Et sa mort au vainqueur est un piége funeste :
Et dans l'instant fatal que ce frère inhumain
Lui veut ôter le fer qu'il tenoit à la main,
Il lui perce le cœur; et son ame ravie,
En achevant ce coup, abandonne la vie.
Polynice frappé pousse un cri dans les airs,
Et son ame en courroux s'enfuit dans les enfers.
Tout mort qu'il est, madame, il garde sa colère;
Et l'on diroit qu'encore il menace son frère :
Son visage, où la mort a répandu ses traits,
Demeure plus terrible et plus fier que jamais.

ANTIGONE.

Fatale ambition, aveuglement funeste!
D'un oracle cruel suite trop manifeste!
De tout le sang royal il ne reste que nous;
Et plût aux dieux, Créon, qu'il ne restât que vous,
Et que mon désespoir, prévenant leur colère,
Eût suivi de plus près le trépas de ma mère!

ACTE V, SCÈNE III.

CRÉON.

Il est vrai que des dieux le courroux embrasé
Pour nous faire périr semble s'être épuisé ;
Car enfin sa rigueur, vous le voyez, madame,
Ne m'accable pas moins qu'elle afflige votre ame.
En m'arrachant mes fils...

ANTIGONE.

Ah ! vous régnez, Créon ;
Et le trône aisément vous console d'Hémon.
Mais laissez-moi, de grâce, un peu de solitude,
Et ne contraignez point ma triste inquiétude :
Aussi bien mes chagrins passeroient jusqu'à vous.
Vous trouverez ailleurs des entretiens plus doux :
Le trône vous attend, le peuple vous appelle ;
Goûtez tout le plaisir d'une grandeur nouvelle.
Adieu. Nous ne faisons tous deux que nous gêner :
Je veux pleurer, Créon, et vous voulez régner.

CRÉON, *arrêtant Antigone.*

Ah, madame ! régnez, et montez sur le trône :
Ce haut rang n'appartient qu'à l'illustre Antigone.

ANTIGONE.

Il me tarde déjà que vous ne l'occupiez.
La couronne est à vous.

CRÉON.

Je la mets à vos pieds.

ANTIGONE.

Je la refuserois de la main des dieux même ;
Et vous osez, Créon, m'offrir le diadème !

CRÉON.

Je sais que ce haut rang n'a rien de glorieux

Qui ne cède à l'honneur de l'offrir à vos yeux.
D'un si noble destin je me connois indigne :
Mais si l'on peut prétendre à cette gloire insigne,
Si par d'illustres faits on la peut mériter,
Que faut-il faire enfin, madame ?

ANTIGONE.

M'imiter.

CRÉON.

Que ne ferois-je point pour une telle grâce !
Ordonnez seulement ce qu'il faut que je fasse :
Je suis prêt...

ANTIGONE, *en s'en allant.*

Nous verrons.

CRÉON, *la suivant.*

J'attends vos lois ici.

ANTIGONE, *en s'en allant.*

Attendez.

SCÈNE IV.

CRÉON, ATTALE, GARDES.

ATTALE.

Son courroux seroit-il adouci ?
Croyez-vous la fléchir ?

CRÉON.

Oui, oui, mon cher Attale :
Il n'est point de fortune à mon bonheur égale ;
Et tu vas voir en moi, dans ce jour fortuné,
L'ambitieux au trône, et l'amant couronné.
Je demandois au ciel la princesse et le trône ;

ACTE V, SCÈNE IV.

Il me donne le sceptre, et m'accorde Antigone.
Pour couronner ma tête et ma flamme en ce jour,
Il arme en ma faveur et la haine et l'amour.
Il allume pour moi deux passions contraires;
Il attendrit la sœur, il endurcit les frères;
Il aigrit leur courroux, il fléchit sa rigueur,
Et m'ouvre en même temps et leur trône et son cœur.

ATTALE.

Il est vrai, vous avez toute chose prospère;
Et vous seriez heureux si vous n'étiez point père.
L'ambition, l'amour, n'ont rien à desirer;
Mais, seigneur, la nature a beaucoup à pleurer :
En perdant vos deux fils...

CRÉON.

Oui, leur perte m'afflige:
Je sais ce que de moi le rang de père exige;
Je l'étois : mais surtout j'étois né pour régner;
Et je perds beaucoup moins que je ne crois gagner.
Le nom de père, Attale, est un titre vulgaire;
C'est un don que le ciel ne nous refuse guère :
Un bonheur si commun n'a pour moi rien de doux;
Ce n'est pas un bonheur, s'il ne fait des jaloux.
Mais le trône est un bien dont le ciel est avare :
Du reste des mortels ce haut rang nous sépare;
Bien peu sont honorés d'un don si précieux :
La terre a moins de rois que le ciel n'a de dieux.
D'ailleurs tu sais qu'Hémon adoroit la princesse,
Et qu'elle eut pour ce prince une extrême tendresse :
S'il vivoit, son amour au mien seroit fatal.
En me privant d'un fils, le ciel m'ôte un rival.

Ne me parle donc plus que de sujets de joie :
Souffre qu'à mes transports je m'abandonne en proie ;
Et, sans me rappeler des ombres des enfers,
Dis-moi ce que je gagne, et non ce que je perds.
Parle-moi de régner ; parle-moi d'Antigone :
J'aurai bientôt son cœur, et j'ai déjà le trône.
Tout ce qui s'est passé n'est qu'un songe pour moi :
J'étois père et sujet ; je suis amant et roi.
La princesse et le trône ont pour moi tant de charmes,
Que... Mais Olympe vient.

ATTALE.

Dieux ! elle est toute en larmes.

SCÈNE V.

CRÉON, OLYMPE, ATTALE, GARDES.

OLYMPE.

Qu'attendez-vous, seigneur ? La princesse n'est plus.

CRÉON.

Elle n'est plus, Olympe !

OLYMPE.

Ah ! regrets superflus !
Elle n'a fait qu'entrer dans la chambre prochaine ;
Et du même poignard dont est morte la reine,
Sans que je pusse voir son funeste dessein,
Cette fière princesse a percé son beau sein :
Elle s'en est, seigneur, mortellement frappée ;
Et dans son sang, hélas ! elle est soudain tombée.
Jugez à cet objet ce que j'ai dû sentir.
Mais sa belle ame enfin, toute prête à sortir :

« Cher Hémon, c'est à toi que je me sacrifie, »
Dit-elle ; et ce moment a terminé sa vie.
J'ai senti son beau corps tout froid entre mes bras ;
Et j'ai cru que mon ame alloit suivre ses pas.
Heureuse mille fois, si ma douleur mortelle
Dans la nuit du tombeau m'eût plongée avec elle !

SCÈNE VI.

CRÉON, ATTALE, GARDES.

CRÉON.

Ainsi donc vous fuyez un amant odieux,
Et vous-même, cruelle, éteignez vos beaux yeux !
Vous fermez pour jamais ces beaux yeux que j'adore ;
Et, pour ne me point voir, vous les fermez encore !
Quoiqu'Hémon vous fût cher, vous courez au trépas,
Bien plus pour m'éviter que pour suivre ses pas !
Mais, dussiez-vous encor m'être aussi rigoureuse,
Ma présence aux enfers vous fût-elle odieuse,
Dût après le trépas vivre votre courroux,
Inhumaine, je vais y descendre après vous.
Vous y verrez toujours l'objet de votre haine,
Et toujours mes soupirs vous rediront ma peine,
Ou pour vous adoucir, ou pour vous tourmenter ;
Et vous ne pourrez plus mourir pour m'éviter.
Mourons donc...

ATTALE, *lui arrachant son épée.*

Ah, seigneur ! quelle cruelle envie !

CRÉON.

Ah ! c'est m'assassiner que me sauver la vie !

Amour, rage, transports, venez à mon secours;
Venez, et terminez mes détestables jours!
De ces cruels amis trompez tous les obstacles!
Toi, justifie, ô Ciel, la foi de tes oracles!
Je suis le dernier sang du malheureux Laïus:
Perdez-moi, Dieux cruels, ou vous serez déçus.
Reprenez, reprenez cet empire funeste;
Vous m'ôtez Antigone, ôtez-moi tout le reste:
Le trône et vos présents excitent mon courroux;
Un coup de foudre est tout ce que je veux de vous.
Ne le refusez pas à mes vœux, à mes crimes;
Ajoutez mon supplice à tant d'autres victimes.
Mais en vain je vous presse, et mes propres forfaits
Me font déjà sentir tous les maux que j'ai faits.
Jocaste, Polynice, Etéocle, Antigone,
Mes fils que j'ai perdus pour m'élever au trône,
Tant d'autres malheureux dont j'ai causé les maux,
Font déjà dans mon cœur l'office de bourreaux:
Arrêtez... Mon trépas va venger votre perte;
La foudre va tomber, la terre est entr'ouverte;
Je ressens à-la-fois mille tourments divers,
Et je m'en vais chercher du repos aux enfers.

(*Il tombe entre les bras des gardes.*)

FIN DE LA THÉBAÏDE.

ALEXANDRE

LE GRAND.

TRAGÉDIE EN CINQ ACTES.

1665.

PRÉFACE.

Il n'y a guère de tragédies où l'histoire soit plus fidèlement suivie que dans celle-ci. Le sujet en est tiré de plusieurs auteurs, mais surtout du huitième livre de Quinte-Curce. C'est là qu'on peut voir tout ce qu'Alexandre fit lorsqu'il entra dans les Indes, les ambassades qu'il envoya aux rois de ce pays-là, les différentes réceptions qu'ils firent à ses envoyés, l'alliance que Taxile fit avec lui, la fierté avec laquelle Porus refusa les conditions qu'on lui présentoit, l'inimitié qui étoit entre Porus et Taxile, et enfin la victoire qu'Alexandre remporta sur Porus, la réponse généreuse que ce brave Indien fit au vainqueur, qui lui demandoit comment il vouloit qu'on le traitât, et la générosité avec laquelle Alexandre lui rendit tous ses états et en ajouta beaucoup d'autres.

Cette action d'Alexandre a passé pour une des plus belles que ce prince ait faites en sa vie; et le danger que Porus lui fit courir dans la bataille lui parut le plus grand où il se fût jamais trouvé. Il le confessa lui-même, en disant qu'il avoit trouvé enfin un péril digne de son courage; et ce fut en cette même occasion qu'il s'écria: « O Athéniens, combien de travaux « j'endure pour me faire louer de vous! »

J'ai tâché de représenter en Porus un ennemi digne d'Alexandre; et je puis dire que son caractère a plu extrêmement sur notre théâtre, jusque-là que des personnes m'ont reproché que je faisois ce prince plus grand qu'Alexandre. Mais ces personnes ne considèrent pas que, dans la bataille et dans la victoire, Alexandre est en effet plus grand que Porus; qu'il n'y a pas un vers dans la tragédie qui ne soit à la louange d'Alexandre; que les invectives mêmes de Porus et d'Axiane sont autant d'éloges de la valeur de ce conquérant. Porus a peut-être quelque chose qui intéresse davantage, parce qu'il est dans le malheur; car, comme dit Sénèque (1), « nous sommes de telle « nature, qu'il n'y a rien au monde qui se fasse tant

(1) Ita affecti sumus, ut nihil æquè magnam apud nos admirationem occupet, quàm homo fortiter miser. SENECÆ *consolatio ad Helviam*, cap. 13.

« admirer qu'un homme qui sait être malheureux
« avec courage. »

Les amours d'Alexandre et de Cléofile ne sont pas de mon invention; Justin en parle, aussi-bien que Quinte-Curce : ces deux historiens rapportent qu'une reine dans les Indes, nommée Cléofile, se rendit à ce prince avec la ville où il la tenoit assiégée, et qu'il la rétablit dans son royaume, en considération de sa beauté. Elle en eut un fils, et elle l'appela Alexandre (1).

(1) Regna Cleofilis reginæ petit, quæ cùm se dedisset ei, ... regnum ab Alexandro recepit, illecebris consecuta quod virtute non potuerat; filiumque, ab eo genitum, Alexandrum nominavit, qui postea regno Indorum potitus est. JUSTINI *lib.* XII. *c.* 7.

PERSONNAGES.

ALEXANDRE.

PORUS, \
TAXILE, / rois dans les Indes.

AXIANE, reine d'une autre partie des Indes.

CLÉOFILE, sœur de Taxile.

ÉPHESTION.

Suite d'Alexandre.

La scène est sur le bord de l'Hydaspe, dans le camp de Taxile.

ALEXANDRE,
TRAGÉDIE.

ACTE PREMIER.

SCÈNE I.

TAXILE, CLÉOFILE.

CLÉOFILE.

Quoi! vous allez combattre un roi dont la puissance
Semble forcer le ciel à prendre sa défense,
Sous qui toute l'Asie a vu tomber ses rois,
Et qui tient la fortune attachée à ses lois!
Mon frère, ouvrez les yeux pour connaître Alexandre :
Voyez de toutes parts les trônes mis en cendre,
Les peuples asservis, et les rois enchaînés;
Et prévenez les maux qui les ont entraînés.

TAXILE.

Voulez-vous que, frappé d'une crainte si basse,
Je présente la tête au joug qui nous menace,
Et que j'entende dire aux peuples indiens
Que j'ai forgé moi-même et leurs fers et les miens?

Quitterai-je Porus? Trahirai-je ces princes
Que rassemble le soin d'affranchir nos provinces,
Et qui, sans balancer sur un si noble choix,
Sauront également vivre et mourir en rois?
En voyez-vous un seul qui, sans rien entreprendre,
Se laisse terrasser au seul nom d'Alexandre,
Et, le croyant déjà maître de l'univers,
Aille, esclave empressé, lui demander des fers?
Loin de s'épouvanter à l'aspect de sa gloire,
Ils l'attaqueront même au sein de la victoire :
Et vous voulez, ma sœur, que Taxile aujourd'hui,
Tout prêt à le combattre, implore son appui!

CLÉOFILE.

Aussi n'est-ce qu'à vous que ce prince s'adresse;
Pour votre amitié seule Alexandre s'empresse :
Quand la foudre s'allume et s'apprête à partir,
Il s'efforce en secret de vous en garantir.

TAXILE.

Pourquoi suis-je le seul que son courroux ménage?
De tous ceux que l'Hydaspe oppose à son courage,
Ai-je mérité seul son indigne pitié?
Ne peut-il à Porus offrir son amitié?
Ah! sans doute il lui croit l'ame trop généreuse
Pour écouter jamais une offre si honteuse :
Il cherche une vertu qui lui résiste moins;
Et peut-être il me croit plus digne de ses soins.

CLÉOFILE.

Dites, sans l'accuser de chercher un esclave,
Que de ses ennemis il vous croit le plus brave;
Et qu'en vous arrachant les armes de la main

Il se promet du reste un triomphe certain.
Son choix à votre nom n'imprime point de taches;
Son amitié n'est point le partage des lâches :
Quoiqu'il brûle de voir tout l'univers soumis,
On ne voit point d'esclave au rang de ses amis.
Ah! si son amitié peut souiller votre gloire,
Que ne m'épargniez-vous une tache si noire?
Vous connaissez les soins qu'il me rend tous les jours;
Il ne tenoit qu'à vous d'en arrêter le cours.
Vous me voyez ici maîtresse de son ame;
Cent messages secrets m'assurent de sa flamme :
Pour venir jusqu'à moi ses soupirs embrasés
Se font jour au travers de deux camps opposés.
Au lieu de le haïr, au lieu de m'y contraindre,
De mon trop de rigueur je vous ai vu vous plaindre;
Vous m'avez engagée à souffrir son amour,
Et peut-être, mon frère, à l'aimer à mon tour.

TAXILE.

Vous pouvez, sans rougir du pouvoir de vos charmes,
Forcer ce grand guerrier à vous rendre les armes;
Et, sans que votre cœur doive s'en alarmer,
Le vainqueur de l'Euphrate a pu vous désarmer :
Mais l'Etat aujourd'hui suivra ma destinée;
Je tiens avec mon sort sa fortune enchaînée;
Et, quoique vos conseils tâchent de me fléchir,
Je dois demeurer libre, afin de l'affranchir.
Je sais l'inquiétude où ce dessein vous livre;
Mais comme vous, ma sœur, j'ai mon amour à suivre.
Les beaux yeux d'Axiane, ennemis de la paix,
Contre votre Alexandre arment tous leurs attraits :

Reine de tous les cœurs, elle met tout en armes
Pour cette liberté que détruisent ses charmes;
Elle rougit des fers qu'on apporte en ces lieux,
Et n'y sauroit souffrir de tyrans que ses yeux.
Il faut servir, ma sœur, son illustre colère;
Il faut aller...

CLÉOFILE.

Eh bien! perdez-vous pour lui plaire;
De ces tyrans si chers suivez l'arrêt fatal,
Servez-les : ou plutôt servez votre rival;
De vos propres lauriers souffrez qu'on le couronne;
Combattez pour Porus, Axiane l'ordonne;
Et, par de beaux exploits appuyant sa rigueur,
Assurez à Porus l'empire de son cœur.

TAXILE.

Ah, ma sœur! croyez-vous que Porus...?

CLÉOFILE.

Mais vous-même,
Doutez-vous en effet qu'Axiane ne l'aime?
Quoi! ne voyez-vous pas avec quelle chaleur
L'ingrate à vos yeux même étale sa valeur?
Quelque brave qu'on soit, si nous la voulons croire,
Ce n'est qu'autour de lui que vole la victoire :
Vous formeriez sans lui d'inutiles desseins;
La liberté de l'Inde est toute entre ses mains;
Sans lui déjà nos murs seroient réduits en cendre;
Lui seul peut arrêter les progrès d'Alexandre :
Elle se fait un dieu de ce prince charmant,
Et vous doutez encor qu'elle en fasse un amant!

TAXILE.

Je tâchois d'en douter, cruelle Cléofile.
Hélas! dans son erreur affermissez Taxile :
Pourquoi lui peignez-vous cet objet odieux?
Aidez-le bien plutôt à démentir ses yeux :
Dites-lui qu'Axiane est une beauté fière,
Telle à tous les mortels qu'elle est à votre frère;
Flattez de quelque espoir...

CLÉOFILE.

Espérez, j'y consens;
Mais n'espérez plus rien de vos soins impuissants.
Pourquoi dans les combats chercher une conquête
Qu'à vous livrer lui-même Alexandre s'apprête?
Ce n'est pas contre lui qu'il la faut disputer;
Porus est l'ennemi qui prétend vous l'ôter.
Pour ne vanter que lui, l'injuste renommée
Semble oublier les noms du reste de l'armée :
Quoi qu'on fasse, lui seul en ravit tout l'éclat;
Et comme ses sujets il vous mène au combat.
Ah! si ce nom vous plaît, si vous cherchez à l'être,
Les Grecs et les Persans vous enseignent un maître;
Vous trouverez cent rois compagnons de vos fers;
Porus y viendra même avec tout l'univers.
Mais Alexandre enfin ne vous tend point de chaînes;
Il laisse à votre front ces marques souveraines
Qu'un orgueilleux rival ose ici dédaigner.
Porus vous fait servir; il vous fera régner :
Au lieu que de Porus vous êtes la victime,
Vous serez... Mais voici ce rival magnanime.

TAXILE.

Ah, ma sœur! je me trouble; et mon cœur alarmé,
En voyant mon rival, me dit qu'il est aimé.

CLÉOFILE.

Le temps vous presse. Adieu. C'est à vous de vous rendre
L'esclave de Porus, ou l'ami d'Alexandre.

SCÈNE II.

PORUS, TAXILE.

PORUS.

Seigneur, ou je me trompe, ou nos fiers ennemis
Feront moins de progrès qu'ils ne s'étoient promis.
Nos chefs et nos soldats, brûlant d'impatience,
Font lire sur leur front une mâle assurance;
Ils s'animent l'un l'autre; et nos moindres guerriers
Se promettent déjà des moissons de lauriers.
J'ai vu de rang en rang cette ardeur répandue
Par des cris généreux éclater à ma vue :
Ils se plaignent qu'au lieu d'éprouver leur grand cœur
L'oisiveté d'un camp consume leur vigueur.
Laisserons-nous languir tant d'illustres courages?
Notre ennemi, seigneur, cherche ses avantages;
Il se sent foible encore; et, pour nous retenir,
Ephestion demande à nous entretenir;
Et par de vains discours...

TAXILE.

Seigneur, il faut l'entendre;
Nous ignorons encor ce que veut Alexandre :
Peut-être est-ce la paix qu'il nous veut présenter.

ACTE I, SCÈNE II.

PORUS.

La paix! ah! de sa main pourriez-vous l'accepter?
Eh quoi! nous l'aurons vu, par tant d'horribles guerres,
Troubler le calme heureux dont jouissoient nos terres,
Et, le fer à la main, entrer dans nos états
Pour attaquer des rois qui ne l'offensoient pas;
Nous l'aurons vu piller des provinces entières,
Du sang de nos sujets faire enfler nos rivières :
Et, quand le ciel s'apprête à nous l'abandonner,
J'attendrai qu'un tyran daigne nous pardonner!

TAXILE.

Ne dites point, seigneur, que le ciel l'abandonne;
D'un soin toujours égal sa faveur l'environne.
Un roi qui fait trembler tant d'états sous ses lois
N'est pas un ennemi que méprisent les rois.

PORUS.

Loin de le mépriser, j'admire son courage;
Je rends à sa valeur un légitime hommage :
Mais je veux à mon tour mériter les tributs
Que je me sens forcé de rendre à ses vertus.
Oui, je consens qu'au ciel on élève Alexandre :
Mais si je puis, seigneur, je l'en ferai descendre,
Et j'irai l'attaquer jusque sur les autels
Que lui dresse en tremblant le reste des mortels.
C'est ainsi qu'Alexandre estima tous ces princes
Dont sa valeur pourtant a conquis les provinces :
Si son cœur dans l'Asie eût montré quelque effroi,
Darius en mourant l'auroit-il vu son roi?

TAXILE.

Seigneur, si Darius avoit su se connaître,

Il régneroit encore où règne un autre maître.
Cependant cet orgueil qui causa son trépas,
Avoit un fondement que vos mépris n'ont pas :
La valeur d'Alexandre à peine étoit connue ;
Ce foudre étoit encore enfermé dans la nue.
Dans un calme profond Darius endormi
Ignoroit jusqu'au nom d'un si foible ennemi.
Il le connut bientôt ; et son ame, étonnée,
De tout ce grand pouvoir se vit abandonnée :
Il se vit terrassé d'un bras victorieux ;
Et la foudre en tombant lui fit ouvrir les yeux.

PORUS.

Mais encore, à quel prix croyez-vous qu'Alexandre
Mette l'indigne paix dont il veut vous surprendre ?
Demandez-le, seigneur, à cent peuples divers
Que cette paix trompeuse a jetés dans les fers.
Non, ne nous flattons point : sa douceur nous outrage ;
Toujours son amitié traîne un long esclavage :
En vain on prétendroit n'obéir qu'à demi ;
Si l'on n'est son esclave, on est son ennemi.

TAXILE.

Seigneur, sans se montrer lâche, ni téméraire,
Par quelque vain hommage on peut le satisfaire.
Flattons par des respects ce prince ambitieux
Que son bouillant orgueil appelle en d'autres lieux.
C'est un torrent qui passe, et dont la violence
Sur tout ce qui l'arrête exerce sa puissance ;
Qui, grossi du débris de cent peuples divers,
Veut du bruit de son cours remplir tout l'univers.
Que sert de l'irriter par un orgueil sauvage ?

D'un favorable accueil honorons son passage ;
Et, lui cédant des droits que nous reprendrons bien,
Rendons-lui des devoirs qui ne nous coûtent rien.
PORUS.
Qui ne nous coûtent rien, seigneur? l'osez-vous croire?
Compterai-je pour rien la perte de ma gloire?
Votre empire et le mien seroient trop achetés
S'ils coûtoient à Porus les moindres lâchetés.
Mais croyez-vous qu'un prince, enflé de tant d'audace,
De son passage ici ne laissât point de trace?
Combien de rois, brisés à ce funeste écueil,
Ne règnent plus qu'autant qu'il plaît à son orgueil !
Nos couronnes, d'abord devenant ses conquêtes,
Tant que nous règnerions flotteroient sur nos têtes ;
Et nos sceptres, en proie à ses moindres dédains,
Dès qu'il auroit parlé tomberoient de nos mains.
Ne dites point qu'il court de province en province :
Jamais de ses liens il ne dégage un prince ;
Et pour mieux asservir les peuples sous ses lois,
Souvent dans la poussière il leur cherche des rois.
Mais ces indignes soins touchent peu mon courage ;
Votre seul intérêt m'inspire ce langage.
Porus n'a point de part dans tout cet entretien ;
Et quand la gloire parle il n'écoute plus rien.
TAXILE.
J'écoute, comme vous, ce que l'honneur m'inspire,
Seigneur ; mais il m'engage à sauver mon empire.
PORUS.
Si vous voulez sauver l'un et l'autre aujourd'hui,
Prévenons Alexandre, et marchons contre lui.

TAXILE.

L'audace et le mépris sont d'infidèles guides.

PORUS.

La honte suit de près les courages timides.

TAXILE.

Le peuple aime les rois qui savent l'épargner.

PORUS.

Il estime encor plus ceux qui savent régner.

TAXILE.

Ces conseils ne plairont qu'à des ames hautaines.

PORUS.

Ils plairont à des rois, et peut-être à des reines.

TAXILE.

La reine, à vous ouïr, n'a des yeux que pour vous.

PORUS.

Un esclave est pour elle un objet de courroux.

TAXILE.

Mais croyez-vous, seigneur, que l'amour vous ordonne
D'exposer avec vous son peuple et sa personne?
Non, non; sans vous flatter, avouez qu'en ce jour
Vous suivez votre haine, et non pas votre amour.

PORUS.

Eh bien! je l'avoûrai, que ma juste colère
Aime la guerre autant que la paix vous est chère :
J'avoûrai que, brûlant d'une noble chaleur,
Je vais contre Alexandre éprouver ma valeur.
Du bruit de ses exploits mon ame importunée
Attend depuis long-temps cette heureuse journée.
Avant qu'il me cherchât, un orgueil inquiet
M'avoit déjà rendu son ennemi secret.

Dans le noble transport de cette jalousie,
Je le trouvois trop lent à traverser l'Asie;
Je l'attirois ici par des vœux si puissants,
Que je portois envie au bonheur des Persans :
Et maintenant encor, s'il trompoit mon courage,
Pour sortir de ces lieux s'il cherchoit un passage,
Vous me verriez moi-même, armé pour l'arrêter,
Lui refuser la paix qu'il nous veut présenter.

TAXILE.

Oui, sans doute, une ardeur si haute et si constante
Vous promet dans l'histoire une place éclatante;
Et, sous ce grand dessein dussiez-vous succomber,
Au moins c'est avec bruit qu'on vous verra tomber.
La reine vient. Adieu. Vantez-lui votre zèle;
Découvrez cet orgueil qui vous rend digne d'elle.
Pour moi, je troublerois un si noble entretien;
Et vos cœurs rougiroient des foiblesses du mien.

SCÈNE III.

PORUS, AXIANE.

AXIANE.

Quoi! Taxile me fuit! Quelle cause inconnue...

PORUS.

Il fait bien de cacher sa honte à votre vue :
Et, puisqu'il n'ose plus s'exposer aux hasards,
De quel front pourroit-il soutenir vos regards?
Mais laissons-le, madame; et, puisqu'il veut se rendre,
Qu'il aille avec sa sœur adorer Alexandre.

ALEXANDRE.

Retirons-nous d'un camp où, l'encens à la main,
Le fidèle Taxile attend son souverain.

AXIANE.

Mais, seigneur, que dit-il?

PORUS.

Il en fait trop paraître :
Cet esclave déjà m'ose vanter son maître ;
Il veut que je le serve...

AXIANE.

Ah! sans vous emporter,
Souffrez que mes efforts tâchent de l'arrêter :
Ses soupirs, malgré moi, m'assurent qu'il m'adore.
Quoi qu'il en soit, souffrez que je lui parle encore ;
Et ne le forçons point, par ce cruel mépris,
D'achever un dessein qu'il peut n'avoir pas pris.

PORUS.

Hé quoi! vous en doutez; et votre ame s'assure
Sur la foi d'un amant infidèle et parjure,
Qui veut à son tyran vous livrer aujourd'hui,
Et croit, en vous donnant, vous obtenir de lui!
Eh bien! aidez-le donc à vous trahir vous-même :
Il vous peut arracher à mon amour extrême ;
Mais il ne peut m'ôter, par ses efforts jaloux,
La gloire de combattre et de mourir pour vous.

AXIANE.

Et vous croyez qu'après une telle insolence
Mon amitié, seigneur, seroit sa récompense!
Vous croyez que, mon cœur s'engageant sous sa loi,
Je souscrirois au don qu'on lui feroit de moi!
Pouvez-vous sans rougir m'accuser d'un tel crime?

Ai-je fait pour ce prince éclater tant d'estime?
Entre Taxile et vous s'il falloit prononcer,
Seigneur, le croyez-vous, qu'on me vît balancer?
Sais-je pas que Taxile est une ame incertaine,
Que l'amour le retient quand la crainte l'entraîne?
Sais-je pas que, sans moi, sa timide valeur
Succomberoit bientôt aux ruses de sa sœur?
Vous savez qu'Alexandre en fit sa prisonnière,
Et qu'enfin cette sœur retourna vers son frère :
Mais je connus bientôt qu'elle avoit entrepris
De l'arrêter au piége où son cœur étoit pris.

PORUS.

Et vous pouvez encor demeurer auprès d'elle!
Que n'abandonnez-vous cette sœur criminelle?
Pourquoi, par tant de soins, voulez-vous épargner
Un prince...?

AXIANE.

C'est pour vous que je le veux gagner.
Vous verrai-je, accablé du soin de nos provinces,
Attaquer seul un roi vainqueur de tant de princes?
Je vous veux dans Taxile offrir un défenseur
Qui combatte Alexandre en dépit de sa sœur.
Que n'avez-vous pour moi cette ardeur empressée!
Mais d'un soin si commun votre ame est peu blessée :
Pourvu que ce grand cœur périsse noblement,
Ce qui suivra sa mort le touche foiblement.
Vous me voulez livrer, sans secours, sans asile,
Au courroux d'Alexandre, à l'amour de Taxile,
Qui, me traitant bientôt en superbe vainqueur,
Pour prix de votre mort demandera mon cœur.

Eh bien! seigneur, allez, contentez votre envie;
Combattez; oubliez le soin de votre vie :
Oubliez que le ciel, favorable à vos vœux,
Vous préparoit peut-être un sort assez heureux.
Peut-être qu'à son tour Axiane charmée
Alloit... Mais non, seigneur, courez vers votre armée;
Un si long entretien vous seroit ennuyeux;
Et c'est vous retenir trop long-temps en ces lieux.

PORUS.

Ah, madame! arrêtez, et connaissez ma flamme;
Ordonnez de mes jours, disposez de mon ame :
La gloire y peut beaucoup, je ne m'en cache pas;
Mais que n'y peuvent point tant de divins appas!
Je ne vous dirai point que, pour vaincre Alexandre,
Vos soldats et les miens alloient tout entreprendre;
Que c'étoit pour Porus un bonheur sans égal
De triompher tout seul aux yeux de son rival :
Je ne vous dis plus rien. Parlez en souveraine;
Mon cœur met à vos pieds et sa gloire et sa haine.

AXIANE.

Ne craignez rien; ce cœur qui veut bien m'obéir
N'est pas entre des mains qui le puissent trahir :
Non, je ne prétends pas, jalouse de sa gloire,
Arrêter un héros qui court à la victoire.
Contre un fier ennemi précipitez vos pas;
Mais de vos alliés ne vous séparez pas :
Ménagez-les, seigneur; et, d'une ame tranquille
Laissez agir mes soins sur l'esprit de Taxile;
Montrez en sa faveur des sentiments plus doux :
Je le vais engager à combattre pour vous.

PORUS.

Eh bien, madame, allez, j'y consens avec joie :
Voyons Ephestion, puisqu'il faut qu'on le voie.
Mais, sans perdre l'espoir de le suivre de près,
J'attends Ephestion, et le combat après.

FIN DU PREMIER ACTE.

ACTE SECOND.

SCÈNE I.

CLÉOFILE, ÉPHESTION.

ÉPHESTION.

Oui, tandis que vos rois délibèrent ensemble,
Et que tout se prépare au conseil qui s'assemble,
Madame, permettez que je vous parle aussi
Des secrètes raisons qui m'amènent ici.
Fidèle confident du beau feu de mon maître,
Souffrez que je l'explique aux yeux qui l'ont fait naître;
Et que pour ce héros j'ose vous demander
Le repos qu'à vos rois il veut bien accorder.
Après tant de soupirs, que faut-il qu'il espère?
Attendez-vous encore après l'aveu d'un frère?
Voulez-vous que son cœur, incertain et confus,
Ne se donne jamais sans craindre vos refus?
Faut-il mettre à vos pieds le reste de la terre?
Faut-il donner la paix? faut-il faire la guerre?
Prononcez : Alexandre est tout prêt d'y courir,
Ou pour vous mériter, ou pour vous conquérir.

CLÉOFILE.

Puis-je croire qu'un prince au comble de la gloire
De mes foibles attraits garde encor la mémoire;
Que, traînant après lui la victoire et l'effroi,

ACTE II, SCÈNE I.

Il se puisse abaisser à soupirer pour moi?
Des captifs comme lui brisent bientôt leur chaîne;
A de plus hauts desseins la gloire les entraîne;
Et l'amour dans leurs cœurs, interrompu, troublé,
Sous le faix des lauriers est bientôt accablé.
Tandis que ce héros me tint sa prisonnière,
J'ai pu toucher son cœur d'une atteinte légère :
Mais je pense, seigneur, qu'en rompant mes liens
Alexandre à son tour brisa bientôt les siens.

ÉPHESTION.

Ah! si vous l'aviez vu, brûlant d'impatience,
Compter les tristes jours d'une si longue absence,
Vous sauriez que, l'amour précipitant ses pas,
Il ne cherchoit que vous en courant aux combats.
C'est pour vous qu'on l'a vu, vainqueur de tant de princes,
D'un cours impétueux traverser vos provinces,
Et briser en passant, sous l'effort de ses coups,
Tout ce qui l'empêchoit de s'approcher de vous.
On voit en même champ vos drapeaux et les nôtres;
De ses retranchements il découvre les vôtres :
Mais, après tant d'exploits, ce timide vainqueur
Craint qu'il ne soit encor bien loin de votre cœur.
Que lui sert de courir de contrée en contrée,
S'il faut que de ce cœur vous lui fermiez l'entrée,
Si, pour ne point répondre à de sincères vœux,
Vous cherchez chaque jour à douter de ses feux,
Si votre esprit, armé de mille défiances...?

CLÉOFILE.

Hélas! de tels soupçons sont de foibles défenses;
Et nos cœurs, se formant mille soins superflus,

Doutent toujours du bien qu'ils souhaitent le plus.
Oui, puisque ce héros veut que j'ouvre mon ame,
J'écoute avec plaisir le récit de sa flamme :
Je craignois que le temps n'en eût borné le cours ;
Je souhaite qu'il m'aime, et qu'il m'aime toujours.
Je dis plus : quand son bras força notre frontière,
Et dans les murs d'Omphis m'arrêta prisonnière,
Mon cœur, qui le voyoit maître de l'univers,
Se consoloit déjà de languir dans ses fers ;
Et, loin de murmurer contre un destin si rude,
Il s'en fit, je l'avoue, une douce habitude,
Et de sa liberté perdant le souvenir,
Même en la demandant, craignoit de l'obtenir.
Jugez si son retour me doit combler de joie.
Mais tout couvert de sang veut-il que je le voie ?
Est-ce comme ennemi qu'il se vient présenter ?
Et ne me cherche-t-il que pour me tourmenter ?

ÉPHESTION.

Non, madame; vaincu du pouvoir de vos charmes,
Il suspend aujourd'hui la terreur de ses armes ;
Il présente la paix à des rois aveuglés,
Et retire la main qui les eût accablés.
Il craint que la victoire, à ses vœux trop facile,
Ne conduise ses coups dans le sein de Taxile :
Son courage, sensible à vos justes douleurs,
Ne veut point de lauriers arrosés de vos pleurs.
Favorisez les soins où son amour l'engage ;
Exemptez sa valeur d'un si triste avantage ;
Et disposez les rois qu'épargne son courroux
A recevoir un bien qu'ils ne doivent qu'à vous.

CLÉOFILE.

N'en doutez point, seigneur, mon ame, inquiétée,
D'une crainte si juste est sans cesse agitée ;
Je tremble pour mon frère, et crains que son trépas
D'un ennemi si cher n'ensanglante le bras.
Mais en vain je m'oppose à l'ardeur qui l'enflamme ;
Axiane et Porus tyrannisent son ame :
Les charmes d'une reine et l'exemple d'un roi,
Dès que je veux parler, s'élèvent contre moi.
Que n'ai-je point à craindre en ce désordre extrême !
Je crains pour lui, je crains pour Alexandre même.
Je sais qu'en l'attaquant cent rois se sont perdus ;
Je sais tous ses exploits : mais je connois Porus.
Nos peuples, qu'on a vus triomphants à sa suite
Repousser les efforts du Persan et du Scythe,
Et tout fiers des lauriers dont il les a chargés,
Vaincront à son exemple, ou périront vengés.
Et je crains...

ÉPHESTION.

Ah! quittez une crainte si vaine ;
Laissez courir Porus où son malheur l'entraîne ;
Que l'Inde en sa faveur arme tous ses états,
Et que le seul Taxile en détourne ses pas.
Mais les voici.

CLÉOFILE.

Seigneur, achevez votre ouvrage ;
Par vos sages conseils dissipez cet orage ;
Ou, s'il faut qu'il éclate, au moins souvenez-vous
De le faire tomber sur d'autres que sur nous.

ALEXANDRE.

SCÈNE II.

PORUS, TAXILE, ÉPHESTION.

ÉPHESTION.

Avant que le combat qui menace vos têtes
Mette tous vos états au rang de nos conquêtes,
Alexandre veut bien différer ses exploits,
Et vous offrir la paix pour la dernière fois.
Vos peuples, prévenus de l'espoir qui vous flatte,
Prétendoient arrêter le vainqueur de l'Euphrate ;
Mais l'Hydaspe, malgré tant d'escadrons épars,
Voit enfin sur ses bords flotter nos étendards :
Vous les verriez plantés jusque sur vos tranchées,
Et de sang et de morts vos campagnes jonchées,
Si ce héros, couvert de tant d'autres lauriers,
N'eût lui-même arrêté l'ardeur de nos guerriers.
Il ne vient point ici, souillé du sang des princes,
D'un triomphe barbare effrayer vos provinces,
Et, cherchant à briller d'une triste splendeur,
Sur le tombeau des rois élever sa grandeur.
Mais vous-mêmes, trompés d'un vain espoir de gloire,
N'allez point dans ses bras irriter la victoire ;
Et lorsque son courroux demeure suspendu,
Princes, contentez-vous de l'avoir attendu.
Ne différez point tant à lui rendre l'hommage
Que vos cœurs, malgré vous, rendent à son courage ;
Et, recevant l'appui que vous offre son bras,
D'un si grand défenseur honorez vos états.

ACTE II, SCÈNE II.

Voilà ce qu'un grand roi veut bien vous faire entendre,
Prêt à quitter le fer, et prêt à le reprendre.
Vous savez son dessein : choisissez aujourd'hui
Si vous voulez tout perdre, ou tenir tout de lui.

TAXILE.

Seigneur, ne croyez point qu'une fierté barbare
Nous fasse méconnaître une vertu si rare ;
Et que dans leur orgueil nos peuples affermis
Prétendent, malgré vous, être vos ennemis.
Nous rendons ce qu'on doit aux illustres exemples :
Vous adorez des dieux qui nous doivent leurs temples,
Des héros qui chez vous passoient pour des mortels,
En venant parmi nous ont trouvé des autels.
Mais en vain l'on prétend, chez des peuples si braves,
Au lieu d'adorateurs se faire des esclaves :
Croyez-moi, quelque éclat qui les puisse toucher,
Ils refusent l'encens qu'on leur veut arracher.
Assez d'autres états, devenus vos conquêtes,
De leurs rois, sous le joug, ont vu ployer les têtes :
Après tous ces états qu'Alexandre a soumis,
N'est-il pas temps, seigneur, qu'il cherche des amis ?
Tout ce peuple captif, qui tremble au nom d'un maître,
Soutient mal un pouvoir qui ne fait que de naître.
Ils ont pour s'affranchir les yeux toujours ouverts :
Votre empire n'est plein que d'ennemis couverts ;
Ils pleurent en secret leurs rois sans diadèmes :
Vos fers trop étendus se relâchent d'eux-mêmes ;
Et déjà dans leur cœur les Scythes mutinés
Vont sortir de la chaîne où vous nous destinez.
Essayez, en prenant notre amitié pour gage,

Ce que peut une foi qu'aucun serment n'engage;
Laissez un peuple, au moins, qui puisse quelquefois
Applaudir sans contrainte au bruit de vos exploits.
Je reçois à ce prix l'amitié d'Alexandre;
Et je l'attends déjà comme un roi doit attendre
Un héros dont la gloire accompagne les pas,
Qui peut tout sur mon cœur, et rien sur mes états.

PORUS.

Je croyois, quand l'Hydaspe, assemblant ses provinces,
Au secours de ses bords fit voler tous ses princes,
Qu'il n'avoit avec moi, dans des desseins si grands,
Engagé que des rois ennemis des tyrans :
Mais puisqu'un roi, flattant la main qui nous menace,
Parmi ses alliés brigue une indigne place,
C'est à moi de répondre aux vœux de mon pays,
Et de parler pour ceux que Taxile a trahis.
Que vient chercher ici le roi qui vous envoie?
Quel est ce grand secours que son bras nous octroie?
De quel front ose-t-il prendre sous son appui
Des peuples qui n'ont point d'autre ennemi que lui?
Avant que sa fureur ravageât tout le monde,
L'Inde se reposoit dans une paix profonde;
Et si quelques voisins en troubloient les douceurs,
Il portoit dans son sein d'assez bons défenseurs.
Pourquoi nous attaquer? Par quelle barbarie
A-t-on de votre maître excité la furie?
Vit-on jamais chez lui nos peuples en courroux
Désoler un pays inconnu parmi nous?
Faut-il que tant d'états, de déserts, de rivières,
Soient entre nous et lui d'impuissantes barrières?

Et ne sauroit-on vivre au bout de l'univers
Sans connaître son nom et le poids de ses fers?
Quelle étrange valeur, qui, ne cherchant qu'à nuire,
Embrase tout sitôt qu'elle commence à luire;
Qui n'a que son orgueil pour règle et pour raison;
Qui veut que l'univers ne soit qu'une prison,
Et que, maître absolu de tous tant que nous sommes,
Ses esclaves en nombre égalent tous les hommes!
Plus d'états, plus de rois : ses sacriléges mains
Dessous un même joug rangent tous les humains.
Dans son avide orgueil je sais qu'il nous dévore :
De tant de souverains nous seuls régnons encore.
Mais, que dis-je, nous seuls? Il ne reste que moi
Où l'on découvre encor les vestiges d'un roi.
Mais c'est pour mon courage une illustre matière :
Je vois d'un œil content trembler la terre entière,
Afin que par moi seul les mortels secourus,
S'ils sont libres, le soient de la main de Porus;
Et qu'on dise partout, dans une paix profonde :
« Alexandre vainqueur eût dompté tout le monde;
« Mais un roi l'attendoit au bout de l'univers,
« Par qui le monde entier a vu briser ses fers. »

ÉPHESTION.

Votre projet du moins nous marque un grand courage;
Mais, seigneur, c'est bien tard s'opposer à l'orage :
Si le monde penchant n'a plus que cet appui,
Je le plains, et vous plains vous-même autant que lui.
Je ne vous retiens point; marchez contre mon maître :
Je voudrois seulement qu'on vous l'eût fait connaître;
Et que la renommée eût voulu, par pitié,

De ses exploits au moins vous conter la moitié;
Vous verriez...
PORUS.
Que verrois-je, et que pourrois-je apprendre
Qui m'abaisse si fort au-dessous d'Alexandre?
Seroit-ce sans effort les Persans subjugués,
Et vos bras tant de fois de meurtres fatigués?
Quelle gloire en effet d'accabler la foiblesse
D'un roi déjà vaincu par sa propre mollesse,
D'un peuple sans vigueur et presque inanimé,
Qui gémissoit sous l'or dont il étoit armé,
Et qui, tombant en foule, au lieu de se défendre,
N'opposoit que des morts au grand cœur d'Alexandre?
Les autres, éblouis de ses moindres exploits,
Sont venus à genoux lui demander des lois;
Et, leur crainte écoutant je ne sais quels oracles,
Ils n'ont pas cru qu'un dieu pût trouver des obstacles.
Mais nous, qui d'un autre œil jugeons des conquérants,
Nous savons que les dieux ne sont pas des tyrans;
Et de quelque façon qu'un esclave le nomme,
Le fils de Jupiter passe ici pour un homme.
Nous n'allons point de fleurs parfumer son chemin;
Il nous trouve partout les armes à la main :
Il voit à chaque pas arrêter ses conquêtes;
Un seul rocher ici lui coûte plus de têtes,
Plus de soins, plus d'assauts, et presque plus de temps,
Que n'en coûte à son bras l'empire des Persans.
Ennemis du repos qui perdit ces infâmes,
L'or qui naît sous nos pas ne corrompt point nos ames:
La gloire est le seul bien qui nous puisse tenter,

Et le seul que mon cœur cherche à lui disputer ;
C'est elle...

ÉPHESTION, *en se levant.*

Et c'est aussi ce que cherche Alexandre :
A de moindres objets son cœur ne peut descendre.
C'est ce qui, l'arrachant du sein de ses états,
Au trône de Cyrus lui fit porter ses pas,
Et, du plus ferme empire ébranlant les colonnes,
Attaquer, conquérir, et donner les couronnes.
Et puisque votre orgueil ose lui disputer
La gloire du pardon qu'il vous fait présenter,
Vos yeux, dès aujourd'hui témoins de sa victoire,
Verront de quelle ardeur il combat pour la gloire :
Bientôt le fer en main vous le verrez marcher.

PORUS.

Allez donc : je l'attends, ou je le vais chercher.

SCÈNE III.

PORUS, TAXILE.

TAXILE.

Quoi ! vous voulez au gré de votre impatience.. ?

PORUS.

Non, je ne prétends point troubler votre alliance :
Ephestion, aigri seulement contre moi,
De vos soumissions rendra compte à son roi.
Les troupes d'Axiane, à me suivre engagées,
Attendent le combat sous mes drapeaux rangées ;
De son trône et du mien je soutiendrai l'éclat,
Et vous serez, seigneur, le juge du combat ;

A moins que votre cœur, animé d'un beau zèle,
De vos nouveaux amis n'embrasse la querelle.

SCÈNE IV.

AXIANE, PORUS, TAXILE.

AXIANE, *à Taxile.*

Ah! que dit-on de vous, seigneur! Nos ennemis
Se vantent que Taxile est à moitié soumis;
Qu'il ne marchera point contre un roi qu'il respecte.

TAXILE.

La foi d'un ennemi doit être un peu suspecte,
Madame : avec le temps ils me connaîtront mieux.

AXIANE.

Démentez-donc, seigneur, ce bruit injurieux;
De ceux qui l'ont semé confondez l'insolence;
Allez, comme Porus, les forcer au silence,
Et leur faire sentir, par un juste courroux,
Qu'ils n'ont point d'ennemi plus funeste que vous.

TAXILE.

Madame, je m'en vais disposer mon armée.
Ecoutez moins ce bruit qui vous tient alarmée :
Porus fait son devoir; et je ferai le mien.

SCÈNE V.

AXIANE, PORUS.

AXIANE.

Cette sombre froideur ne m'en dit pourtant rien,
Lâche! et ce n'est point là, pour me le faire croire,

La démarche d'un roi qui court à la victoire.
Il n'en faut plus douter, et nous sommes trahis :
Il immole à sa sœur sa gloire et son pays ;
Et sa haine, seigneur, qui cherche à vous abattre,
Attend pour éclater que vous alliez combattre.

PORUS.

Madame, en le perdant je perds un foible appui ;
Je le connoissois trop pour m'assurer sur lui.
Mes yeux sans se troubler ont vu son inconstance :
Je craignois beaucoup plus sa molle résistance.
Un traître, en nous quittant pour complaire à sa sœur,
Nous affoiblit bien moins qu'un lâche défenseur.

AXIANE.

Et cependant, seigneur, qu'allez-vous entreprendre ?
Vous marchez sans compter les forces d'Alexandre ;
Et, courant presque seul au-devant de leurs coups,
Contre tant d'ennemis vous n'opposez que vous.

PORUS.

Hé quoi ! voudriez-vous qu'à l'exemple d'un traître
Ma frayeur conspirât à vous donner un maître ;
Que Porus, dans un camp se laissant arrêter,
Refusât le combat qu'il vient de présenter ?
Non, non, je n'en crois rien. Je connois mieux, madame,
Le beau feu que la gloire allume dans votre ame :
C'est vous, je m'en souviens, dont les puissants appas
Excitoient tous nos rois, les traînoient aux combats ;
Et de qui la fierté, refusant de se rendre,
Ne vouloit pour amant qu'un vainqueur d'Alexandre.
Il faut vaincre ; et j'y cours, bien moins pour éviter
Le titre de captif, que pour le mériter.

ALEXANDRE.

Oui, madame, je vais, dans l'ardeur qui m'entraîne,
Victorieux ou mort, mériter votre chaine;
Et puisque mes soupirs s'expliquoient vainement
A ce cœur que la gloire occupe seulement,
Je m'en vais, par l'éclat qu'une victoire donne,
Attacher de si près la gloire à ma personne,
Que je pourrai peut-être amener votre cœur
De l'amour de la gloire à l'amour du vainqueur.

AXIANE.

Eh bien, seigneur, allez. Taxile aura peut-être
Des sujets dans son camp plus braves que leur maître;
Je vais les exciter par un dernier effort :
Après, dans votre camp j'attendrai votre sort.
Ne vous informez point de l'état de mon ame :
Triomphez, et vivez.

PORUS.

Qu'attendez-vous, madame?
Pourquoi dès ce moment ne puis-je pas savoir
Si mes tristes soupirs ont pu vous émouvoir?
Voulez-vous, car le sort, adorable Axiane,
A ne vous plus revoir peut-être me condamne;
Voulez-vous qu'en mourant un prince infortuné
Ignore à quelle gloire il étoit destiné?
Parlez.

AXIANE.

Que vous dirai-je?

PORUS.

Ah! divine princesse,
Si vous sentiez pour moi quelque heureuse foiblesse,
Ce cœur, qui me promet tant d'estime en ce jour,

ACTE II, SCÈNE V.

Me pourroit bien encor promettre un peu d'amour.
Contre tant de soupirs peut-il bien se défendre?
Peut-il...?

AXIANE.

Allez, seigneur, marchez contre Alexandre.
La victoire est à vous, si ce fameux vainqueur
Ne se défend pas mieux contre vous que mon cœur.

FIN DU SECOND ACTE.

ACTE TROISIÈME.

SCÈNE I.

AXIANE, CLÉOFILE.

AXIANE.

Quoi! madame, en ces lieux on me tient enfermée!
Je ne puis au combat voir marcher mon armée!
Et, commençant par moi sa noire trahison,
Taxile de son camp me fait une prison!
C'est donc là cette ardeur qu'il me faisoit paraître!
Cet humble adorateur se déclare mon maître!
Et déjà son amour, lassé de ma rigueur,
Captive ma personne au défaut de mon cœur!

CLÉOFILE.

Expliquez mieux les soins et les justes alarmes
D'un roi qui pour vainqueur ne connaît que vos charmes;
Et regardez, madame, avec plus de bonté,
L'ardeur qui l'intéresse à votre sûreté.
Tandis qu'autour de nous deux puissantes armées,
D'une égale chaleur au combat animées,
De leur fureur partout font voler les éclats,
De quel autre côté conduiriez-vous vos pas?
Où pourriez-vous ailleurs éviter la tempête?
Un plein calme en ces lieux assure votre tête.
Tout est tranquille...

ACTE III, SCÈNE I.

AXIANE.

Et c'est cette tranquillité
Dont je ne puis souffrir l'indigne sûreté.
Quoi! lorsque mes sujets, mourant dans une plaine,
Sur les pas de Porus combattent pour leur reine,
Qu'au prix de tout leur sang ils signalent leur foi,
Que le cri des mourants vient presque jusqu'à moi,
On me parle de paix! et le camp de Taxile
Garde dans ce désordre une assiette tranquille!
On flatte ma douleur d'un calme injurieux!
Sur des objets de joie on arrête mes yeux!

CLÉOFILE.

Madame, voulez-vous que l'amour de mon frère
Abandonne aux périls une tête si chère?
Il sait trop les hasards...

AXIANE.

Et pour m'en détourner
Ce généreux amant me fait emprisonner!
Et, tandis que pour moi son rival se hasarde,
Sa paisible valeur me sert ici de garde!

CLÉOFILE.

Que Porus est heureux! le moindre éloignement
A votre impatience est un cruel tourment;
Et, si l'on vous croyoit, le soin qui vous travaille
Vous le feroit chercher jusqu'au champ de bataille.

AXIANE.

Je ferois plus, madame : un mouvement si beau
Me le feroit chercher jusque dans le tombeau,
Perdre tous mes états, et voir d'un œil tranquille
Alexandre en payer le cœur de Cléofile.

ALEXANDRE.

CLÉOFILE.

Si vous cherchez Porus, pourquoi m'abandonner?
Alexandre en ces lieux pourra le ramener.
Permettez que, veillant au soin de votre tête,
A cet heureux amant l'on garde sa conquête.

AXIANE.

Vous triomphez, madame; et déjà votre cœur
Vole vers Alexandre, et le nomme vainqueur.
Mais, sur la seule foi d'un amour qui vous flatte,
Peut-être avant le temps ce grand orgueil éclate :
Vous poussez un peu loin vos vœux précipités,
Et vous croyez trop tôt ce que vous souhaitez.
Oui, oui...

CLÉOFILE.

Mon frère vient; et nous allons apprendre
Qui de nous deux, madame, aura pu se méprendre.

AXIANE.

Ah! je n'en doute plus; et ce front satisfait
Dit assez à mes yeux que Porus est défait.

SCÈNE II.

TAXILE, AXIANE, CLÉOFILE.

TAXILE.

Madame, si Porus, avec moins de colère,
Eût suivi les conseils d'une amitié sincère,
Il m'auroit en effet épargné la douleur
De vous venir moi-même annoncer son malheur.

AXIANE.

Quoi! Porus...

ACTE III, SCÈNE II.

TAXILE.

C'en est fait; et sa valeur trompée
Des maux que j'ai prévus se voit enveloppée.
Ce n'est pas (car mon cœur, respectant sa vertu,
N'accable point encore un rival abattu),
Ce n'est pas que son bras, disputant la victoire,
N'en ait aux ennemis ensanglanté la gloire;
Qu'elle-même, attachée à ses faits éclatants,
Entre Alexandre et lui n'ait douté quelque temps :
Mais enfin contre moi sa vaillance irritée
Avec trop de chaleur s'étoit précipitée.
J'ai vu ses bataillons rompus et renversés,
Vos soldats en désordre, et les siens dispersés;
Et lui-même, à la fin, entraîné dans leur fuite,
Malgré lui du vainqueur éviter la poursuite;
Et, de son vain courroux trop tard désabusé,
Souhaiter le secours qu'il avoit refusé.

AXIANE.

Qu'il avoit refusé! Quoi donc! pour ta patrie
Ton indigne courage attend que l'on te prie!
Il faut donc, malgré toi, te traîner aux combats,
Et te forcer toi-même à sauver tes états!
L'exemple de Porus, puisqu'il faut qu'on t'y porte,
Dis-moi, n'étoit-ce pas une voix assez forte?
Ce héros en péril, ta maîtresse en danger,
Tout l'état périssant n'a pu t'encourager!
Va, tu sers bien le maître à qui ta sœur te donne.
Achève, et fais de moi ce que sa haine ordonne;
Garde à tous les vaincus un traitement égal :
Enchaîne ta maîtresse, en livrant ton rival.

Aussi bien c'en est fait, sa disgrace et ton crime
Ont placé dans mon cœur ce héros magnanime.
Je l'adore; et je veux, avant la fin du jour,
Déclarer à-la-fois ma haine et mon amour;
Lui vouer, à tes yeux, une amitié fidèle,
Et te jurer, aux siens, une haine immortelle.
Adieu. Tu me connois : aime-moi si tu veux.

TAXILE.

Ah! n'espérez de moi que de sincères vœux,
Madame : n'attendez ni menaces ni chaînes;
Alexandre sait mieux ce qu'on doit à des reines.
Souffrez que sa douceur vous oblige à garder
Un trône que Porus devoit moins hasarder :
Et moi-même en aveugle on me verroit combattre
La sacrilége main qui le voudroit abattre.

AXIANE.

Quoi! par l'un de vous deux mon sceptre raffermi
Deviendroit dans mes mains le don d'un ennemi!
Et sur mon propre trône on me verroit placée
Par le même tyran qui m'en auroit chassée!

TAXILE.

Des reines et des rois vaincus par sa valeur
Ont laissé par ses soins adoucir leur malheur.
Voyez de Darius et la femme et la mère;
L'une le traite en fils, l'autre le traite en frère.

AXIANE.

Non, non, je ne sais point vendre mon amitié,
Caresser un tyran, et régner par pitié.
Penses-tu que j'imite une foible Persane;
Qu'à la cour d'Alexandre on retienne Axiane;

Et qu'avec mon vainqueur courant tout l'univers
J'aille vanter partout la douceur de ses fers?
S'il donne les états, qu'il te donne les nôtres;
Qu'il te pare, s'il veut, des dépouilles des autres.
Règne : Porus ni moi n'en serons point jaloux;
Et tu seras encor plus esclave que nous.
J'espère qu'Alexandre, amoureux de sa gloire,
Et fâché que ton crime ait souillé sa victoire,
S'en lavera bientôt par ton propre trépas.
Des traîtres comme toi font souvent des ingrats :
Et de quelques faveurs que sa main t'éblouisse,
Du perfide Bessus regarde le supplice.
Adieu.

SCÈNE III.

CLÉOFILE, TAXILE.

CLÉOFILE.

Cédez, mon frère, à ce bouillant transport :
Alexandre et le temps vous rendront le plus fort;
Et cet âpre courroux, quoi qu'elle en puisse dire,
Ne s'obstinera point au refus d'un empire.
Maître de ses destins, vous l'êtes de son cœur.
Mais, dites-moi, vos yeux ont-ils vu le vainqueur?
Quel traitement, mon frère, en devons-nous attendre?
Qu'a-t-il dit?

TAXILE.

Oui, ma sœur, j'ai vu votre Alexandre.
D'abord, ce jeune éclat qu'on remarque en ses traits
M'a semblé démentir le nombre de ses faits.

Mon cœur, plein de son nom, n'osoit, je le confesse,
Accorder tant de gloire avec tant de jeunesse :
Mais de ce même front l'héroïque fierté,
Le feu de ses regards, sa haute majesté,
Font connaître Alexandre; et certes son visage
Porte de sa grandeur l'infaillible présage,
Et, sa présence auguste appuyant ses projets,
Ses yeux comme son bras font partout des sujets.
Il sortoit du combat. Ebloui de sa gloire,
Je croyois dans ses yeux voir briller la victoire.
Toutefois, à ma vue oubliant sa fierté,
Il a fait à son tour éclater sa bonté.
Ses transports ne m'ont point déguisé sa tendresse :
« Retournez, m'a-t-il dit, auprès de la princesse;
« Disposez ses beaux yeux à revoir un vainqueur
« Qui va mettre à ses pieds sa victoire et son cœur. »
Il marche sur mes pas. Je n'ai rien à vous dire,
Ma sœur : de votre sort je vous laisse l'empire;
Je vous confie encor la conduite du mien.

CLÉOFILE.

Vous aurez tout pouvoir, ou je ne pourrai rien.
Tout va vous obéir, si le vainqueur m'écoute.

TAXILE.

Je vais donc... Mais on vient. C'est lui-même, sans doute.

SCÈNE IV.

ALEXANDRE, TAXILE, CLÉOFILE, ÉPHESTION,
SUITE D'ALEXANDRE.

ALEXANDRE.
Allez, Ephestion. Que l'on cherche Porus;
Qu'on épargne sa vie et le sang des vaincus.

SCÈNE V.

ALEXANDRE, TAXILE, CLÉOFILE.

ALEXANDRE, à *Taxile*.
Seigneur, est-il donc vrai qu'une reine aveuglée
Vous préfère d'un roi la valeur déréglée?
Mais ne le craignez point : son empire est à vous;
D'une ingrate à ce prix fléchissez le courroux.
Maître de deux états, arbitre des siens mêmes,
Allez avec vos vœux offrir trois diadèmes.
TAXILE.
Ah! c'en est trop, seigneur : prodiguez un peu moins...
ALEXANDRE.
Vous pourrez à loisir reconnaître mes soins.
Ne tardez point, allez où l'amour vous appelle;
Et couronnez vos feux d'une palme si belle.

ALEXANDRE.

SCÈNE VI.

ALEXANDRE, CLÉOFILE.

ALEXANDRE.

Madame, à son amour je promets mon appui :
Ne puis-je rien pour moi quand je puis tout pour lui ?
Si prodigue envers lui des fruits de la victoire,
N'en aurai-je pour moi qu'une stérile gloire ?
Les sceptres devant vous ou rendus ou donnés,
De mes propres lauriers mes amis couronnés,
Les biens que j'ai conquis répandus sur leurs têtes,
Font voir que je soupire après d'autres conquêtes.
Je vous avois promis que l'effort de mon bras
M'approcheroit bientôt de vos divins appas ;
Mais, dans ce même temps, souvenez-vous, madame,
Que vous me promettiez quelque place en votre ame.
Je suis venu : l'amour a combattu pour moi ;
La victoire elle-même a dégagé ma foi ;
Tout cède autour de vous : c'est à vous de vous rendre ;
Votre cœur l'a promis ; voudra-t-il s'en défendre ?
Et lui seul pourroit-il échapper aujourd'hui
A l'ardeur d'un vainqueur qui ne cherche que lui ?

CLÉOFILE.

Non, je ne prétends pas que ce cœur inflexible
Garde seul contre vous le titre d'invincible ;
Je rends ce que je dois à l'éclat des vertus
Qui tiennent sous vos pieds cent peuples abattus.
Les Indiens domptés sont vos moindres ouvrages ;

Vous inspirez la crainte aux plus fermes courages;
Et, quand vous le voudrez, vos bontés, à leur tour,
Dans les cœurs les plus durs inspireront l'amour.
Mais, seigneur, cet éclat, ces victoires, ces charmes,
Me troublent bien souvent par de justes alarmes :
Je crains que, satisfait d'avoir conquis un cœur,
Vous ne l'abandonniez à sa triste langueur;
Qu'insensible à l'ardeur que vous aurez causée
Votre ame ne dédaigne une conquête aisée.
On attend peu d'amour d'un héros tel que vous :
La gloire fit toujours vos transports les plus doux;
Et peut-être, au moment que ce grand cœur soupire,
La gloire de me vaincre est tout ce qu'il desire.

ALEXANDRE.

Que vous connaissez mal les violents desirs
D'un amour qui vers vous porte tous mes soupirs!
J'avoûrai qu'autrefois, au milieu d'une armée,
Mon cœur ne soupiroit que pour la renommée;
Les peuples et les rois, devenus mes sujets,
Etoient seuls, à mes yœux, d'assez dignes objets.
Les beautés de la Perse à mes yeux présentées,
Aussi-bien que ses rois, ont paru surmontées :
Mon cœur, d'un fier mépris armé contre leurs traits,
N'a pas du moindre hommage honoré leurs attraits;
Amoureux de la gloire, et partout invincible,
Il mettoit son bonheur à paraître insensible.
Mais, hélas! que vos yeux, ces aimables tyrans,
Ont produit sur mon cœur des effets différents!
Ce grand nom de vainqueur n'est plus ce qu'il souhaite;
Il vient avec plaisir avouer sa défaite :

Heureux si, votre cœur se laissant émouvoir,
Vos beaux yeux à leur tour avouoient leur pouvoir!
Voulez-vous donc toujours douter de leur victoire,
Toujours de mes exploits me reprocher la gloire?
Comme si les beaux nœuds où vous me tenez pris
Ne devoient arrêter que de foibles esprits.
Par des faits tout nouveaux je m'en vais vous apprendre
Tout ce que peut l'amour sur le cœur d'Alexandre :
Maintenant que mon bras, engagé sous vos lois,
Doit soutenir mon nom et le vôtre à-la-fois,
J'irai rendre fameux, par l'éclat de la guerre,
Des peuples inconnus au reste de la terre,
Et vous faire dresser des autels en des lieux
Où leurs sauvages mains en refusent aux dieux.

CLÉOFILE.

Oui, vous y traînerez la victoire captive;
Mais je doute, seigneur, que l'amour vous y suive.
Tant d'états, tant de mers, qui vont nous désunir,
M'effaceront bientôt de votre souvenir.
Quand l'Océan troublé vous verra sur son onde
Achever quelque jour la conquête du monde;
Quand vous verrez les rois tomber à vos genoux,
Et la terre en tremblant se taire devant vous;
Songerez-vous, seigneur, qu'une jeune princesse
Au fond de ses états vous regrette sans cesse,
Et rappelle en son cœur les moments bienheureux
Où ce grand conquérant l'assuroit de ses feux?

ALEXANDRE.

Eh quoi! vous croyez donc qu'à moi-même barbare
J'abandonne en ces lieux une beauté si rare?

Mais vous-même plutôt voulez-vous renoncer
Au trône de l'Asie où je vous veux placer?
CLÉOFILE.
Seigneur, vous le savez, je dépends de mon frère.
ALEXANDRE.
Ah! s'il disposoit seul du bonheur que j'espère,
Tout l'empire de l'Inde asservi sous ses lois
Bientôt en ma faveur iroit briguer son choix.
CLÉOFILE.
Mon amitié pour lui n'est point intéressée.
Apaisez seulement une reine offensée;
Et ne permettez pas qu'un rival aujourd'hui,
Pour vous avoir bravé, soit plus heureux que lui.
ALEXANDRE.
Porus étoit sans doute un rival magnanime :
Jamais tant de valeur n'attira mon estime.
Dans l'ardeur du combat je l'ai vu, je l'ai joint;
Et je puis dire encor qu'il ne m'évitoit point :
Nous nous cherchions l'un l'autre. Une fierté si belle
Alloit entre nous deux finir notre querelle,
Lorsqu'un gros de soldats se jetant entre nous,
Nous a fait dans la foule ensevelir nos coups.

SCÈNE VII.

ALEXANDRE, CLÉOFILE, ÉPHESTION.

ALEXANDRE.
Eh bien! ramène-t-on ce prince téméraire?
ÉPHESTION.
On le cherche partout; mais quoi qu'on puisse faire,

ALEXANDRE.

Seigneur, jusques ici sa fuite, ou son trépas,
Dérobe ce captif aux soins de vos soldats.
Mais un reste des siens entourés dans leur fuite,
Et du soldat vainqueur arrêtant la poursuite,
A nous vendre leur mort semble * se préparer.

ALEXANDRE.

Désarmez les vaincus sans les désespérer.
Madame, allons fléchir une fière princesse,
Afin qu'à mon amour Taxile s'intéresse ;
Et, puisque mon repos doit dépendre du sien,
Achevons son bonheur, pour établir le mien.

* Les anciennes éditions portent *semblent*.

FIN DU TROISIÈME ACTE.

ACTE QUATRIÈME.

SCÈNE I.

AXIANE.

N'ENTENDRONS-NOUS jamais que des cris de victoire
Qui de mes ennemis me reprochent la gloire?
Et ne pourrai-je au moins, en de si grands malheurs,
M'entretenir moi seule avecque mes douleurs?
D'un odieux amant sans cesse poursuivie,
On prétend, malgré moi, m'attacher à la vie :
On m'observe; on me suit. Mais, Porus, ne crois pas
Qu'on me puisse empêcher de courir sur tes pas.
Sans doute à nos malheurs ton cœur n'a pu survivre.
En vain tant de soldats s'arment pour te poursuivre :
On te découvriroit au bruit de tes efforts;
Et s'il te faut chercher, ce n'est qu'entre les morts.
Hélas! en me quittant, ton ardeur redoublée
Sembloit prévoir les maux dont je suis accablée,
Lorsque tes yeux, aux miens découvrant ta langueur,
Me demandoient quel rang tu tenois dans mon cœur :
Que, sans t'inquiéter du succès de tes armes,
Le soin de ton amour te causoit tant d'alarmes.
Et pourquoi te cachois-je avec tant de détours
Un secret si fatal au repos de tes jours?
Combien de fois, tes yeux forçant ma résistance,
Mon cœur s'est-il vu près de rompre le silence!

Combien de fois, sensible à tes ardents desirs,
M'est-il en ta présence échappé des soupirs !
Mais je voulois encor douter de ta victoire ;
J'expliquois mes soupirs en faveur de la gloire ;
Je croyois n'aimer qu'elle. Ah ! pardonne, grand roi !
Je sens bien aujourd'hui que je n'aimois que toi.
J'avoûrai que la gloire eut sur moi quelque empire ;
Je te l'ai dit cent fois : mais je devois te dire
Que toi seul, en effet, m'engageas sous ses lois.
J'appris à la connaître en voyant tes exploits ;
Et de quelque beau feu qu'elle m'eût enflammée,
En un autre que toi je l'aurois moins aimée.
Mais que sert de pousser des soupirs superflus
Qui se perdent en l'air et que tu n'entends plus ?
Il est temps que mon ame, au tombeau descendue,
Te jure une amitié si long-temps attendue ;
Il est temps que mon cœur, pour gage de sa foi,
Montre qu'il n'a pu vivre un moment après toi.
Aussi-bien, penses-tu que je voulusse vivre
Sous les lois d'un vainqueur à qui ta mort nous livre ?
Je sais qu'il se dispose à me venir parler ;
Qu'en me rendant mon sceptre il veut me consoler.
Il croit peut-être, il croit que ma haine étouffée
A sa fausse douceur servira de trophée !
Qu'il vienne. Il me verra, toujours digne de toi,
Mourir en reine, ainsi que tu mourus en roi.

SCÈNE II.

ALEXANDRE, AXIANE.

AXIANE.

Eh bien, seigneur? eh bien! trouvez-vous quelques charmes
A voir couler des pleurs que font verser vos armes?
Ou si vous m'enviez, en l'état où je suis,
La triste liberté de pleurer mes ennuis?

ALEXANDRE.

Votre douleur est libre autant que légitime :
Vous regrettez, madame, un prince magnanime.
Je fus son ennemi; mais je ne l'étois pas
Jusqu'à blâmer les pleurs qu'on donne à son trépas.
Avant que sur ses bords l'Inde me vît paraître,
L'éclat de sa vertu me l'avoit fait connaître;
Entre les plus grands rois il se fit remarquer.
Je savois...

AXIANE.

Pourquoi donc le venir attaquer?
Par quelle loi faut-il qu'aux deux bouts de la terre
Vous cherchiez la vertu pour lui faire la guerre?
Le mérite à vos yeux ne peut-il éclater
Sans pousser votre orgueil à le persécuter?

ALEXANDRE.

Oui, j'ai cherché Porus; mais, quoi qu'on puisse dire,
Je ne le cherchois pas afin de le détruire.
J'avoûrai que, brûlant de signaler mon bras,
Je me laissai conduire au bruit de ses combats,
Et qu'au seul nom d'un roi jusqu'alors invincible

A de nouveaux exploits mon cœur devint sensible.
Tandis que je croyois par mes combats divers
Attacher sur moi seul les yeux de l'univers,
J'ai vu de ce guerrier la valeur répandue
Tenir la renommée entre nous suspendue ;
Et voyant de son bras voler partout l'effroi,
L'Inde sembla m'ouvrir un champ digne de moi.
Lassé de voir des rois vaincus sans résistance,
J'appris avec plaisir le bruit de sa vaillance :
Un ennemi si noble a su m'encourager ;
Je suis venu chercher la gloire et le danger.
Son courage, madame, a passé mon attente :
La victoire, à me suivre autrefois si constante,
M'a presque abandonné pour suivre vos guerriers.
Porus m'a disputé jusqu'aux moindres lauriers :
Et j'ose dire encor qu'en perdant la victoire
Mon ennemi lui-même a vu croître sa gloire ;
Qu'une chute si belle élève sa vertu,
Et qu'il ne voudroit pas n'avoir point combattu.

AXIANE.

Hélas ! il falloit bien qu'une si noble envie
Lui fît abandonner tout le soin de sa vie,
Puisque, de toutes parts trahi, persécuté,
Contre tant d'ennemis il s'est précipité.
Mais vous, s'il étoit vrai que son ardeur guerrière
Eût ouvert à la vôtre une illustre carrière,
Que n'avez-vous, seigneur, dignement combattu ?
Falloit-il par la ruse attaquer sa vertu,
Et, loin de remporter une gloire parfaite,
D'un autre que de vous attendre sa défaite ?

ACTE IV, SCÈNE II.

Triomphez : mais sachez que Taxile en son cœur
Vous dispute déjà ce beau nom de vainqueur;
Que le traître se flatte, avec quelque justice,
Que vous n'avez vaincu que par son artifice.
Et c'est à ma douleur un spectacle assez doux
De le voir partager cette gloire avec vous.

ALEXANDRE.

En vain votre douleur s'arme contre ma gloire :
Jamais on ne m'a vu dérober la victoire,
Et par ces lâches soins, qu'on ne peut m'imputer,
Tromper mes ennemis au lieu de les dompter.
Quoique partout, ce semble, accablé sous le nombre,
Je n'ai pu me résoudre à me cacher dans l'ombre :
Ils n'ont de leur défaite accusé que mon bras;
Et le jour a partout éclairé mes combats.
Il est vrai que je plains le sort de vos provinces :
J'ai voulu prévenir la perte de vos princes;
Mais, s'ils avoient suivi mes conseils et mes vœux,
Je les aurois sauvés ou combattus tous deux.
Oui, croyez...

AXIANE.

Je crois tout. Je vous crois invincible,
Mais, seigneur, suffit-il que tout vous soit possible?
Ne tient-il qu'à jeter tant de rois dans les fers,
Qu'à faire impunément gémir tout l'univers?
Et que vous avoient fait tant de villes captives,
Tant de morts dont l'Hydaspe a vu couvrir ses rives?
Qu'ai-je fait, pour venir accabler en ces lieux
Un héros sur qui seul j'ai pu tourner les yeux?
A-t-il de votre Grèce inondé les frontières?

Avons-nous soulevé des nations entières,
Et contre votre gloire excité leur courroux ?
Hélas ! nous l'admirions sans en être jaloux.
Contents de nos états, et charmés l'un de l'autre,
Nous attendions un sort plus heureux que le vôtre :
Porus bornoit ses vœux à conquérir un cœur
Qui peut-être aujourd'hui l'eût nommé son vainqueur.
Ah ! n'eussiez-vous versé qu'un sang si magnanime,
Quand on ne vous pourroit reprocher que ce crime,
Ne vous sentez-vous pas, seigneur, bien malheureux
D'être venu si loin rompre de si beaux nœuds ?
Non, de quelque douleur que se flatte votre ame,
Vous n'êtes qu'un tyran.

ALEXANDRE.

Je le vois bien, madame,
Vous voulez que, saisi d'un indigne courroux,
En reproches honteux j'éclate contre vous :
Peut-être espérez-vous que ma douleur lassée
Donnera quelque atteinte à sa gloire passée.
Mais quand votre vertu ne m'auroit point charmé,
Vous attaquez, madame, un vainqueur désarmé :
Mon ame, malgré vous à vous plaindre engagée,
Respecte le malheur où vous êtes plongée.
C'est ce trouble fatal qui vous ferme les yeux,
Qui ne regarde en moi qu'un tyran odieux :
Sans lui, vous avoûriez que le sang et les larmes
N'ont pas toujours souillé la gloire de mes armes ;
Vous verriez...

AXIANE.

Ah, seigneur ! puis-je ne les point voir

ACTE IV, SCÈNE II.

Ces vertus dont l'éclat aigrit mon désespoir?
N'ai-je pas vu partout la victoire modeste
Perdre avec vous l'orgueil qui la rend si funeste?
Ne vois-je pas le Scythe et le Perse abattus
Se plaire sous le joug et vanter vos vertus,
Et disputer enfin, par une aveugle envie,
A vos propres sujets le soin de votre vie?
Mais que sert à ce cœur que vous persécutez
De voir partout ailleurs adorer vos bontés?
Pensez-vous que ma haine en soit moins violente,
Pour voir baiser partout la main qui me tourmente?
Tant de rois par vos soins vengés ou secourus,
Tant de peuples contents, me rendent-ils Porus?
Non, seigneur : je vous hais d'autant plus qu'on vous aime,
D'autant plus qu'il me faut vous adorer moi-même;
Que l'univers entier m'en impose la loi,
Et que personne enfin ne vous hait avec moi.

ALEXANDRE.

J'excuse les transports d'une amitié si tendre.
Mais, madame, après tout, ils doivent me surprendre :
Si la commune voix ne m'a point abusé,
Porus d'aucun regard ne fut favorisé;
Entre Taxile et lui votre cœur en balance,
Tant qu'ont duré ses jours, a gardé le silence;
Et lorsqu'il ne peut plus vous entendre aujourd'hui,
Vous commencez, madame, à prononcer pour lui.
Pensez-vous que, sensible à cette ardeur nouvelle
Sa cendre exige encor que vous brûliez pour elle?
Ne vous accablez point d'inutiles douleurs;
Des soins plus importants vous appellent ailleurs.

ALEXANDRE.

Vos larmes ont assez honoré sa mémoire :
Régnez, et de ce rang soutenez mieux la gloire ;
Et, redonnant le calme à vos sens désolés,
Rassurez vos états par sa chute ébranlés.
Parmi tant de grands rois choisissez-leur un maître.
Plus ardent que jamais, Taxile...

AXIANE.

Quoi, le traître !...

ALEXANDRE.

Eh ! de grâce, prenez des sentiments plus doux ;
Aucune trahison ne le souille envers vous.
Maître de ses états, il a pu se résoudre
A se mettre avec eux à couvert de la foudre ;
Ni serment ni devoir ne l'avoient engagé
A courir dans l'abîme où Porus s'est plongé.
Enfin, souvenez-vous qu'Alexandre lui-même
S'intéresse au bonheur d'un prince qui vous aime :
Songez que, réunis par un si juste choix,
L'Inde et l'Hydaspe entiers couleront sous vos lois ;
Que pour vos intérêts tout me sera facile
Quand je les verrai joints avec ceux de Taxile.
Il vient. Je ne veux point contraindre ses soupirs ;
Je le laisse lui-même expliquer ses desirs :
Ma présence à vos yeux n'est déjà que trop rude.
L'entretien des amants cherche la solitude :
Je ne vous trouble point.

SCÈNE III.

AXIANE, TAXILE.

AXIANE.

Approche, puissant roi,
Grand monarque de l'Inde; on parle ici de toi :
On veut en ta faveur combattre ma colère ;
On dit que tes desirs n'aspirent qu'à me plaire,
Que mes rigueurs ne font qu'affermir ton amour :
On fait plus, et l'on veut que je t'aime à mon tour.
Mais sais-tu l'entreprise où s'engage ta flamme?
Sais-tu par quels secrets on peut toucher mon ame?
Es-tu prêt...

TAXILE.

Ah, madame! éprouvez seulement
Ce que peut sur mon cœur un espoir si charmant.
Que faut-il faire?

AXIANE.

Il faut, s'il est vrai que l'on m'aime,
Aimer la gloire autant que je l'aime moi-même,
Ne m'expliquer ses vœux que par mille beaux faits,
Et haïr Alexandre autant que je le hais :
Il faut marcher sans crainte au milieu des alarmes ;
Il faut combattre, vaincre, ou périr sous les armes.
Jette, jette les yeux sur Porus et sur toi ;
Et juge qui des deux étoit digne de moi.
Oui, Taxile, mon cœur, douteux en apparence,
D'un esclave et d'un roi faisoit la différence.
Je l'aimai ; je l'adore : et puisqu'un sort jaloux

Lui défend de jouir d'un spectacle si doux,
C'est toi que je choisis pour témoin de sa gloire :
Mes pleurs feront toujours revivre sa mémoire ;
Toujours tu me verras, au fort de mon ennui,
Mettre tout mon plaisir à te parler de lui.

TAXILE.

Ainsi je brûle en vain pour une ame glacée ;
L'image de Porus n'en peut être effacée :
Quand j'irois, pour vous plaire, affronter le trépas,
Je me perdrois, madame, et ne vous plairois pas.
Je ne puis donc...

AXIANE.

Tu peux recouvrer mon estime ;
Dans le sang ennemi tu peux laver ton crime.
L'occasion te rit : Porus dans le tombeau
Rassemble ses soldats autour de son drapeau ;
Son ombre seule encor semble arrêter leur fuite :
Les tiens même, les tiens, honteux de ta conduite,
Font lire sur leurs fronts justement courroucés
Le repentir du crime où tu les as forcés :
Va seconder l'ardeur du feu qui les dévore ;
Venge nos libertés qui respirent encore ;
De mon trône et du tien deviens le défenseur ;
Cours, et donne à Porus un digne successeur...
Tu ne me réponds rien ! Je vois, sur ton visage,
Qu'un si noble dessein étonne ton courage.
Je te propose en vain l'exemple d'un héros ;
Tu veux servir. Va, sers ; et me laisse en repos.

TAXILE.

Madame, c'en est trop. Vous oubliez peut-être

ACTE IV, SCÈNE III.

Que, si vous m'y forcez, je puis parler en maître ;
Que je puis me lasser de souffrir vos dédains ;
Que vous et vos états, tout est entre mes mains ;
Qu'après tant de respects, qui vous rendent plus fière,
Je pourrai...

AXIANE.

Je t'entends. Je suis ta prisonnière :
Tu veux peut-être encor captiver mes desirs ;
Que mon cœur, en tremblant, réponde à tes soupirs.
Eh bien ! dépouille enfin cette douceur contrainte ;
Appelle à ton secours la terreur et la crainte ;
Parle en tyran tout prêt à me persécuter ;
Ma haine ne peut croître, et tu peux tout tenter.
Surtout ne me fais point d'inutiles menaces.
Ta sœur vient t'inspirer ce qu'il faut que tu fasses :
Adieu. Si ses conseils et mes vœux en sont crus,
Tu m'aideras bientôt à rejoindre Porus.

TAXILE.

Ah ! plutôt...

SCÈNE IV.

TAXILE, CLÉOFILE.

CLÉOFILE.

Ah ! quittez cette ingrate princesse,
Dont la haine a juré de nous troubler sans cesse ;
Qui met tout son plaisir à vous désespérer.
Oubliez...

TAXILE.

Non, ma sœur, je la veux adorer.

ALEXANDRE.

Je l'aime ; et quand les vœux que je pousse pour elle
N'en obtiendroient jamais qu'une haine immortelle,
Malgré tous ses mépris, malgré tous vos discours,
Malgré moi-même, il faut que je l'aime toujours.
Sa colère, après tout, n'a rien qui me surprenne ;
C'est à vous, c'est à moi qu'il faut que je m'en prenne.
Sans vous, sans vos conseils, ma sœur, qui m'ont trahi,
Si je n'étois aimé, je serois moins haï ;
Je la verrois, sans vous, par mes soins défendue,
Entre Porus et moi demeurer suspendue :
Et ne seroit-ce pas un bonheur trop charmant
Que de l'avoir réduite à douter un moment ?
Non, je ne puis plus vivre accablé de sa haine ;
Il faut que je me jette aux pieds de l'inhumaine.
J'y cours : je vais m'offrir à servir son courroux,
Même contre Alexandre, et même contre vous.
Je sais de quelle ardeur vous brûlez l'un pour l'autre :
Mais c'est trop oublier mon repos pour le vôtre ;
Et, sans m'inquiéter du succès de vos feux,
Il faut que tout périsse, ou que je sois heureux.

CLÉOFILE.

Allez donc, retournez sur le champ de bataille ;
Ne laissez point languir l'ardeur qui vous travaille.
A quoi s'arrête ici ce courage inconstant ?
Courez : on est aux mains ; et Porus vous attend.

TAXILE.

Quoi ! Porus n'est point mort ? Porus vient de paraître ?

CLÉOFILE.

C'est lui. De si grands coups le font trop reconnaître.
Il l'avoit bien prévu : le bruit de son trépas

D'un vainqueur trop crédule a retenu le bras.
Il vient surprendre ici leur valeur endormie,
Troubler une victoire encor mal affermie :
Il vient, n'en doutez point, en amant furieux,
Enlever sa maîtresse, ou périr à ses yeux.
Que dis-je? votre camp, séduit par cette ingrate,
Prêt à suivre Porus, en murmures éclate.
Allez vous-même, allez, en généreux amant,
Au secours d'un rival aimé si tendrement.
Adieu.

SCÈNE V.

TAXILE.

Quoi! la fortune obstinée à me nuire
Ressuscite un rival armé pour me détruire!
Cet amant reverra les yeux qui l'ont pleuré,
Qui, tout mort qu'il étoit, me l'avoient préféré!
Ah! c'en est trop. Voyons ce que le sort m'apprête,
A qui doit demeurer cette noble conquête.
Allons. N'attendons pas, dans un lâche courroux,
Qu'un si grand différend se termine sans nous.

FIN DU QUATRIÈME ACTE.

ACTE CINQUIÈME.

SCÈNE I.

ALEXANDRE, CLÉOFILE.

ALEXANDRE.

Quoi! vous craigniez * Porus même après sa défaite!
Ma victoire à vos yeux sembloit-elle imparfaite?
Non, non; c'est un captif qui n'a pu m'échapper,
Que mes ordres partout ont fait envelopper.
Loin de le craindre encor, ne songez qu'à le plaindre.

CLÉOFILE.

Et c'est en cet état que Porus est à craindre.
Quelque brave qu'il fût, le bruit de sa valeur
M'inquiétoit bien moins que ne fait son malheur.
Tant qu'on l'a vu suivi d'une puissante armée,
Ses forces, ses exploits ne m'ont point alarmée :
Mais, seigneur, c'est un roi malheureux et soumis;
Et dès-lors je le compte au rang de vos amis.

ALEXANDRE.

C'est un rang où Porus n'a plus droit de prétendre;
Il a trop recherché la haine d'Alexandre.
Il sait bien qu'à regret je m'y suis résolu;

---

* On lit *craigniez* dans les anciennes éditions, et non *craignez*.

Mais enfin je le hais autant qu'il l'a voulu.
Je dois même un exemple au reste de la terre :
Je dois venger sur lui tous les maux de la guerre;
Le punir des malheurs qu'il a pu prévenir,
Et de m'avoir forcé moi-même à le punir.
Vaincu deux fois, haï de ma belle princesse...

CLÉOFILE.

Je ne hais point Porus, seigneur, je le confesse;
Et s'il m'étoit permis d'écouter aujourd'hui
La voix de ses malheurs qui me parle pour lui,
Je vous dirois qu'il fut le plus grand de nos princes;
Que son bras fut long-temps l'appui de nos provinces;
Qu'il a voulu peut-être, en marchant contre vous,
Qu'on le crût digne au moins de tomber sous vos coups,
Et qu'un même combat signalant l'un et l'autre
Son nom volât partout à la suite du vôtre.
Mais si je le défends, des soins si généreux
Retombent sur mon frère et détruisent ses vœux.
Tant que Porus vivra, que faut-il qu'il devienne?
Sa perte est infaillible, et peut-être la mienne.
Oui, oui, si son amour ne peut rien obtenir,
Il m'en rendra coupable, et m'en voudra punir.
Et maintenant encor que votre cœur s'apprête
A voler de nouveau de conquête en conquête;
Quand je verrai le Gange entre mon frère et vous,
Qui retiendra, seigneur, son injuste courroux?
Mon ame, loin de vous, languira solitaire.
Hélas! s'il condamnoit mes soupirs à se taire,
Que deviendroit alors ce cœur infortuné?
Où sera le vainqueur à qui je l'ai donné?

ALEXANDRE.

Ah! c'en est trop, madame; et si ce cœur se donne,
Je saurai le garder, quoi que Taxile ordonne,
Bien mieux que tant d'états qu'on m'a vu conquérir,
Et que je n'ai gardés que pour vous les offrir.
Encore une victoire, et je reviens, madame,
Borner toute ma gloire à régner sur votre ame,
Vous obéir moi-même, et mettre entre vos mains
Le destin d'Alexandre et celui des humains.
Le Mallien m'attend, prêt à me rendre hommage.
Si près de l'Océan, que faut-il davantage
Que d'aller me montrer à ce fier élément,
Comme vainqueur du monde et comme votre amant?
Alors...

CLÉOFILE.

Mais quoi! seigneur, toujours guerre sur guerre?
Cherchez-vous des sujets au-delà de la terre?
Voulez-vous pour témoins de vos faits éclatants
Des pays inconnus même à leurs habitants?
Qu'espérez-vous combattre en des climats si rudes?
Ils vous opposeront de vastes solitudes,
Des déserts que le ciel refuse d'éclairer,
Où la nature semble elle-même expirer.
Et peut-être le sort, dont la secrète envie
N'a pu cacher le cours d'une si belle vie,
Vous attend dans ces lieux, et veut que dans l'oubli
Votre tombeau du moins demeure enseveli.
Pensez-vous y traîner les restes d'une armée
Vingt fois renouvelée et vingt fois consumée?
Vos soldats, dont la vue excite la pitié,

D'eux-mêmes en cent lieux ont laissé la moitié ;
Et leurs gémissements vous font assez connaître...
ALEXANDRE.
Ils marcheront, madame, et je n'ai qu'à paraître :
Ces cœurs qui, dans un camp, d'un vain loisir déçus,
Comptent en murmurant les coups qu'ils ont reçus,
Revivront pour me suivre, et, blâmant leurs murmures,
Brigueront à mes yeux de nouvelles blessures.
Cependant de Taxile appuyons les soupirs ;
Son rival ne peut plus traverser ses desirs.
Je vous l'ai dit, madame, et j'ose encor vous dire...
CLÉOFILE.
Seigneur, voici la reine.

SCÈNE II.

ALEXANDRE, AXIANE, CLÉOFILE.

ALEXANDRE.
                Eh bien ! Porus respire.
Le ciel semble, madame, écouter vos souhaits ;
Il vous le rend...
AXIANE.
              Hélas ! il me l'ôte à jamais.
Aucun reste d'espoir ne peut flatter ma peine ;
Sa mort étoit douteuse, elle devient certaine :
Il y court ; et peut-être il ne s'y vient offrir
Que pour me voir encore, et pour me secourir.
Mais que feroit-il seul contre toute une armée ?
En vain ses grands efforts l'ont d'abord alarmée ;

En vain quelques guerriers qu'anime son grand cœur
Ont ramené l'effroi dans le camp du vainqueur :
Il faut bien qu'il succombe, et qu'enfin son courage
Tombe sur tant de morts qui ferment son passage.
Encor, si je pouvois, en sortant de ces lieux,
Lui montrer Axiane, et mourir à ses yeux !
Mais Taxile m'enferme; et cependant le traître
Du sang de ce héros est allé se repaître;
Dans les bras de la mort il le va regarder,
Si toutefois encore il ose l'aborder.

ALEXANDRE.

Non, madame, mes soins ont assuré sa vie :
Son retour va bientôt contenter votre envie.
Vous le verrez.

AXIANE.

Vos soins s'étendroient jusqu'à lui !
Le bras qui l'accabloit deviendroit son appui !
J'attendrois son salut de la main d'Alexandre !
Mais quel miracle enfin n'en dois-je point attendre ?
Je m'en souviens, seigneur, vous me l'avez promis,
Qu'Alexandre vainqueur n'avoit plus d'ennemis.
Ou plutôt ce guerrier ne fut jamais le vôtre :
La gloire également vous arma l'un et l'autre.
Contre un si grand courage il voulut s'éprouver;
Et vous ne l'attaquiez qu'afin de le sauver.

ALEXANDRE.

Ses mépris redoublés qui bravent ma colère
Meriteroient sans doute un vainqueur plus sévère;
Son orgueil en tombant semble s'être affermi :
Mais je veux bien cesser d'être son ennemi;

J'en dépouille, madame, et la haine et le titre.
De mes ressentiments je fais Taxile arbitre :
Seul il peut, à son choix, le perdre ou l'épargner ;
Et c'est lui seul enfin que vous devez gagner.

AXIANE.

Moi, j'irois à ses pieds mendier un asile !
Et vous me renvoyez aux bontés de Taxile !
Vous voulez que Porus cherche un appui si bas !
Ah, seigneur ! votre haine a juré son trépas.
Non, vous ne le cherchiez qu'afin de le détruire.
Qu'une ame généreuse est facile à séduire !
Déjà mon cœur crédule, oubliant son courroux,
Admiroit des vertus qui ne sont point en vous.
Armez-vous donc, seigneur, d'une valeur cruelle ;
Ensanglantez la fin d'une course si belle :
Après tant d'ennemis qu'on vous vit relever,
Perdez le seul enfin que vous deviez sauver.

ALEXANDRE.

Eh bien ! aimez Porus sans détourner sa perte ;
Refusez la faveur qui vous étoit offerte ;
Soupçonnez ma pitié d'un sentiment jaloux :
Mais enfin, s'il périt, n'en accusez que vous.
Le voici. Je veux bien le consulter lui-même.
Que Porus de son sort soit l'arbitre suprême.

SCÈNE III.

ALEXANDRE, PORUS, AXIANE, CLÉOFILE,
ÉPHESTION, GARDES D'ALEXANDRE.

ALEXANDRE.

Eh bien! de votre orgueil, Porus, voilà le fruit!
Où sont ces beaux succès qui vous avoient séduit?
Cette fierté si haute est enfin abaissée.
Je dois une victime à ma gloire offensée :
Rien ne vous peut sauver. Je veux bien toutefois
Vous offrir un pardon refusé tant de fois.
Cette reine, elle seule à mes bontés rebelle,
Aux dépens de vos jours veut vous être fidèle;
Et que, sans balancer, vous mouriez seulement
Pour porter au tombeau le nom de son amant.
N'achetez point si cher une gloire inutile :
Vivez; mais consentez au bonheur de Taxile.

PORUS.

Taxile!

ALEXANDRE.

Oui.

PORUS.

Tu fais bien; et j'approuve tes soins :
Ce qu'il a fait pour toi ne mérite pas moins.
C'est lui qui m'a des mains arraché la victoire;
Il t'a donné sa sœur; il t'a vendu sa gloire;
Il t'a livré Porus : que feras-tu jamais
Qui te puisse acquitter d'un seul de ses bienfaits?

Mais j'ai su prévenir le soin qui te travaille :
Va le voir expirer sur le champ de bataille.

ALEXANDRE.

Quoi ! Taxile !

CLÉOFILE.

Qu'entends-je !

ÉPHESTION.

Oui, seigneur, il est mort ;
Il s'est livré lui-même aux rigueurs de son sort.
Porus étoit vaincu ; mais, au lieu de se rendre,
Il sembloit attaquer, et non pas se défendre.
Ses soldats, à ses pieds étendus et mourants,
Le mettoient à l'abri de leurs corps expirants.
Là, comme dans un fort, son audace enfermée
Se soutenoit encor contre toute une armée ;
Et, d'un bras qui portoit la terreur et la mort,
Aux plus hardis guerriers en défendoit l'abord.
Je l'épargnois toujours. Sa vigueur affoiblie
Bientôt en mon pouvoir auroit laissé sa vie,
Quand sur ce champ fatal Taxile descendu :
« Arrêtez, c'est à moi que ce captif est dû.
« C'en est fait, a-t-il dit, et ta perte est certaine,
« Porus ; il faut périr, ou me céder la reine. »
Porus, à cette voix, ranimant son courroux,
A relevé ce bras lassé de tant de coups ;
Et cherchant son rival d'un œil fier et tranquille :
« N'entends-je pas, dit-il, l'infidèle Taxile,
« Ce traître à sa patrie, à sa maîtresse, à moi ?
« Viens, lâche, poursuit-il ; Axiane est à toi :
« Je veux bien te céder cette illustre conquête ;

« Mais il faut que ton bras l'emporte avec ma tête.
« Approche ». A ce discours, ces rivaux irrités
L'un sur l'autre à-la-fois se sont précipités.
Nous nous sommes en foule opposés à leur rage;
Mais Porus parmi nous court et s'ouvre un passage,
Joint Taxile, le frappe, et lui perçant le cœur,
Content de sa victoire, il se rend au vainqueur.

CLÉOFILE.

Seigneur, c'est donc à moi de répandre des larmes;
C'est sur moi qu'est tombé tout le faix de vos armes.
Mon frère a vainement recherché votre appui;
Et votre gloire, hélas! n'est funeste qu'à lui.
Que lui sert au tombeau l'amitié d'Alexandre?
Sans le venger, seigneur, l'y verrez-vous descendre?
Souffrirez-vous qu'après l'avoir percé de coups
On en triomphe aux yeux de sa sœur et de vous?

AXIANE.

Oui, seigneur, écoutez les pleurs de Cléofile.
Je la plains. Elle a droit de regretter Taxile :
Tous ses efforts en vain l'ont voulu conserver;
Elle en a fait un lâche, et ne l'a pu sauver.
Ce n'est point que Porus ait attaqué son frère;
Il s'est offert lui-même à sa juste colère.
Au milieu du combat que venoit-il chercher?
Au courroux du vainqueur venoit-il l'arracher?
Il venoit accabler dans son malheur extrême
Un roi que respectoit la victoire elle-même.
Mais pourquoi vous ôter un prétexte si beau?
Que voulez-vous de plus? Taxile est au tombeau :
Immolez-lui, seigneur, cette grande victime;

Vengez-vous. Mais songez que j'ai part à son crime,
Oui, oui, Porus, mon cœur n'aime point à demi;
Alexandre le sait, Taxile en a gémi :
Vous seul vous l'ignoriez; mais ma joie est extrême
De pouvoir, en mourant, vous le dire à vous-même.

PORUS.

Alexandre, il est temps que tu sois satisfait.
Tout vaincu que j'étois, tu vois ce que j'ai fait :
Crains Porus, crains encor cette main désarmée
Qui venge sa défaite au milieu d'une armée.
Mon nom peut soulever de nouveaux ennemis,
Et réveiller cent rois dans leurs fers endormis :
Etouffe dans mon sang ces semences de guerre;
Va vaincre en sûreté le reste de la terre.
Aussi-bien n'attends pas qu'un cœur comme le mien
Reconnoisse un vainqueur, et te demande rien.
Parle; et, sans espérer que je blesse ma gloire,
Voyons comme tu sais user de la victoire.

ALEXANDRE.

Votre fierté, Porus, ne se peut abaisser :
Jusqu'au dernier soupir vous m'osez menacer.
En effet, ma victoire en doit être alarmée;
Votre nom peut encor plus que toute une armée :
Je m'en dois garantir. Parlez donc, dites-moi,
Comment prétendez-vous que je vous traite?

PORUS.

En roi.

ALEXANDRE.

Eh bien! c'est donc en roi qu'il faut que je vous traite:
Je ne laisserai point ma victoire imparfaite;

ALEXANDRE.

Vous l'avez souhaité, vous ne vous plaindrez pas.
Régnez toujours, Porus; je vous rends vos états.
Avec mon amitié recevez Axiane :
A des liens si doux, tous deux je vous condamne.
Vivez, régnez tous deux; et seuls de tant de rois
Jusques aux bords du Gange allez donner vos lois.
    (*à Cléofile.*)
Ce traitement, madame, a droit de vous surprendre :
Mais enfin c'est ainsi que se venge Alexandre.
Je vous aime; et mon cœur, touché de vos soupirs,
Voudroit par mille morts venger vos déplaisirs.
Mais vous-même pourriez prendre pour une offense
La mort d'un ennemi qui n'est plus en défense :
Il en triompheroit; et, bravant ma rigueur,
Porus dans le tombeau descendroit en vainqueur.
Souffrez que, jusqu'au bout achevant ma carrière,
J'apporte à vos beaux yeux ma vertu toute entière.
Laissez régner Porus couronné par mes mains;
Et commandez vous-même au reste des humains.
Prenez les sentiments que ce rang vous inspire :
Faites, dans sa naissance, admirer votre empire;
Et, regardant l'éclat qui se répand sur vous,
De la sœur de Taxile oubliez le courroux.

AXIANE.

Oui, madame, régnez; et souffrez que moi-même
J'admire le grand cœur d'un héros qui vous aime.
Aimez, et possédez l'avantage charmant
De voir toute la terre adorer votre amant.

PORUS.

Seigneur, jusqu'à ce jour l'univers en alarmes

Me forçoit d'admirer le bonheur de vos armes :
Mais rien ne me forçoit, en ce commun effroi,
De reconnaître en vous plus de vertus qu'en moi.
Je me rends ; je vous cède une pleine victoire :
Vos vertus, je l'avoue, égalent votre gloire.
Allez, seigneur, rangez l'univers sous vos lois ;
Il me verra moi-même appuyer vos exploits :
Je vous suis ; et je crois devoir tout entreprendre
Pour lui donner un maître aussi grand qu'Alexandre.

CLÉOFILE.

Seigneur, que vous peut dire un cœur triste, abattu ?
Je ne murmure point contre votre vertu :
Vous rendez à Porus la vie et la couronne ;
Je veux croire qu'ainsi votre gloire l'ordonne.
Mais ne me pressez point : en l'état où je suis,
Je ne puis que me taire, et pleurer mes ennuis.

ALEXANDRE.

Oui, madame, pleurons un ami si fidèle ;
Faisons en soupirant éclater notre zèle ;
Et qu'un tombeau superbe instruise l'avenir
Et de votre douleur et de mon souvenir.

FIN D'ALEXANDRE.

ANDROMAQUE.

TRAGÉDIE EN CINQ ACTES.

1667.

PRÉFACE.

Virgile, au troisième livre de l'Enéide, fait parler ainsi Enée :

« Littoraque Epiri legimus, portuque subimus
« Chaonio, et celsam Buthroti ascendimus urbem...

« Solemnes tum forte dapes et tristia dona...
« Libabat cineri Andromache, Manesque vocabat
« Hectoreum ad tumulum, viridi quem cespite inanem,
« Et geminas, causam lacrymis, sacraverat aras...

« Dejecit vultum, et demissâ voce locuta est :
« O felix una ante alias Priameïa virgo,
« Hostilem ad tumulum, Trojæ sub mœnibus altis
« Jussa mori, quæ sortitus non pertulit ullos,
« Nec victoris heri tetigit captiva cubile !
« Nos, patriâ incensâ, diversa per æquora vectæ,
« Stirpis Achilleæ fastus, juvenemque superbum,
« Servitio enixæ tulimus; qui deinde secutus
« Ledæam Hermionem, Lacedæmoniosque hymenæos...

PRÉFACE.

« Ast illum, ereptæ magno inflammatus amore
« Conjugis, et scelerum furiis agitatus, Orestes
« Excipit incautum, patriasque obtruncat ad aras *. »

Voilà en peu de vers tout le sujet de cette tragédie; voilà le lieu de la scène, l'action qui s'y passe, les quatre principaux acteurs, et même leurs caractères, excepté celui d'Hermione, dont la jalousie et les emportements sont assez marqués dans l'Andromaque d'Euripide.

---

* Nous cotoyons les rivages de l'Épire, et entrant dans un port de la Chaonie, nous gravissons la colline, sur laquelle s'élève la ville de Buthrote... C'étoit le jour solennel, où la triste Andromaque apportoit à la cendre de son premier époux des offrandes funèbres. Elle appeloit les mânes d'Hector auprès d'un tombeau de gazon, qui s'élevoit entre deux autels consacrés par ses mains; vains monuments, qu'elle arrosoit de ses larmes, et qui entretenoient sa douleur... Elle baissa les yeux, et d'une voix timide : « Heureuse, dit-elle, entre toutes les Troyennes, cette fille de Priam, qui périt au pied des murs de Troie, immolée sur le tombeau d'un ennemi. Elle n'est point tombée par le sort dans le partage d'un des vainqueurs. Elle n'est point entrée dans le lit d'un maître. Et moi, j'ai vu ma patrie livrée aux flammes : j'ai été traînée sur toutes les mers; il m'a fallu souffrir l'insolente passion du fils d'Achille, et lui donner des fils, au sein de la servitude. Mais bientôt il m'abandonna pour la fille d'Hélène, pour l'alliance superbe du roi de Lacédémone... Cependant indigné de le voir enlever son épouse, brûlant d'amour et de colère, poussé par les furies vengeresses, Oreste surprend son rival sans défense, et l'immole au pied des autels... »

(V. 292 — 332.)

PRÉFACE.

C'est presque la seule chose que j'emprunte ici de cet auteur : car, quoique ma tragédie porte le même nom que la sienne, le sujet en est pourtant très-différent. Andromaque, dans Euripide, craint pour la vie de Molossus qui est un fils qu'elle a eu de Pyrrhus, et qu'Hermione veut faire mourir avec sa mère. Mais ici il ne s'agit point de Molossus; Andromaque ne connaît point d'autre mari qu'Hector, ni d'autre fils qu'Astyanax. J'ai cru en cela me conformer à l'idée que nous avons maintenant de cette princesse. La plupart de ceux qui ont entendu parler d'Andromaque ne la connoissent guère que pour la veuve d'Hector et pour la mère d'Astyanax : on ne croit point qu'elle doive aimer ni un autre mari ni un autre fils; et je doute que les larmes d'Andromaque eussent fait sur l'esprit de mes spectateurs l'impression qu'elles y ont faite, si elles avoient coulé pour un autre fils que celui qu'elle avoit d'Hector.

Il est vrai que j'ai été obligé de faire vivre Astyanax un peu plus qu'il n'a vécu : mais j'écris dans un pays où cette liberté ne pouvoit pas être mal reçue; car, sans parler de Ronsard, qui a choisi ce même Astyanax pour le héros de sa Franciade, qui ne sait que l'on fait descendre nos anciens rois de ce fils d'Hector, et que nos vieilles chroniques sauvent la vie à ce jeune prince, après la désolation de son pays, pour en faire le fondateur de notre monarchie?

Combien Euripide a-t-il été plus hardi dans sa tragédie d'Hélène! il y choque ouvertement la créance commune de toute la Grèce : il suppose qu'Hélène n'a jamais mis le pied dans Troie, et qu'après l'embrasement de cette ville, Ménélas trouve sa femme en Egypte, d'où elle n'étoit point partie ; tout cela fondé sur une opinion qui n'étoit reçue que parmi les Egyptiens, comme on le peut voir dans Hérodote.

Je ne crois pas que j'eusse besoin de cet exemple d'Euripide pour justifier le peu de liberté que j'ai pris : car il y a bien de la différence entre détruire le principal fondement d'une fable, et en altérer quelques incidents, qui changent presque de face dans toutes les mains qui les traitent. Ainsi Achille, selon la plupart des poètes, ne peut être blessé qu'au talon, quoiqu'Homère le fasse blesser au bras, et ne le croie invulnérable en aucune partie de son corps. Ainsi Sophocle fait mourir Jocaste aussitôt après la reconnoissance d'OEdipe ; tout au contraire d'Euripide, qui la fait vivre jusqu'au combat et à la mort de ses deux fils. Et c'est à propos de quelque contrariété de cette nature, qu'un ancien commentateur de Sophocle remarque fort bien* « qu'il ne faut point s'amuser à « chicaner les poètes pour quelques changements « qu'ils ont pu faire dans la fable ; mais qu'il faut « s'attacher à considérer l'excellent usage qu'ils ont « fait de ces changements, et la manière ingénieuse « dont ils ont su accommoder la fable à leur sujet. »

* Sophoclis Electra.

PERSONNAGES.

ANDROMAQUE, veuve d'Hector, captive de Pyrrhus.
PYRRHUS, fils d'Achille, roi d'Épire.
ORESTE, fils d'Agamemnon, amant d'Hermione.
HERMIONE, fille d'Hélène, accordée avec Pyrrhus.
PYLADE, ami d'Oreste.
CLÉONE, confidente d'Hermione.
CÉPHISE, confidente d'Andromaque.
PHOENIX, gouverneur d'Achille et ensuite de Pyrrhus.
Suite d'Oreste.

La scène est à Buthrote, ville d'Épire, dans une salle du palais de Pyrrhus.

ANDROMAQUE,

TRAGÉDIE.

ACTE PREMIER.

SCÈNE I.

ORESTE, PYLADE.

ORESTE.

Oui, puisque je retrouve un ami si fidèle,
Ma fortune va prendre une face nouvelle;
Et déjà son courroux semble s'être adouci
Depuis qu'elle a pris soin de nous rejoindre ici.
Qui l'eût dit, qu'un rivage à mes vœux si funeste
Présenteroit d'abord Pylade aux yeux d'Oreste,
Qu'après plus de six mois que je t'avois perdu,
A la cour de Pyrrhus tu me serois rendu?

PYLADE.

J'en rends grâces au ciel, qui m'arrêtant sans cesse
Sembloit m'avoir fermé le chemin de la Grèce,
Depuis le jour fatal que la fureur des eaux,
Presque aux yeux de l'Epire, écarta nos vaisseaux.

Combien dans cet exil ai-je souffert d'alarmes,
Combien à vos malheurs ai-je donné de larmes.
Craignant toujours pour vous quelque nouveau danger
Que ma triste amitié ne pouvoit partager!
Surtout je redoutois cette mélancolie
Où j'ai vu si long-temps votre ame ensevelie :
Je craignois que le ciel, par un cruel secours,
Ne vous offrît la mort, que vous cherchiez toujours.
Mais je vous vois, seigneur; et, si j'ose le dire,
Un destin plus heureux vous conduit en Epire :
Le pompeux appareil qui suit ici vos pas
N'est point d'un malheureux qui cherche le trépas.

ORESTE.

Hélas! qui peut savoir le destin qui m'amène?
L'amour me fait ici chercher une inhumaine :
Mais qui sait ce qu'il doit ordonner de mon sort,
Et si je viens chercher ou la vie ou la mort?

PYLADE.

Quoi! votre ame à l'amour en esclave asservie
Se repose sur lui du soin de votre vie?
Par quel charme, oubliant tant de tourments soufferts,
Pouvez-vous consentir à rentrer dans ses fers?
Pensez-vous qu'Hermione, à Sparte inexorable,
Vous prépare en Epire un sort plus favorable?
Honteux d'avoir poussé tant de vœux superflus,
Vous l'abhorriez : enfin, vous ne m'en parliez plus.
Vous me trompiez, seigneur.

ORESTE.

Je me trompois moi-même!
Ami, n'accable point un malheureux qui t'aime :

T'ai-je jamais caché mon cœur et mes desirs?
Tu vis naître ma flamme et mes premiers soupirs :
Enfin, quand Ménélas disposa de sa fille
En faveur de Pyrrhus vengeur de sa famille,
Tu vis mon désespoir; et tu m'as vu depuis
Traîner de mers en mers ma chaîne et mes ennuis.
Je te vis, à regret, en cet état funeste,
Prêt à suivre partout le déplorable Oreste,
Toujours de ma fureur interrompre le cours,
Et de moi-même enfin me sauver tous les jours.
Mais quand je me souvins que, parmi tant d'alarmes,
Hermione à Pyrrhus prodiguoit tous ses charmes,
Tu sais de quel courroux mon cœur alors épris
Voulut en l'oubliant punir tous ses mépris.
Je fis croire et je crus ma victoire certaine;
Je pris tous mes transports pour des transports de haine :
Détestant ses rigueurs, rabaissant ses attraits,
Je défiois ses yeux de me troubler jamais.
Voilà comme je crus étouffer ma tendresse.
En ce calme trompeur j'arrivai dans la Grèce;
Et je trouvai d'abord ses princes rassemblés,
Qu'un péril assez grand sembloit avoir troublés.
J'y courus. Je pensai que la guerre et la gloire
De soins plus importants rempliroient ma mémoire;
Que, mes sens reprenant leur première vigueur,
L'amour acheveroit de sortir de mon cœur.
Mais admire avec moi le sort, dont la poursuite
Me fait courir alors au piége que j'évite.
J'entends de tous côtés qu'on menace Pyrrhus;
Toute la Grèce éclate en murmures confus :

On se plaint qu'oubliant son sang et sa promesse
Il élève en sa cour l'ennemi de la Grèce,
Astyanax, d'Hector jeune et malheureux fils,
Reste de tant de rois sous Troie ensevelis.
J'apprends que pour ravir son enfance au supplice
Andromaque trompa l'ingénieux Ulysse,
Tandis qu'un autre enfant, arraché de ses bras,
Sous le nom de son fils fut conduit au trépas.
On dit que, peu sensible aux charmes d'Hermione,
Mon rival porte ailleurs son cœur et sa couronne.
Ménélas, sans le croire, en paraît affligé,
Et se plaint d'un hymen si long-temps négligé.
Parmi les déplaisirs où son ame se noie,
Il s'élève en la mienne une secrète joie :
Je triomphe; et pourtant je me flatte d'abord
Que la seule vengeance excite ce transport.
Mais l'ingrate en mon cœur reprit bientôt sa place;
De mes feux mal éteints je reconnus la trace :
Je sentis que ma haine alloit finir son cours;
Ou plutôt je sentis que je l'aimois toujours.
Ainsi de tous les Grecs je brigue le suffrage.
On m'envoie à Pyrrhus : j'entreprends ce voyage.
Je viens voir si l'on peut arracher de ses bras
Cet enfant dont la vie alarme tant d'états.
Heureux si je pouvois, dans l'ardeur qui me presse,
Au lieu d'Astyanax, lui ravir ma princesse!
Car enfin n'attends pas que mes feux redoublés
Des périls les plus grands puissent être troublés.
Puisqu'après tant d'efforts ma résistance est vaine,
Je me livre en aveugle au transport qui m'entraîne.

J'aime : je viens chercher Hermione en ces lieux,
La fléchir, l'enlever, ou mourir à ses yeux.
Toi qui connois Pyrrhus, que penses-tu qu'il fasse?
Dans sa cour, dans son cœur, dis-moi ce qui se passe.
Mon Hermione encor le tient-elle asservi?
Me rendra-t-il, Pylade, un bien qu'il m'a ravi?

PYLADE.

Je vous abuserois si j'osois vous promettre
Qu'entre vos mains, seigneur, il voulût la remettre :
Non que de sa conquête il paroisse flatté.
Pour la veuve d'Hector ses feux ont éclaté;
Il l'aime : mais enfin cette veuve inhumaine
N'a payé jusqu'ici son amour que de haine;
Et chaque jour encore on lui voit tout tenter
Pour fléchir sa captive, ou pour l'épouvanter.
De son fils qu'il lui cache il menace la tête,
Et fait couler des pleurs qu'aussitôt il arrête.
Hermione elle-même a vu plus de cent fois
Cet amant irrité revenir sous ses lois,
Et, de ses vœux troublés lui rapportant l'hommage,
Soupirer à ses pieds moins d'amour que de rage.
Ainsi n'attendez pas que l'on puisse aujourd'hui
Vous répondre d'un cœur si peu maître de lui :
Il peut, seigneur, il peut, dans ce désordre extrême,
Epouser ce qu'il hait, et perdre ce qu'il aime.

ORESTE.

Mais dis-moi de quel œil Hermione peut voir
Son hymen différé, ses charmes sans pouvoir.

PYLADE.

Hermione, seigneur, au moins en apparence,

Semble de son amant dédaigner l'inconstance,
Et croit que, trop heureux de fléchir sa rigueur,
Il la viendra presser de reprendre son cœur.
Mais je l'ai vue enfin me confier ses larmes :
Elle pleure en secret le mépris de ses charmes ;
Toujours prête à partir, et demeurant toujours,
Quelquefois elle appelle Oreste à son secours.

ORESTE.

Ah ! si je le croyois, j'irois bientôt, Pylade,
Me jeter...

PYLADE.

Achevez, seigneur, votre ambassade.
Vous attendez le roi. Parlez, et lui montrez
Contre le fils d'Hector tous les Grecs conjurés.
Loin de leur accorder ce fils de sa maîtresse,
Leur haine ne fera qu'irriter sa tendresse :
Plus on les veut brouiller, plus on va les unir.
Pressez ; demandez tout, pour ne rien obtenir.
Il vient.

ORESTE.

Hé bien, va donc disposer la cruelle
A revoir un amant qui ne vient que pour elle.

SCÈNE II.

PYRRHUS, ORESTE, PHŒNIX.

ORESTE.

Avant que tous les Grecs vous parlent par ma voix,
Souffrez que j'ose ici me flatter de leur choix,

ACTE I, SCÈNE II.

Et qu'à vos yeux, seigneur, je montre quelque joie
De voir le fils d'Achille et le vainqueur de Troie.
Oui, comme ses exploits nous admirons vos coups;
Hector tomba sous lui, Troie expira sous vous;
Et vous avez montré, par une heureuse audace,
Que le fils seul d'Achille a pu remplir sa place.
Mais, ce qu'il n'eût point fait, la Grèce avec douleur
Vous voit du sang troyen relever le malheur,
Et, vous laissant toucher d'une pitié funeste,
D'une guerre si longue entretenir le reste.
Ne vous souvient-il plus, seigneur, quel fut Hector?
Nos peuples affoiblis s'en souviennent encor :
Son nom seul fait frémir nos veuves et nos filles;
Et dans toute la Grèce il n'est point de familles
Qui ne demandent compte à ce malheureux fils
D'un père ou d'un époux qu'Hector leur a ravis.
Et qui sait ce qu'un jour ce fils peut entreprendre?
Peut-être dans nos ports nous le verrons descendre,
Tel qu'on a vu son père, embraser nos vaisseaux,
Et, la flamme à la main, les suivre sur les eaux.
Oserai-je, seigneur, dire ce que je pense?
Vous-même de vos soins craignez la récompense,
Et que dans votre sein ce serpent élevé
Ne vous punisse un jour de l'avoir conservé.
Enfin, de tous les Grecs satisfaites l'envie,
Assurez leur vengeance, assurez votre vie :
Perdez un ennemi d'autant plus dangereux
Qu'il s'essaîra sur vous à combattre contre eux.

PYRRHUS.

La Grèce en ma faveur est trop inquiétée :

De soins plus importants je l'ai crue agitée,
Seigneur; et, sur le nom de son ambassadeur,
J'avois dans ses projets conçu plus de grandeur.
Qui croiroit en effet qu'une telle entreprise
Du fils d'Agamemnon méritât l'entremise;
Qu'un peuple tout entier, tant de fois triomphant,
N'eût daigné conspirer que la mort d'un enfant?
Mais à qui prétend-on que je le sacrifie?
La Grèce a-t-elle encor quelque droit sur sa vie?
Et seul de tous les Grecs ne m'est-il pas permis
D'ordonner d'un captif que le sort m'a soumis?
Oui, seigneur, lorsqu'au pied des murs fumants de Troie
Les vainqueurs tout sanglants partagèrent leur proie,
Le sort, dont les arrêts furent alors suivis,
Fit tomber en mes mains Andromaque et son fils.
Hécube près d'Ulysse acheva sa misère;
Cassandre dans Argos a suivi votre père :
Sur eux, sur leurs captifs, ai-je étendu mes droits?
Ai-je enfin disposé du fruit de leurs exploits?
On craint qu'avec Hector Troie un jour ne renaisse!
Son fils peut me ravir le jour que je lui laisse!
Seigneur, tant de prudence entraîne trop de soin;
Je ne sais point prévoir les malheurs de si loin.
Je songe quelle étoit autrefois cette ville
Si superbe en remparts, en héros si fertile,
Maîtresse de l'Asie; et je regarde enfin
Quel fut le sort de Troie, et quel est son destin :
Je ne vois que des tours que la cendre a couvertes,
Un fleuve teint de sang, des campagnes désertes,
Un enfant dans les fers; et je ne puis songer

Que Troie en cet état aspire à se venger.
Ah! si du fils d'Hector la perte étoit jurée,
Pourquoi d'un an entier l'avons-nous différée?
Dans le sein de Priam n'a-t-on pu l'immoler?
Sous tant de morts, sous Troie, il falloit l'accabler.
Tout étoit juste alors : la vieillesse et l'enfance
En vain sur leur foiblesse appuyoient leur défense;
La victoire et la nuit, plus cruelles que nous,
Nous excitoient au meurtre et confondoient nos coups.
Mon courroux aux vaincus ne fut que trop sévère.
Mais que ma cruauté survive à ma colère?
Que, malgré la pitié dont je me sens saisir,
Dans le sang d'un enfant je me baigne à loisir?
Non, seigneur. Que les Grecs cherchent quelque autre proie
Qu'ils poursuivent ailleurs ce qui reste de Troie :
De mes inimitiés le cours est achevé;
L'Epire sauvera ce que Troie a sauvé.

ORESTE.

Seigneur, vous savez trop avec quel artifice
Un faux Astyanax fut offert au supplice
Où le seul fils d'Hector devoit être conduit.
Ce n'est pas les Troyens, c'est Hector qu'on poursuit.
Oui, les Grecs sur le fils persécutent le père;
Il a par trop de sang acheté leur colère :
Ce n'est que dans le sien qu'elle peut expirer;
Et jusque dans l'Epire il les peut attirer.
Prévenez-les.

PYRRHUS.

Non, non. J'y consens avec joie;
Qu'ils cherchent dans l'Epire une seconde Troie;

Qu'ils confondent leur haine, et ne distinguent plus
Le sang qui les fit vaincre, et celui des vaincus.
Aussi bien ce n'est pas la première injustice
Dont la Grèce d'Achille a payé le service.
Hector en profita, seigneur; et quelque jour
Son fils en pourroit bien profiter à son tour.

ORESTE.

Ainsi la Grèce en vous trouve un enfant rebelle?

PYRRHUS.

Et je n'ai donc vaincu que pour dépendre d'elle?

ORESTE.

Hermione, seigneur, arrêtera vos coups :
Ses yeux s'opposeront entre son père et vous.

PYRRHUS.

Hermione, seigneur, peut m'être toujours chère;
Je puis l'aimer, sans être esclave de son père :
Et je saurai peut-être accorder quelque jour
Les soins de ma grandeur et ceux de mon amour.
Vous pouvez cependant voir la fille d'Hélène :
Du sang qui vous unit je sais l'étroite chaîne.
Après cela, seigneur, je ne vous retiens plus,
Et vous pourrez aux Grecs annoncer mon refus.

SCÈNE III.

PYRRHUS, PHOENIX.

PHOENIX.

Ainsi vous l'envoyez aux pieds de sa maîtresse!

PYRRHUS.

On dit qu'il a long-temps brûlé pour la princesse.

PHŒNIX.
Mais si ce feu, seigneur, vient à se rallumer,
S'il lui rendoit son cœur, s'il s'en faisoit aimer?
PYRRHUS.
Ah! qu'ils s'aiment, Phœnix, j'y consens. Qu'elle parte;
Que, charmés l'un de l'autre, ils retournent à Sparte.
Tous nos ports sont ouverts et pour elle et pour lui.
Qu'elle m'épargneroit de contrainte et d'ennui!
PHŒNIX.
Seigneur...
PYRRHUS.
   Une autre fois je t'ouvrirai mon ame;
Andromaque paraît.

SCÈNE IV.

PYRRHUS, ANDROMAQUE, CÉPHISE,
PHŒNIX.

PYRRHUS.
   Me cherchez-vous, madame?
Un espoir si charmant me seroit-il permis?
ANDROMAQUE.
Je passois jusqu'aux lieux où l'on garde mon fils.
Puisqu'une fois le jour vous souffrez que je voie
Le seul bien qui me reste et d'Hector et de Troie,
J'allois, seigneur, pleurer un moment avec lui :
Je ne l'ai point encore embrassé d'aujourd'hui!
PYRRHUS.
Ah madame! les Grecs, si j'en crois leurs alarmes,
Vous donneront bientôt d'autres sujets de larmes.

ANDROMAQUE.

Et quelle est cette peur dont leur cœur est frappé,
Seigneur? Quelque Troyen vous est-il échappé?

PYRRHUS.

Leur haine pour Hector n'est pas encore éteinte :
Ils redoutent son fils.

ANDROMAQUE.

              Digne objet de leur crainte!
Un enfant malheureux, qui ne sait pas encor
Que Pyrrhus est son maître, et qu'il est fils d'Hector!

PYRRHUS.

Tel qu'il est, tous les Grecs demandent qu'il périsse.
Le fils d'Agamemnon vient hâter son supplice.

ANDROMAQUE.

Et vous prononcerez un arrêt si cruel?
Est-ce mon intérêt qui le rend criminel?
Hélas! on ne craint point qu'il venge un jour son père;
On craint qu'il n'essuyât les larmes de sa mère.
Il m'auroit tenu lieu d'un père et d'un époux :
Mais il me faut tout perdre, et toujours par vos coups.

PYRRHUS.

Madame, mes refus ont prévenu vos larmes.
Tous les Grecs m'ont déjà menacé de leurs armes :
Mais, dussent-ils encore, en repassant les eaux,
Demander votre fils avec mille vaisseaux;
Coûtât-il tout le sang qu'Hélène a fait répandre;
Dussé-je après dix ans voir mon palais en cendre;
Je ne balance point, je vole à son secours;
Je défendrai sa vie aux dépens de mes jours.
Mais, parmi ces périls où je cours pour vous plaire,

Me refuserez-vous un regard moins sévère?
Haï de tous les Grecs, pressé de tous côtés,
Me faudra-t-il combattre encor vos cruautés?
Je vous offre mon bras. Puis-je espérer encore
Que vous accepterez un cœur qui vous adore?
En combattant pour vous, me sera-t-il permis
De ne vous point compter parmi mes ennemis?

ANDROMAQUE.

Seigneur, que faites-vous, et que dira la Grèce?
Faut-il qu'un si grand cœur montre tant de foiblesse?
Voulez-vous qu'un dessein si beau, si généreux,
Passe pour le transport d'un esprit amoureux?
Captive, toujours triste, importune à moi-même,
Pouvez-vous souhaiter qu'Andromaque vous aime?
Quels charmes ont pour vous des yeux infortunés
Qu'à des pleurs éternels vous avez condamnés?
Non, non : d'un ennemi respecter la misère,
Sauver des malheureux, rendre un fils à sa mère,
De cent peuples pour lui combattre la rigueur,
Sans me faire payer son salut de mon cœur,
Malgré moi, s'il le faut, lui donner un asile;
Seigneur, voilà des soins dignes du fils d'Achille.

PYRRHUS.

Eh quoi! votre courroux n'a-t-il pas eu son cours?
Peut-on haïr sans cesse? et punit-on toujours?
J'ai fait des malheureux, sans doute; et la Phrygie
Cent fois de votre sang a vu ma main rougie :
Mais que vos yeux sur moi se sont bien exercés!
Qu'ils m'ont vendu bien cher les pleurs qu'ils ont versé.
De combien de remords m'ont-ils rendu la proie!

Je souffre tous les maux que j'ai faits devant Troie.
Vaincu, chargé de fers, de regrets consumé,
Brûlé de plus de feux que je n'en allumai,
Tant de soins, tant de pleurs, tant d'ardeurs inquiètes...
Hélas! fus-je jamais si cruel que vous l'êtes?
Mais enfin tour-à-tour, c'est assez nous punir;
Nos ennemis communs devroient nous réunir :
Madame, dites-moi seulement que j'espère,
Je vous rends votre fils, et je lui sers de père;
Je l'instruirai moi-même à venger les Troyens;
J'irai punir les Grecs de vos maux et des miens.
Animé d'un regard, je puis tout entreprendre :
Votre Ilion encor peut sortir de sa cendre;
Je puis, en moins de temps que les Grecs ne l'ont pris,
Dans ses murs relevés couronner votre fils.

ANDROMAQUE.

Seigneur, tant de grandeurs ne nous touchent plus guère;
Je les lui promettois tant qu'a vécu son père.
Non, vous n'espérez plus de nous revoir encor,
Sacrés murs que n'a pu conserver mon Hector!
A de moindres faveurs des malheureux prétendent,
Seigneur; c'est un exil que mes pleurs vous demandent:
Souffrez que, loin des Grecs, et même loin de vous,
J'aille cacher mon fils, et pleurer mon époux.
Votre amour contre nous allume trop de haine :
Retournez, retournez à la fille d'Hélène.

PYRRHUS.

Et le puis-je, madame? Ah! que vous me gênez!
Comment lui rendre un cœur que vous me retenez?
Je sais que de mes vœux on lui promit l'empire;

Je sais que pour régner elle vint dans l'Epire :
Le sort vous y voulut l'une et l'autre amener,
Vous, pour porter des fers, elle, pour en donner.
Cependant ai-je pris quelque soin de lui plaire ?
Et ne diroit-on pas, en voyant au contraire
Vos charmes tout-puissants, et les siens dédaignés,
Qu'elle est ici captive, et que vous y régnez ?
Ah ! qu'un seul des soupirs que mon cœur vous envoie,
S'il s'échappoit vers elle, y porteroit de joie !

ANDROMAQUE.

Et pourquoi vos soupirs seroient-ils repoussés ?
Auroit-elle oublié vos services passés ?
Troie, Hector, contre vous révoltent-ils son ame ?
Aux cendres d'un époux doit-elle enfin sa flamme ?
Et quel époux encore ? Ah ! souvenir cruel !
Sa mort seule a rendu votre père immortel :
Il doit au sang d'Hector tout l'éclat de ses armes ;
Et vous n'êtes tous deux connus que par mes larmes.

PYRRHUS.

Eh bien ! madame ! eh bien, il faut vous obéir :
Il faut vous oublier, ou plutôt vous haïr.
Oui, mes vœux ont trop loin porté leur violence
Pour ne plus s'arrêter que dans l'indifférence :
Songez-y bien ; il faut désormais que mon cœur,
S'il n'aime avec transport, haïsse avec fureur.
Je n'épargnerai rien dans ma juste colère :
Le fils me répondra des mépris de la mère ;
La Grèce le demande ; et je ne prétends pas
Mettre toujours ma gloire à sauver des ingrats.

ANDROMAQUE.

Hélas! il mourra donc! il n'a pour sa défense
Que les pleurs de sa mère et que son innocence...
Et peut-être après tout, en l'état où je suis,
Sa mort avancera la fin de mes ennuis.
Je prolongeois pour lui ma vie et ma misère;
Mais enfin sur ses pas j'irai revoir son père.
Ainsi, tous trois, seigneur, par vos soins réunis,
Nous vous...

PYRRHUS.

   Allez, madame, allez voir votre fils.
Peut-être, en le voyant, votre amour plus timide
Ne prendra pas toujours sa colère pour guide.
Pour savoir nos destins j'irai vous retrouver :
Madame, en l'embrassant, songez à le sauver.

FIN DU PREMIER ACTE.

ACTE SECOND.

SCÈNE I.

HERMIONE, CLÉONE.

HERMIONE.

Je fais ce que tu veux, je consens qu'il me voie;
Je lui veux bien encore accorder cette joie.
Pylade va bientôt conduire ici ses pas;
Mais, si je m'en croyois, je ne le verrois pas.

CLÉONE.

Et qu'est-ce que sa vue a pour vous de funeste?
Madame, n'est-ce pas toujours le même Oreste
Dont vous avez cent fois souhaité le retour,
Et dont vous regrettiez la constance et l'amour?

HERMIONE.

C'est cet amour payé de trop d'ingratitude
Qui me rend en ces lieux sa présence si rude.
Quelle honte pour moi, quel triomphe pour lui,
De voir mon infortune égaler son ennui!
Est-ce là, dira-t-il, cette fière Hermione?
Elle me dédaignoit; un autre l'abandonne:
L'ingrate, qui mettoit son cœur à si haut prix,
Apprend donc, à son tour, à souffrir des mépris!
Ah, dieux!

CLÉONE.

Ah! dissipez ces indignes alarmes :
Il a trop bien senti le pouvoir de vos charmes.
Vous croyez qu'un amant vienne vous insulter?
Il vous rapporte un cœur qu'il n'a pu vous ôter.
Mais vous ne dites point ce que vous mande un père.

HERMIONE.

Dans ses retardements si Pyrrhus persévère,
A la mort du Troyen s'il ne veut consentir,
Mon père avec les Grecs m'ordonne de partir.

CLÉONE.

Eh bien, madame, eh bien, écoutez donc Oreste.
Pyrrhus a commencé; faites au moins le reste.
Pour bien faire, il faudroit que vous le prévinssiez :
Ne m'avez-vous pas dit que vous le haïssiez?

HERMIONE.

Si je le hais, Cléone! il y va de ma gloire,
Après tant de bontés dont il perd la mémoire;
Lui qui me fut si cher, et qui m'a pu trahir!
Ah! je l'ai trop aimé, pour ne le point haïr.

CLÉONE.

Faites-le donc, madame; et puisqu'on vous adore...

HERMIONE.

Ah! laisse à ma fureur le temps de croître encore;
Contre mon ennemi laisse-moi m'assurer :
Cléone, avec horreur je m'en veux séparer.
Il n'y travaillera que trop bien, l'infidèle!

CLÉONE.

Quoi! vous en attendez quelque injure nouvelle?
Aimer une captive, et l'aimer à vos yeux,

Tout cela n'a donc pu vous le rendre odieux?
Après ce qu'il a fait, que sauroit-il donc faire?
Il vous auroit déplu, s'il pouvoit vous déplaire.

HERMIONE.

Pourquoi veux-tu, cruelle, irriter mes ennuis?
Je crains de me connaître en l'état où je suis.
De tout ce que tu vois tâche de ne rien croire :
Crois que je n'aime plus; vante-moi ma victoire :
Crois que dans mon dépit mon cœur est endurci;
Hélas! et, s'il se peut, fais-le moi croire aussi.
Tu veux que je le fuie. Eh bien, rien ne m'arrête.
Allons, n'envions plus son indigne conquête;
Que sur lui sa captive étende son pouvoir.
Fuyons... Mais si l'ingrat rentroit dans son devoir;
Si la foi dans son cœur retrouvoit quelque place;
S'il venoit à mes pieds me demander sa grâce;
Si sous mes lois, Amour, tu pouvois l'engager;
S'il vouloit... Mais l'ingrat ne veut que m'outrager.
Demeurons toutefois pour troubler leur fortune;
Prenons quelque plaisir à leur être importune :
Ou, le forçant de rompre un vœu si solennel,
Aux yeux de tous les Grecs rendons-le criminel.
J'ai déjà sur le fils attiré leur colère;
Je veux qu'on vienne encor lui demander la mère.
Rendons-lui les tourments qu'elle me fait souffrir;
Qu'elle le perde, ou bien qu'il la fasse périr.

CLÉONE.

Vous pensez que des yeux toujours ouverts aux larmes
Se plaisent à troubler le pouvoir de vos charmes,
Et qu'un cœur accablé de tant de déplaisirs

De son persécuteur ait brigué les soupirs?
Voyez si sa douleur en paraît soulagée :
Pourquoi donc les chagrins où son ame est plongée?
Contre un amant qui plaît pourquoi tant de fierté?

HERMIONE.

Hélas! pour mon malheur, je l'ai trop écouté.
Je n'ai point du silence affecté le mystère :
Je croyois sans péril pouvoir être sincère;
Et, sans armer mes yeux d'un moment de rigueur,
Je n'ai pour lui parler consulté que mon cœur.
Et qui ne se seroit comme moi déclarée
Sur la foi d'un amour si saintement jurée?
Me voyoit-il de l'œil qu'il me voit aujourd'hui?
Tu t'en souviens encor, tout conspiroit pour lui :
Ma famille vengée, et les Grecs dans la joie,
Nos vaisseaux tout chargés des dépouilles de Troie,
Les exploits de son père effacés par les siens,
Ses feux que je croyois plus ardents que les miens,
Mon cœur... toi-même enfin de sa gloire éblouie;
Avant qu'il me trahît, vous m'avez tous trahie.
Mais c'en est trop, Cléone; et quel que soit Pyrrhus,
Hermione est sensible, Oreste a des vertus :
Il sait aimer du moins, et même sans qu'on l'aime;
Et peut-être il saura se faire aimer lui-même.
Allons. Qu'il vienne enfin.

CLÉONE.

    Madame, le voici.

HERMIONE.

Ah! je ne croyois pas qu'il fût si près d'ici.

SCÈNE II.

HERMIONE, ORESTE, CLÉONE.

HERMIONE.

Le croirai-je, seigneur, qu'un reste de tendresse
Vous fasse ici chercher une triste princesse ?
Ou ne dois-je imputer qu'à votre seul devoir
L'heureux empressement qui vous porte à me voir ?

ORESTE.

Tel est de mon amour l'aveuglement funeste,
Vous le savez, madame ; et le destin d'Oreste
Est de venir sans cesse adorer vos attraits,
Et de jurer toujours qu'il n'y viendra jamais.
Je sais que vos regards vont rouvrir mes blessures ;
Que tous mes pas vers vous sont autant de parjures :
Je le sais, j'en rougis. Mais j'atteste les dieux,
Témoins de la fureur de mes derniers adieux,
Que j'ai couru partout où ma perte certaine
Dégageoit mes serments et finissoit ma peine.
J'ai mendié la mort chez des peuples cruels
Qui n'apaisoient leurs dieux que du sang des mortels :
Ils m'ont fermé leur temple ; et ces peuples barbares
De mon sang prodigué sont devenus avares.
Enfin je viens à vous, et je me vois réduit
A chercher dans vos yeux une mort qui me fuit.
Mon désespoir n'attend que leur indifférence :
Ils n'ont qu'à m'interdire un reste d'espérance ;
Ils n'ont, pour avancer cette mort où je cours,
Qu'à me dire une fois ce qu'ils m'ont dit toujours.

Voilà depuis un an le seul soin qui m'anime.
Madame, c'est à vous de prendre une victime
Que les Scythes auroient dérobée à vos coups,
Si j'en avois trouvé d'aussi cruels que vous.

HERMIONE.

Quittez, seigneur, quittez ce funeste langage :
A des soins plus pressants la Grèce vous engage.
Que parlez-vous du Scythe et de mes cruautés ?
Songez à tous ces rois que vous représentez.
Faut-il que d'un transport leur vengeance dépende ?
Est-ce le sang d'Oreste enfin qu'on vous demande ?
Dégagez-vous des soins dont vous êtes chargé.

ORESTE.

Les refus de Pyrrhus m'ont assez dégagé,
Madame : il me renvoie; et quelque autre puissance
Lui fait du fils d'Hector embrasser la défense.

HERMIONE.

L'infidèle !

ORESTE.

Ainsi donc, tout prêt à le quitter,
Sur mon propre destin je viens vous consulter.
Déjà même je crois entendre la réponse
Qu'en secret contre moi votre haine prononce.

HERMIONE.

Eh quoi ! toujours injuste en vos tristes discours,
De mon inimitié vous plaindrez-vous toujours ?
Quelle est cette rigueur tant de fois alléguée ?
J'ai passé dans l'Epire ou j'étois reléguée;
Mon père l'ordonnoit : mais qui sait si depuis
Je n'ai point en secret partagé vos ennuis ?

Pensez-vous avoir seul éprouvé des alarmes;
Que l'Epire jamais n'ait vu couler mes larmes?
Enfin, qui vous a dit que, malgré mon devoir,
Je n'ai pas quelquefois souhaité de vous voir?

ORESTE.

Souhaité de me voir! Ah! divine princesse...
Mais, de grâce, est-ce à moi que ce discours s'adresse?
Ouvrez vos yeux; songez qu'Oreste est devant vous,
Oreste, si long-temps l'objet de leur courroux.

HERMIONE.

Oui, c'est vous dont l'amour, naissant avec leurs charmes
Leur apprit le premier le pouvoir de leurs armes;
Vous, que mille vertus me forçoient d'estimer;
Vous, que j'ai plaint, enfin que je voudrois aimer.

ORESTE.

Je vous entends. Tel est mon partage funeste :
Le cœur est pour Pyrrhus, et les vœux pour Oreste.

HERMIONE.

Ah! ne souhaitez pas le destin de Pyrrhus;
Je vous haïrois trop.

ORESTE.

Vous m'en aimeriez plus.
Ah! que vous me verriez d'un regard bien contraire!
Vous me voulez aimer, et je ne puis vous plaire;
Et, l'amour seul alors se faisant obéir,
Vous m'aimeriez, madame, en me voulant haïr.
O dieux! tant de respects, une amitié si tendre,
Que de raisons pour moi, si vous pouviez m'entendre!
Vous seule pour Pyrrhus disputez aujourd'hui,
Peut-être malgré vous, sans doute malgré lui :

Car enfin il vous hait; son ame ailleurs éprise
N'a plus...

HERMIONE.

Qui vous l'a dit, seigneur, qu'il me méprise?
Ses regards, ses discours, vous l'ont-ils donc appris?
Jugez-vous que ma vue inspire des mépris;
Qu'elle allume en un cœur des feux si peu durables?
Peut-être d'autres yeux me sont plus favorables.

ORESTE.

Poursuivez : il est beau de m'insulter ainsi.
Cruelle! c'est donc moi qui vous méprise ici?
Vos yeux n'ont pas assez éprouvé ma constance?
Je suis donc un témoin de leur peu de puissance?
Je les ai méprisés! Ah! qu'ils voudroient bien voir
Mon rival comme moi mépriser leur pouvoir!

HERMIONE.

Que m'importe, seigneur, sa haine ou sa tendresse?
Allez contre un rebelle armer toute la Grèce:
Rapportez-lui le prix de sa rebellion;
Qu'on fasse de l'Epire un second Ilion :
Allez. Après cela direz-vous que je l'aime?

ORESTE.

Madame, faites plus, et venez-y vous-même.
Voulez-vous demeurer pour otage en ces lieux?
Venez dans tous les cœurs faire parler vos yeux.
Faisons de notre haine une commune attaque.

HERMIONE.

Mais, seigneur, cependant s'il épouse Andromaque?

ORESTE.

Eh, madame!

HERMIONE.

Songez qu'elle honte pour nous
Si d'une Phrygienne il devenoit l'époux !

ORESTE.

Et vous le haïssez ! Avouez-le, madame,
L'amour n'est pas un feu qu'on renferme en une ame :
Tout nous trahit, la voix, le silence, les yeux ;
Et les feux mal couverts n'en éclatent que mieux.

HERMIONE.

Seigneur, je le vois bien, votre ame prévenue
Répand sur mes discours le venin qui la tue,
Toujours dans mes raisons cherche quelque détour,
Et croit qu'en moi la haine est un effort d'amour.
Il faut donc m'expliquer : vous agirez ensuite.
Vous savez qu'en ces lieux mon devoir m'a conduite :
Mon devoir m'y retient ; et je n'en puis partir
Que mon père, ou Pyrrhus, ne m'en fasse * sortir.
De la part de mon père allez lui faire entendre
Que l'ennemi des Grecs ne peut être son gendre :
Du Troyen ou de moi faites-le décider ;
Qu'il songe qui des deux il veut rendre ou garder :
Enfin, qu'il me renvoie, ou bien qu'il vous le livre.
Adieu. S'il y consent, je suis prête à vous suivre.

* L'édition de 1679 porte ainsi le singulier.

SCÈNE III.

ORESTE.

Oui, oui, vous me suivrez, n'en doutez nullement :
Je vous réponds déjà de son consentement.
Je ne crains pas enfin que Pyrrhus la retienne :
Il n'a devant les yeux que sa chère Troyenne;
Tout autre objet le blesse; et peut-être aujourd'hui
Il n'attend qu'un prétexte à l'éloigner de lui.
Nous n'avons qu'à parler : c'en est fait. Quelle joie
D'enlever à l'Epire une si belle proie!
Sauve tout ce qui reste et de Troie et d'Hector,
Garde son fils, sa veuve, et mille autres encor,
Epire; c'est assez qu'Hermione rendue
Perde à jamais tes bords et ton prince de vue.
Mais un heureux destin le conduit en ces lieux.
Parlons. A tant d'attraits, Amour, ferme ses yeux!

SCÈNE IV.

PYRRHUS, ORESTE, PHOENIX.

PYRRHUS.

Je vous cherchois, seigneur. Un peu de violence
M'a fait de vos raisons combattre la puissance,
Je l'avoue; et, depuis que je vous ai quitté,
J'en ai senti la force et connu l'équité.
J'ai songé, comme vous, qu'à la Grèce, à mon père,
A moi-même, en un mot, je devenois contraire;

Que je relevois Troie, et rendois imparfait
Tout ce qu'a fait Achille, et tout ce que j'ai fait.
Je ne condamne plus un courroux légitime ;
Et l'on vous va, seigneur, livrer votre victime.

ORESTE.

Seigneur, par ce conseil prudent et rigoureux,
C'est acheter la paix du sang d'un malheureux.

PYRRHUS.

Oui : mais je veux, seigneur, l'assurer davantage :
D'une éternelle paix Hermione est le gage ;
Je l'épouse. Il sembloit qu'un spectacle si doux
N'attendît en ces lieux qu'un témoin tel que vous :
Vous y représentez tous les Grecs et son père,
Puisqu'en vous Ménélas voit revivre son frère.
Voyez-la donc. Allez, dites-lui que demain
J'attends avec la paix son cœur de votre main.

ORESTE, *à part.*

Ah, dieux !

SCÈNE V.

PYRRHUS, PHŒNIX.

PYRRHUS.

Et bien, Phœnix ! l'amour est-il le maître ?
Tes yeux refusent-ils encor de me connaître ?

PHŒNIX.

Ah ! je vous reconnois ; et ce juste courroux,
Ainsi qu'à tous les Grecs, seigneur, vous rend à vous.
Ce n'est plus le jouet d'une flamme servile :
C'est Pyrrhus, c'est le fils et le rival d'Achille,

Que la gloire à la fin ramène sous ses lois,
Qui triomphe de Troie une seconde fois.

PYRRHUS.

Dis plutôt qu'aujourd'hui commence ma victoire :
D'aujourd'hui seulement je jouis de ma gloire;
Et mon cœur, aussi fier que tu l'as vu soumis,
Croit avoir en l'amour vaincu mille ennemis.
Considère, Phœnix, les troubles que j'évite;
Quelle foule de maux l'amour traîne à sa suite;
Que d'amis, de devoirs, j'allois sacrifier;
Quels périls... un regard m'eût tout fait oublier :
Tous les Grecs conjurés fondoient sur un rebelle.
Je trouvois du plaisir à me perdre pour elle.

PHOENIX.

Oui, je bénis, seigneur, l'heureuse cruauté
Qui vous rend...

PYRRHUS.

Tu l'as vu comme elle m'a traité.
Je pensois, en voyant sa tendresse alarmée,
Que son fils me la dût renvoyer désarmée :
J'allois voir le succès de ses embrassements;
Je n'ai trouvé que pleurs mêlés d'emportements.
Sa misère l'aigrit; et, toujours plus farouche,
Cent fois le nom d'Hector est sorti de sa bouche.
Vainement à son fils j'assurois mon secours :
« C'est Hector, disoit-elle en l'embrassant toujours;
« Voilà ses yeux, sa bouche, et déjà son audace;
« C'est lui-même : c'est toi, cher époux, que j'embrasse. »
Eh! quelle est sa pensée? attend-elle en ce jour
Que je lui laisse un fils pour nourrir son amour?

PHŒNIX.

Sans doute; c'est le prix que vous gardoit l'ingrate.
Mais laissez-la, seigneur.

PYRRHUS.

Je vois ce qui la flatte :
Sa beauté la rassure; et, malgré mon courroux,
L'orgueilleuse m'attend encore à ses genoux.
Je la verrois aux miens, Phœnix, d'un œil tranquille.
Elle est veuve d'Hector, et je suis fils d'Achille.
Trop de haine sépare Andromaque et Pyrrhus.

PHŒNIX.

Commencez donc, seigneur, à ne m'en parler plus.
Allez voir Hermione; et, content de lui plaire,
Oubliez à ses pieds jusqu'à votre colère.
Vous-même à cet hymen venez la disposer :
Est-ce sur un rival qu'il s'en faut reposer?
Il ne l'aime que trop.

PYRRHUS.

Crois-tu, si je l'épouse,
Qu'Andromaque en son cœur n'en sera pas jalouse?

PHŒNIX.

Quoi! toujours Andromaque occupe votre esprit!
Que vous importe, oh dieux! sa joie ou son dépit?
Quel charme, malgré vous, vers elle vous attire?

PYRRHUS.

Non, je n'ai pas bien dit tout ce qu'il lui faut dire :
Ma colère à ses yeux n'a paru qu'à demi;
Elle ignore à quel point je suis son ennemi.
Retournons-y : je veux la braver à sa vue,
Et donner à ma haine une libre étendue.

Viens voir tous ses attraits, Phœnix, humiliés.
Allons.

PHOENIX.

Allez, seigneur, vous jeter à ses pieds :
Allez, en lui jurant que votre ame l'adore,
A de nouveaux mépris l'encourager encore.

PYRRHUS.

Je le vois bien, tu crois que prêt à l'excuser
Mon cœur court après elle, et cherche à s'apaiser.

PHOENIX.

Vous aimez : c'est assez.

PYRRHUS.

Moi, l'aimer? une ingrate
Qui me hait d'autant plus que mon amour la flatte ;
Sans parents, sans amis, sans espoir que sur moi?
Je puis perdre son fils, peut-être je le doi ;
Etrangère... que dis-je? esclave dans l'Epire,
Je lui donne son fils, mon ame, mon empire :
Et je ne puis gagner dans son perfide cœur
D'autre rang que celui de son persécuteur !
Non, non, je l'ai juré, ma vengeance est certaine ;
Il faut bien une fois justifier sa haine :
J'abandonne son fils... Que de pleurs vont couler !
De quel nom sa douleur me va-t-elle appeler !
Quel spectacle pour elle aujourd'hui se dispose !
Elle en mourra, Phœnix ; et j'en serai la cause :
C'est lui mettre moi-même un poignard dans le sein.

PHOENIX.

Et pourquoi donc en faire éclater le dessein?
Que ne consultiez-vous tantôt votre foiblesse?

PYRRHUS.

Je t'entends. Mais excuse un reste de tendresse.
Crains-tu pour ma colère un si foible combat?
D'un amour qui s'éteint c'est le dernier éclat.
Allons. A tes conseils, Phœnix, je m'abandonne.
Faut-il livrer son fils? faut-il voir Hermione?

PHŒNIX.

Oui, voyez-la, seigneur; et par des vœux soumis
Protestez-lui...

PYRRHUS.

Faisons tout ce que j'ai promis.

FIN DU SECOND ACTE.

ACTE TROISIÈME.

SCÈNE I.

ORESTE, PYLADE.

PYLADE.

Modérez donc, seigneur, cette fureur extrême :
Je ne vous connais plus ; vous n'êtes plus vous-même.
Souffrez...

ORESTE.

Non, tes conseils ne sont plus de saison,
Pylade ; je suis las d'écouter la raison.
C'est traîner trop long-temps ma vie et mon supplice :
Il faut que je l'enlève, ou bien que je périsse.
Le dessein en est pris ; je le veux achever :
Oui, je le veux.

PYLADE.

Eh bien ! il la faut enlever ;
J'y consens. Mais songez cependant où vous êtes.
Que croira-t-on de vous, à voir ce que vous faites ?
Dissimulez : calmez ce transport inquiet ;
Commandez à vos yeux de garder le secret.
Ces gardes, cette cour, l'air qui vous environne,
Tout dépend de Pyrrhus, et surtout Hermione.
A ses regards surtout cachez votre courroux.
Oh dieux ! en cet état pourquoi la cherchiez-vous ?

ORESTE.

Que sais-je? De moi-même étois-je alors le maître?
La fureur m'emportoit, et je venois peut-être
Menacer à-la-fois l'ingrate et son amant.

PYLADE.

Et quel étoit le fruit de cet emportement?

ORESTE.

Et quelle ame, dis-moi, ne seroit éperdue
Du coup dont ma raison vient d'être confondue?
Il épouse, dit-il, Hermione demain :
Il veut, pour m'honorer, la tenir de ma main.
Ah! plutôt cette main dans le sang du barbare...

PYLADE.

Vous l'accusez, seigneur, de ce destin bizarre :
Cependant, tourmenté de ses propres desseins,
Il est peut-être à plaindre autant que je vous plains.

ORESTE.

Non, non ; je le connais, mon désespoir le flatte ;
Sans moi, sans mon amour, il dédaignoit l'ingrate ;
Ses charmes jusque-là n'avoient pu le toucher :
Le cruel ne la prend que pour me l'arracher.
Ah dieux! c'en étoit fait : Hermione gagnée
Pour jamais de sa vue alloit être éloignée ;
Son cœur, entre l'amour et le dépit confus,
Pour se donner à moi n'attendoit qu'un refus :
Ses yeux s'ouvroient, Pylade ; elle écoutoit Oreste,
Lui parloit, le plaignoit... Un mot eût fait le reste.

PYLADE.

Vous le croyez?

ORESTE.
Eh quoi! ce courroux enflammé
Contre un ingrat...
PYLADE.
Jamais il ne fut plus aimé.
Pensez-vous, quand Pyrrhus vous l'auroit accordée,
Qu'un prétexte tout prêt ne l'eût pas retardée?
M'en croirez-vous? Lassé de ses trompeurs attraits,
Au lieu de l'enlever, fuyez-la pour jamais.
Quoi! votre amour se veut charger d'une furie
Qui vous détestera, qui, toute votre vie,
Regrettant un hymen tout prêt à s'achever,
Voudra...
ORESTE.
C'est pour cela que je veux l'enlever.
Tout lui riroit, Pylade : et moi, pour mon partage,
Je n'emporterois donc qu'une inutile rage?
J'irois loin d'elle encor tâcher de l'oublier?
Non, non, à mes tourments je veux l'associer;
C'est trop gémir tout seul. Je suis las qu'on me plaigne:
Je prétends qu'à mon tour l'inhumaine me craigne,
Et que ses yeux cruels, à pleurer condamnés,
Me rendent tous les noms que je leur ai donnés.
PYLADE.
Voilà donc le succès qu'aura votre ambassade!
Oreste ravisseur!
ORESTE.
Et qu'importe, Pylade?
Quand nos états vengés jouiront de mes soins,
L'ingrate de mes pleurs jouira-t-elle moins?

ACTE III, SCÈNE I.

Et que me servira que la Grèce m'admire,
Tandis que je serai la fable de l'Epire?
Que veux-tu? Mais s'il faut ne te rien déguiser,
Mon innocence enfin commence à me peser.
Je ne sais de tout temps quelle injuste puissance
Laisse le crime en paix et poursuit l'innocence.
De quelque part sur moi que je tourne les yeux,
Je ne vois que malheurs qui condamnent les dieux.
Méritons leur courroux, justifions leur haine,
Et que le fruit du crime en précède la peine.
Mais toi, par quelle erreur veux-tu toujours sur toi
Détourner un courroux qui ne cherche que moi?
Assez et trop long-temps mon amitié t'accable :
Evite un malheureux, abandonne un coupable.
Cher Pylade, crois-moi, ta pitié te séduit :
Laisse-moi des périls dont j'attends tout le fruit.
Porte aux Grecs cet enfant que Pyrrhus m'abandonne.
Va-t'en.

PYLADE.

Allons, seigneur, enlevons Hermione.
Au travers des périls un grand cœur se fait jour.
Que ne peut l'amitié conduite par l'amour!
Allons de tous vos Grecs encourager le zèle :
Nos vaisseaux sont tout prêts, et le vent nous appelle.
Je sais de ce palais tous les détours obscurs :
Vous voyez que la mer en vient battre les murs;
Et cette nuit, sans peine, une secrète voie
Jusqu'en votre vaisseau conduira votre proie.

ORESTE.

J'abuse, cher ami, de ton trop d'amitié :

Mais pardonne à des maux dont toi seul as pitié.
Excuse un malheureux qui perd tout ce qu'il aime,
Que tout le monde hait, et qui se hait lui-même.
Que ne puis-je, à mon tour, dans un sort plus heureux...?

PYLADE.

Dissimulez, seigneur; c'est tout ce que je veux.
Gardez qu'avant le coup votre dessein n'éclate :
Oubliez jusque-là qu'Hermione est ingrate;
Oubliez votre amour. Elle vient, je la voi.

ORESTE.

Va-t'en. Réponds-moi d'elle, et je réponds de moi.

SCÈNE II.

HERMIONE, ORESTE, CLÉONE.

ORESTE.

Eh bien! mes soins vous ont rendu votre conquête :
J'ai vu Pyrrhus, madame; et votre hymen s'apprête.

HERMIONE.

On le dit; et de plus on vient de m'assurer
Que vous ne me cherchiez que pour m'y préparer.

ORESTE.

Et votre ame à ses vœux ne sera point rebelle?

HERMIONE.

Qui l'eût cru que Pyrrhus ne fût pas infidèle?
Que sa flamme attendroit si tard pour éclater?
Qu'il reviendroit à moi quand je l'allois quitter?
Je veux croire avec vous qu'il redoute la Grèce;
Qu'il suit son intérêt plutôt que sa tendresse;
Que mes yeux sur votre ame étoient plus absolus.

ORESTE.

Non, madame : il vous aime, et je n'en doute plus.
Vos yeux ne font-ils pas tout ce qu'ils veulent faire?
Et vous ne vouliez pas, sans doute, lui déplaire?

HERMIONE.

Mais que puis-je, seigneur? on a promis ma foi :
Lui ravirai-je un bien qu'il ne tient pas de moi?
L'amour ne règle pas le sort d'une princesse :
La gloire d'obéir est tout ce qu'on nous laisse.
Cependant je partois; et vous avez pu voir
Combien je relâchois pour vous de mon devoir.

ORESTE.

Ah! que vous saviez bien, cruelle..! Mais, madame,
Chacun peut à son choix disposer de son ame.
La vôtre étoit à vous; j'espérois : mais enfin
Vous l'avez pu donner sans me faire un larcin.
Je vous accuse aussi bien moins que la fortune.
Et pourquoi vous lasser d'une plainte importune?
Tel est votre devoir, je l'avoue; et le mien
Est de vous épargner un si triste entretien.

SCÈNE III.

HERMIONE, CLÉONE.

HERMIONE.

Attendois-tu, Cléone, un courroux si modeste?

CLÉONE.

La douleur qui se tait n'en est que plus funeste.
Je le plains, d'autant plus qu'auteur de son ennui
Le coup qui l'a perdu n'est parti que de lui.

Comptez depuis quel temps votre hymen se prépare;
Il a parlé, madame; et Pyrrhus se déclare.

HERMIONE.

Tu crois que Pyrrhus craint? Et que craint-il encor?
Des peuples qui, dix ans, ont fui devant Hector;
Qui, cent fois, effrayés de l'absence d'Achille,
Dans leurs vaisseaux brûlants ont cherché leur asile :
Et qu'on verroit encor, sans l'appui de son fils,
Redemander Hélène aux Troyens impunis?
Non, Cléone, il n'est point ennemi de lui-même :
Il veut tout ce qu'il fait; et s'il m'épouse, il m'aime.
Mais qu'Oreste, à son gré, m'impute ses douleurs;
N'avons-nous d'entretien que celui de ses pleurs?
Pyrrhus revient à nous! Eh bien, chère Cléone,
Conçois-tu les transports de l'heureuse Hermione?
Sais-tu quel est Pyrrhus? t'es-tu fait raconter
Le nombre des exploits... Mais qui les peut compter?
Intrépide, et partout suivi de la victoire,
Charmant, fidèle enfin, rien ne manque à sa gloire.
Songe...

CLÉONE.

Dissimulez : votre rivale en pleurs
Vient à vos pieds, sans doute, apporter ses douleurs.

HERMIONE.

Dieux! ne puis-je à ma joie abandonner mon ame!
Sortons. Que lui dirois-je?

SCÈNE IV.

ANDROMAQUE, HERMIONE, CLÉONE, CÉPHISE.

ANDROMAQUE.

Où fuyez-vous, madame?
N'est-ce point à vos yeux un spectacle assez doux
Que la veuve d'Hector pleurant à vos genoux?
Je ne viens point ici, par de jalouses larmes,
Vous envier un cœur qui se rend à vos charmes.
Par une main cruelle, hélas! j'ai vu percer
Le seul où mes regards prétendoient s'adresser.
Ma flamme par Hector fut jadis allumée;
Avec lui dans la tombe elle s'est enfermée.
Mais il me reste un fils. Vous saurez quelque jour,
Madame, pour un fils jusqu'où va notre amour;
Mais vous ne saurez pas, du moins je le souhaite,
En quel trouble mortel son intérêt nous jette,
Lorsque de tant de biens qui pouvoient nous flatter,
C'est le seul qui nous reste, et qu'on veut nous l'ôter.
Hélas! lorsque, lassés de dix ans de misère,
Les Troyens en courroux menaçoient votre mère,
J'ai su de mon Hector lui procurer l'appui:
Vous pouvez sur Pyrrhus ce que j'ai pu sur lui.
Que craint-on d'un enfant qui survit à sa perte?
Laissez-moi le cacher en quelque île déserte:
Sur les soins de sa mère on peut s'en assurer;
Et mon fils avec moi n'apprendra qu'à pleurer.

HERMIONE.

Je conçois vos douleurs; mais un devoir austère,

Quand mon père a parlé, m'ordonne de me taire.
C'est lui qui de Pyrrhus fait agir le courroux.
S'il faut fléchir Pyrrhus, qui le peut mieux que vous?
Vos yeux assez long-temps ont régné sur son ame.
Faites-le prononcer; j'y souscrirai, madame.

SCÈNE V.

ANDROMAQUE, CÉPHISE.

ANDROMAQUE.

Quel mépris la cruelle attache à ses refus!
CÉPHISE.
Je croirois ses conseils, et je verrois Pyrrhus.
Un regard confondroit Hermione et la Grèce...
Mais lui-même il vous cherche.

SCÈNE VI.

PYRRHUS, ANDROMAQUE, PHOENIX, CÉPHISE.

PYRRHUS, *à Phœnix*.
     Où donc est la princesse?
Ne m'avois-tu pas dit qu'elle étoit en ces lieux?
PHOENIX.
Je le croyois.
ANDROMAQUE, *à Céphise*.
   Tu vois le pouvoir de mes yeux.
PYRRHUS.
Que dit-elle, Phœnix?
ANDROMAQUE.
    Hélas! tout m'abandonne!

ACTE III, SCÈNE VI.

PHŒNIX.

Allons, seigneur; marchons sur les pas d'Hermione.

CÉPHISE.

Qu'attendez-vous ? Rompez ce silence obstiné.

ANDROMAQUE.

Il a promis mon fils.

CÉPHISE.

Il ne l'a pas donné.

ANDROMAQUE.

Non, non, j'ai beau pleurer, sa mort est résolue.

PYRRHUS.

Daigne-t-elle sur nous tourner au moins la vue ?
Quel orgueil!

ANDROMAQUE.

Je ne fais que l'irriter encor.
Sortons.

PYRRHUS.

Allons aux Grecs livrer le fils d'Hector.

ANDROMAQUE, *se jetant aux pieds de Pyrrhus.*

Ah, seigneur! arrêtez! que prétendez-vous faire!
Si vous livrez le fils, livrez-leur donc la mère!
Vos serments m'ont tantôt juré tant d'amitié!
Dieux! ne pourrai-je au moins toucher votre pitié?
Sans espoir de pardon m'avez-vous condamnée?

PYRRHUS.

Phœnix vous le dira, ma parole est donnée.

ANDROMAQUE.

Vous qui braviez pour moi tant de périls divers!

PYRRHUS.

J'étois aveugle alors; mes yeux se sont ouverts.

Sa grâce à vos desirs pouvoit être accordée;
Mais vous ne l'avez pas seulement demandée.
C'en est fait.

ANDROMAQUE.

Ah, seigneur! vous entendiez assez
Des soupirs qui craignoient de se voir repoussés.
Pardonnez à l'éclat d'une illustre fortune
Ce reste de fierté qui craint d'être importune.
Vous ne l'ignorez pas; Andromaque, sans vous,
N'auroit jamais d'un maître embrassé les genoux.

PYRRHUS.

Non, vous me haïssez; et, dans le fond de l'ame,
Vous craignez de devoir quelque chose à ma flamme.
Ce fils même, ce fils, l'objet de tant de soins,
Si je l'avois sauvé, vous l'en aimeriez moins.
La haine, le mépris, contre moi tout s'assemble;
Vous me haïssez plus que tous les Grecs ensemble.
Jouissez à loisir d'un si noble courroux.
Allons, Phœnix.

ANDROMAQUE.

Allons rejoindre mon époux.

CÉPHISE.

Madame...

ANDROMAQUE, *à Céphise.*

Eh! que veux-tu que je lui dise encore?
Auteur de tous mes maux, crois-tu qu'il les ignore?
 (*à Pyrrhus.*)
Seigneur, voyez l'état où vous me réduisez :
J'ai vu mon père mort et nos murs embrasés;
J'ai vu trancher les jours de ma famille entière,

Et mon époux sanglant traîné sur la poussière,
Son fils, seul avec moi, réservé pour les fers :
Mais que ne peut un fils ! je respire, je sers.
J'ai fait plus ; je me suis quelquefois consolée
Qu'ici plutôt qu'ailleurs le sort m'eût exilée ;
Qu'heureux dans son malheur le fils de tant de rois,
Puisqu'il devoit servir, fût tombé sous vos lois :
J'ai cru que sa prison deviendroit son asile.
Jadis Priam soumis fut respecté d'Achille :
J'attendois de son fils encor plus de bonté.
Pardonne, cher Hector ! à ma crédulité :
Je n'ai pu soupçonner ton ennemi d'un crime ;
Malgré lui-même enfin je l'ai cru magnanime.
Ah ! s'il l'étoit assez pour nous laisser du moins
Au tombeau qu'à ta cendre ont élevé mes soins ;
Et que, finissant là sa haine et nos misères,
Il ne séparât point des dépouilles si chères !

PYRRHUS.

Va m'attendre, Phœnix.

SCÈNE VII.

PYRRHUS, ANDROMAQUE, CÉPHISE.

PYRRHUS.

Madame, demeurez.
On peut vous rendre encor ce fils que vous pleurez.
Oui, je sens à regret qu'en excitant vos larmes
Je ne fais contre moi que vous donner des armes :
Je croyois apporter plus de haine en ces lieux.
Mais, madame, du moins tournez vers moi les yeux ;

Voyez si mes regards sont d'un juge sévère,
S'ils sont d'un ennemi qui cherche à vous déplaire.
Pourquoi me forcez-vous vous-même à vous trahir?
Au nom de votre fils, cessons de nous haïr.
A le sauver enfin c'est moi qui vous convie.
Faut-il que mes soupirs vous demandent sa vie?
Faut-il qu'en sa faveur j'embrasse vos genoux?
Pour la dernière fois, sauvez-le, sauvez-vous.
Je sais de quels serments je romps pour vous les chaînes;
Combien je vais sur moi faire éclater de haines.
Je renvoie Hermione, et je mets sur son front,
Au lieu de ma couronne, un éternel affront :
Je vous conduis au temple où son hymen s'apprête;
Je vous ceins du bandeau préparé pour sa tête.
Mais ce n'est plus, madame, une offre à dédaigner :
Je vous le dis; il faut ou périr, ou régner.
Mon cœur, désespéré d'un an d'ingratitude,
Ne peut plus de son sort souffrir l'incertitude :
C'est craindre, menacer, et gémir trop long-temps.
Je meurs si je vous perds; mais je meurs si j'attends.
Songez-y, je vous laisse; et je viendrai vous prendre
Pour vous mener au temple, où ce fils doit m'attendre;
Et là vous me verrez, soumis ou furieux,
Vous couronner, madame, ou le perdre à vos yeux.

SCÈNE VIII.

ANDROMAQUE, CÉPHISE.

CÉPHISE.

Je vous l'avois prédit, qu'en dépit de la Grèce
De votre sort enfin vous seriez la maîtresse.

ANDROMAQUE.

Hélas! de quel effet tes discours sont suivis!
Il ne me restoit plus qu'à condamner mon fils.

CÉPHISE.

Madame, à votre époux c'est être assez fidèle :
Trop de vertu pourroit vous rendre criminelle.
Lui-même il porteroit votre ame à la douceur.

ANDROMAQUE.

Quoi! je lui donnerois Pyrrhus pour successeur?

CÉPHISE.

Ainsi le veut son fils, que les Grecs vous ravissent.
Pensez-vous qu'après tout ses mânes en rougissent;
Qu'il méprisât, madame, un roi victorieux
Qui vous fait remonter au rang de vos aïeux,
Qui foule aux pieds pour vous vos vainqueurs en colère,
Qui ne se souvient plus qu'Achille étoit son père,
Qui dément ses exploits, et les rend superflus?

ANDROMAQUE.

Dois-je les oublier, s'il ne s'en souvient plus?
Dois-je oublier Hector privé de funérailles,
Et traîné sans honneur autour de nos murailles?
Dois-je oublier son père * à mes pieds renversé,
Ensanglantant l'autel qu'il tenoit embrassé?

---

* Conformément aux anciennes éditions et au sens.

Songe, songe, Céphise, à cette nuit cruelle
Qui fut pour tout un peuple une nuit éternelle;
Figure-toi Pyrrhus, les yeux étincelants,
Entrant à la lueur de nos palais brûlants,
Sur tous mes frères morts se faisant un passage,
Et, de sang tout couvert, échauffant le carnage;
Songe aux cris des vainqueurs, songe aux cris des mourants
Dans la flamme étouffés, sous le fer expirants;
Peins-toi dans ces horreurs Andromaque éperdue :
Voilà comme Pyrrhus vint s'offrir à ma vue;
Voilà par quels exploits il sut se couronner;
Enfin, voilà l'époux que tu me veux donner.
Non, je ne serai point complice de ses crimes :
Qu'il nous prenne, s'il veut, pour dernières victimes.
Tous mes ressentiments lui seroient asservis!

CÉPHISE.

Eh bien, allons donc voir expirer votre fils :
On n'attend plus que vous... Vous frémissez, madame!

ANDROMAQUE.

Ah! de quel souvenir viens-tu frapper mon ame!
Quoi! Céphise, j'irai voir expirer encor
Ce fils, ma seule joie, et l'image d'Hector?
Ce fils, que de sa flamme il me laissa pour gage?
Hélas! je m'en souviens, le jour que son courage
Lui fit chercher Achille, ou plutôt le trépas,
Il demanda son fils, et le prit dans ses bras :
« Chère épouse, dit-il en essuyant mes larmes,
« J'ignore quel succès le sort garde à mes armes;
« Je te laisse mon fils pour gage de ma foi :
« S'il me perd, je prétends qu'il me retrouve en toi.

« Si d'un heureux hymen la mémoire t'est chère,
« Montre au fils à quel point tu chérissois le père. »
Et je puis voir répandre un sang si précieux !
Et je laisse avec lui périr tous ses aïeux !
Roi barbare, faut-il que mon crime l'entraîne ?
Si je te hais, est-il coupable de ma haine ?
T'a-t-il de tous les siens reproché le trépas ?
S'est-il plaint à tes yeux des maux qu'il ne sent pas ?
Mais cependant, mon fils, tu meurs si je n'arrête
Le fer que le cruel tient levé sur ta tête.
Je l'en puis détourner, et je t'y vais offrir ?...
Non, tu ne mourras point ; je ne le puis souffrir.
Allons trouver Pyrrhus. Mais non, chère Céphise,
Va le trouver pour moi.

CÉPHISE.

Que faut-il que je dise ?

ANDROMAQUE.

Dis-lui que de mon fils l'amour est assez fort...
Crois-tu que dans son cœur il ait juré sa mort ?
L'amour peut-il si loin pousser sa barbarie ?

CÉPHISE.

Madame, il va bientôt revenir en furie.

ANDROMAQUE.

Eh bien ! va l'assurer...

CÉPHISE.

De quoi ? de votre foi ?

ANDROMAQUE.

Hélas ! pour la promettre est-elle encore à moi ?
O cendres d'un époux ! ô Troyens ! ô mon père !

O mon fils, que tes jours coûtent cher à ta mère !
Allons.

CÉPHISE.

Où donc, madame ? et que résolvez-vous ?

ANDROMAQUE.

Allons sur son tombeau consulter mon époux.

FIN DU TROISIÈME ACTE.

ACTE QUATRIÈME.

SCÈNE I.

ANDROMAQUE, CÉPHISE.

CÉPHISE.

Ah! je n'en doute point; c'est votre époux, madame,
C'est Hector qui produit ce miracle en votre ame :
Il veut que Troie encor se puisse relever
Avec cet heureux fils qu'il vous fait conserver.
Pyrrhus vous l'a promis. Vous venez de l'entendre,
Madame, il n'attendoit qu'un mot pour vous le rendre.
Croyez-en ses transports : père, sceptre, alliés,
Content de votre cœur, il met tout à vos pieds;
Sur lui, sur tout son peuple il vous rend souveraine.
Est-ce là ce vainqueur digne de tant de haine?
Déjà contre les Grecs plein d'un noble courroux,
Le soin de votre fils le touche autant que vous :
Il prévient leur fureur; il lui laisse sa garde.
Pour ne pas l'exposer, lui-même il se hasarde.
Mais tout s'apprête au temple; et vous avez promis...

ANDROMAQUE.

Oui, je m'y trouverai. Mais allons voir mon fils.

CÉPHISE.

Madame, qui vous presse? Il suffit que sa vue
Désormais à vos yeux ne soit plus défendue :

Vous lui pourrez bientôt prodiguer vos bontés ;
Et vos embrassements ne seront plus comptés.
Quel plaisir d'élever un enfant qu'on voit croître *
Non plus comme un esclave élevé pour son maître,
Mais pour voir avec lui renaître tant de rois ?

ANDROMAQUE.

Céphise, allons le voir pour la dernière fois.

CÉPHISE.

Que dites-vous ? Oh dieux !

ANDROMAQUE.

O ma chère Céphise !
Ce n'est point avec toi que mon cœur se déguise.
Ta foi, dans mon malheur, s'est montrée à mes yeux ;
Mais j'ai cru qu'à mon tour tu me connaissois mieux.
Quoi donc ! as-tu pensé qu'Andromaque infidèle
Pût trahir un époux qui croit revivre en elle ;
Et que, de tant de morts réveillant la douleur,
Le soin de mon repos me fît troubler le leur ?
Est-ce là cette ardeur tant promise à sa cendre ?
Mais son fils périssoit ; il l'a fallu défendre.
Pyrrhus, en m'épousant, s'en déclare l'appui ;
Il suffit : je veux bien m'en reposer sur lui.
Je sais quel est Pyrrhus : violent, mais sincère,
Céphise, il fera plus qu'il n'a promis de faire.
Sur le courroux des Grecs je m'en repose encor ;
Leur haine va donner un père au fils d'Hector.
Je vais donc, puisqu'il faut que je me sacrifie,
Assurer à Pyrrhus le reste de ma vie ;

---

* A l'époque où écrivoit Racine, on prononçoit encore *craître*.

Je vais, en recevant sa foi sur les autels,
L'engager à mon fils par des nœuds immortels.
Mais aussitôt ma main, à moi seule funeste,
D'une infidèle vie abrégera le reste,
Et, sauvant ma vertu, rendra ce que je doi
A Pyrrhus, à mon fils, à mon époux, à moi.
Voilà de mon amour l'innocent stratagème;
Voilà ce qu'un époux m'a commandé lui-même.
J'irai seule rejoindre Hector et mes aïeux.
Céphise, c'est à toi de me fermer les yeux.

CÉPHISE.

Ah! ne prétendez pas que je puisse survivre...

ANDROMAQUE.

Non, non, je te défends, Céphise, de me suivre;
Je confie à tes soins mon unique trésor :
Si tu vivois pour moi, vis pour le fils d'Hector.
De l'espoir des Troyens, seule dépositaire,
Songe à combien de rois tu deviens nécessaire.
Veille auprès de Pyrrhus; fais-lui garder sa foi :
S'il le faut, je consens qu'on lui parle de moi.
Fais-lui valoir l'hymen où je me suis rangée :
Dis-lui qu'avant ma mort je lui fus engagée;
Que ses ressentiments doivent être effacés;
Qu'en lui laissant mon fils, c'est l'estimer assez.
Fais connaître à mon fils les héros de sa race;
Autant que tu pourras, conduis-le sur leur trace :
Dis-lui par quels exploits leurs noms ont éclaté,
Plutôt ce qu'ils ont fait que ce qu'ils ont été :
Parle-lui tous les jours des vertus de son père;
Et quelquefois aussi parle-lui de sa mère.

Mais qu'il ne songe plus, Céphise, à nous venger :
Nous lui laissons un maître; il le doit ménager.
Qu'il ait de ses aïeux un souvenir modeste :
Il est du sang d'Hector, mais il en est le reste;
Et pour ce reste enfin j'ai moi-même, en un jour,
Sacrifié mon sang, ma haine, et mon amour.

CÉPHISE.

Hélas!

ANDROMAQUE.

Ne me suis point, si ton cœur en alarmes
Prévoit qu'il ne pourra commander à tes larmes.
On vient. Cache tes pleurs, Céphise; et souviens-toi
Que le sort d'Andromaque est commis à ta foi.
C'est Hermione. Allons, fuyons sa violence.

SCÈNE II.

HERMIONE, CLEONE.

CLÉONE.

Non, je ne puis assez admirer ce silence.
Vous vous taisez, madame; et ce cruel mépris
N'a pas du moindre trouble agité vos esprits!
Vous soutenez en paix une si rude attaque,
Vous qu'on voyoit frémir au seul nom d'Andromaque!
Vous qui sans désespoir ne pouviez endurer
Que Pyrrhus d'un regard la voulût honorer!
Il l'épouse; il lui donne, avec son diadème,
La foi que vous venez de recevoir vous-même;
Et votre bouche encor, muette à tant d'ennui,
N'a pas daigné s'ouvrir pour se plaindre de lui!

ACTE IV, SCÈNE II.

Ah! que je crains, madame, un calme si funeste!
Et qu'il vaudroit bien mieux...

HERMIONE.

Fais-tu venir Oreste?

CLÉONE.

Il vient, madame, il vient; et vous pouvez juger
Que bientôt à vos pieds il alloit se ranger,
Prêt à servir toujours sans espoir de salaire :
Vos yeux ne sont que trop assurés de lui plaire.
Mais il entre.

SCÈNE III.

ORESTE, HERMIONE, CLÉONE.

ORESTE.

Ah, madame! est-il vrai qu'une fois
Oreste, en vous cherchant, obéisse à vos lois?
Ne m'a-t-on point flatté d'une fausse espérance?
Avez-vous en effet souhaité ma présence?
Croirai-je que vos yeux, à la fin désarmés,
Veulent...

HERMIONE.

Je veux savoir, seigneur, si vous m'aimez.

ORESTE.

Si je vous aime! oh dieux! mes serments, mes parjures,
Ma fuite, mon retour, mes respects, mes injures,
Mon désespoir, mes yeux de pleurs toujours noyés;
Quels témoins croirez-vous, si vous ne les croyez?

HERMIONE.

Vengez-moi, je crois tout.

ORESTE.

Eh bien! allons, madame:
Mettons encore un coup toute la Grèce en flamme;
Prenons, en signalant mon bras et votre nom,
Vous, la place d'Hélène, et moi, d'Agamemnon;
De Troie en ce pays réveillons les misères;
Et qu'on parle de nous ainsi que de nos pères.
Partons, je suis tout prêt.

HERMIONE.

Non, seigneur; demeurons:
Je ne veux pas si loin porter de tels affronts.
Quoi! de mes ennemis couronnant l'insolence,
J'irois attendre ailleurs une lente vengeance?
Et je m'en remettrois au destin des combats,
Qui peut-être à la fin ne me vengeroit pas?
Je veux qu'à mon départ toute l'Epire pleure.
Mais, si vous me vengez, vengez-moi dans une heure.
Tous vos retardements sont pour moi des refus.
Courez au temple. Il faut immoler...

ORESTE.

Qui?

HERMIONE.

Pyrrhus.

ORESTE.

Pyrrhus, madame!

HERMIONE.

Eh quoi! votre haine chancelle?
Ah! courez, et craignez que je ne vous rappelle.
N'alléguez point des droits que je veux oublier;
Et ce n'est pas à vous à le justifier.

ACTE IV, SCÈNE III.

ORESTE.

Moi, je l'excuserois! Ah! vos bontés, madame,
Ont gravé trop avant ses crimes dans mon ame.
Vengeons-nous, j'y consens, mais par d'autres chemins;
Soyons ses ennemis, et non ses assassins;
Faisons de sa ruine une juste conquête.
Quoi! pour réponse aux Grecs porterai-je sa tête?
Et n'ai-je pris sur moi le soin de tout l'état
Que pour m'en acquitter par un assassinat?
Souffrez, au nom des dieux, que la Grèce s'explique,
Et qu'il meure chargé de la haine publique.
Souvenez-vous qu'il règne, et qu'un front couronné...

HERMIONE.

Ne vous suffit-il pas que je l'ai condamné?
Ne vous suffit-il pas que ma gloire offensée
Demande une victime à moi seule adressée;
Qu'Hermione est le prix d'un tyran opprimé;
Que je le hais; enfin, seigneur, que je l'aimai?
Je ne m'en cache point; l'ingrat m'avoit su plaire,
Soit qu'ainsi l'ordonnât mon amour, ou mon père,
N'importe : mais enfin réglez-vous là-dessus.
Malgré mes vœux, seigneur, honteusement déçus,
Malgré la juste horreur que son crime me donne,
Tant qu'il vivra, craignez que je ne lui pardonne.
Doutez jusqu'à sa mort d'un courroux incertain;
S'il ne meurt aujourd'hui, je puis l'aimer demain.

ORESTE.

Eh bien! il faut le perdre, et prévenir sa grâce :
Il faut... Mais cependant que faut-il que je fasse?

Comment puis-je sitôt servir votre courroux?
Quel chemin jusqu'à lui peut conduire mes coups?
A peine suis-je encore arrivé dans l'Epire,
Vous voulez par mes mains renverser un empire :
Vous voulez qu'un roi meure; et pour son châtiment
Vous ne donnez qu'un jour, qu'une heure, qu'un moment:
Aux yeux de tout son peuple il faut que je l'opprime.
Laissez-moi vers l'autel conduire ma victime,
Je ne m'en défends plus; et je ne veux qu'aller
Reconnaître la place où je dois l'immoler :
Cette nuit je vous sers, cette nuit je l'attaque.

HERMIONE.

Mais cependant, ce jour, il épouse Andromaque :
Dans le temple déjà le trône est élevé;
Ma honte est confirmée, et son crime achevé.
Enfin qu'attendez-vous? il vous offre sa tête :
Sans gardes, sans défense, il marche à cette fête;
Autour du fils d'Hector il les fait tous ranger;
Il s'abandonne au bras qui me voudra venger.
Voulez-vous, malgré lui, prendre soin de sa vie?
Armez, avec vos Grecs, tous ceux qui m'ont suivie :
Soulevez vos amis; tous les miens sont à vous :
Il me trahit, vous trompe, et nous méprise tous.
Mais quoi! déjà leur haine est égale à la mienne;
Elle épargne à regret l'époux d'une Troyenne.
Parlez : mon ennemi ne vous peut échapper;
Ou plutôt il ne faut que les laisser frapper.
Conduisez ou suivez une fureur si belle;
Revenez tout couvert du sang de l'infidèle;
Allez : en cet état soyez sûr de mon cœur.

ACTE IV, SCÈNE III.

ORESTE.

Mais, madame, songez...

HERMIONE.

Ah! c'en est trop, seigneur :
Tant de raisonnements offensent ma colère.
J'ai voulu vous donner les moyens de me plaire,
Rendre Oreste content : mais enfin je vois bien
Qu'il veut toujours se plaindre et ne mériter rien.
Partez; allez ailleurs vanter votre constance,
Et me laissez ici le soin de ma vengeance.
De mes lâches bontés mon courage est confus;
Et c'est trop en un jour essuyer de refus.
Je m'en vais seule au temple où leur hymen s'apprête,
Où vous n'osez aller mériter ma conquête :
Là, de mon ennemi je saurai m'approcher;
Je percerai le cœur que je n'ai pu toucher;
Et mes sanglantes mains, sur moi-même tournées,
Aussitôt, malgré lui, joindront nos destinées :
Et, tout ingrat qu'il est, il me sera plus doux
De mourir avec lui que de vivre avec vous.

ORESTE.

Non, je vous priverai de ce plaisir funeste,
Madame; il ne mourra que de la main d'Oreste.
Vos ennemis par moi vont vous être immolés,
Et vous reconnaîtrez mes soins, si vous voulez.

HERMIONE.

Allez. De votre sort laissez-moi la conduite,
Et que tous vos vaisseaux soient prêts pour notre fuite.

SCÈNE IV.

HERMIONE, CLÉONE.

CLÉONE.

Vous vous perdez, madame; et vous devez songer...

HERMIONE.

Que je me perde ou non, je songe à me venger.
Je ne sais même encor, quoi qu'il m'ait pu promettre,
Sur d'autres que sur moi si je dois m'en remettre :
Pyrrhus n'est pas coupable à ses yeux comme aux miens;
Et je tiendrois mes coups bien plus sûrs que les siens.
Quel plaisir de venger moi-même mon injure,
De retirer mon bras teint du sang du parjure,
Et, pour rendre sa peine et mes plaisirs plus grands,
De cacher ma rivale à ses regards mourants!
Ah! si du moins Oreste, en punissant son crime,
Lui laissoit le regret de mourir ma victime!
Va le trouver; dis-lui qu'il apprenne à l'ingrat
Qu'on l'immole à ma haine, et non pas à l'état.
Chère Cléone, cours, ma vengeance est perdue,
S'il ignore en mourant que c'est moi qui le tue.

CLÉONE.

Je vous obéirai. Mais qu'est-ce que je vois!
O dieux! qui l'auroit cru, madame? c'est le roi!

HERMIONE.

Ah! cours après Oreste; et dis-lui, ma Cléone,
Qu'il n'entreprenne rien sans revoir Hermione.

SCÈNE V.

PYRRHUS, HERMIONE, PHŒNIX.

PYRRHUS.

Vous ne m'attendiez pas, madame; et je vois bien
Que mon abord ici trouble votre entretien.
Je ne viens point, armé d'un indigne artifice,
D'un voile d'équité couvrir mon injustice :
Il suffit que mon cœur me condamne tout bas;
Et je soutiendrois mal ce que je ne crois pas.
J'épouse une Troyenne : oui, madame; et j'avoue
Que je vous ai promis la foi que je lui voue.
Un autre vous diroit que, dans les champs troyens,
Nos deux pères, sans nous, formèrent ces liens;
Et que, sans consulter ni mon choix ni le vôtre,
Nous fûmes, sans amour, engagés l'un à l'autre :
Mais c'est assez pour moi que je me sois soumis.
Par mes ambassadeurs mon cœur vous fut promis;
Loin de les révoquer, je voulus y souscrire :
Je vous vis avec eux arriver en Epire;
Et, quoique d'un autre œil l'éclat victorieux
Eût déjà prévenu le pouvoir de vos yeux,
Je ne m'arrêtai point à cette ardeur nouvelle,
Je voulus m'obstiner à vous être fidèle;
Je vous reçus en reine, et jusques à ce jour
J'ai cru que mes serments me tiendroient lieu d'amour.
Mais cet amour l'emporte; et, par un coup funeste,
Andromaque m'arrache un cœur qu'elle déteste :
L'un par l'autre entraînés, nous courons à l'autel

Nous jurer, malgré nous, un amour immortel.
Après cela, madame, éclatez contre un traître,
Qui l'est avec douleur, et qui pourtant veut l'être.
Pour moi, loin de contraindre un si juste courroux,
Il me soulagera peut-être autant que vous.
Donnez-moi tous les noms destinés aux parjures :
Je crains votre silence, et non pas vos injures ;
Et mon cœur, soulevant mille secrets témoins,
M'en dira d'autant plus que vous m'en direz moins.

HERMIONE.

Seigneur, dans cet aveu dépouillé d'artifice,
J'aime à voir que du moins vous vous rendiez justice ;
Et que, voulant bien rompre un nœud si solennel,
Vous vous abandonniez au crime en criminel.
Est-il juste, après tout, qu'un conquérant s'abaisse
Sous la servile loi de garder sa promesse ?
Non, non, la perfidie a de quoi vous tenter ;
Et vous ne me cherchez que pour vous en vanter.
Quoi ! sans que ni serment ni devoir vous retienne,
Rechercher une Grecque, amant d'une Troyenne !
Me quitter, me reprendre, et retourner encor
De la fille d'Hélène à la veuve d'Hector !
Couronner tour-à-tour l'esclave et la princesse !
Immoler Troie aux Grecs, au fils d'Hector la Grèce !
Tout cela part d'un cœur toujours maître de soi,
D'un héros qui n'est point esclave de sa foi.
Pour plaire à votre épouse, il vous faudroit peut-être
Prodiguer les doux noms de parjure et de traître.
Vous veniez de mon front observer la pâleur,
Pour aller dans ses bras rire de ma douleur :

Pleurante après son char vous voulez qu'on me voie.
Mais, seigneur, en un jour ce seroit trop de joie;
Et, sans chercher ailleurs des titres empruntés,
Ne vous suffit-il pas de ceux que vous portez?
Du vieux père d'Hector la valeur abattue
Aux pieds de sa famille expirante à sa vue,
Tandis que dans son sein votre bras enfoncé
Cherche un reste de sang que l'âge avoit glacé;
Dans des ruisseaux de sang Troie ardente plongée;
De votre propre main Polyxène égorgée
Aux yeux de tous les Grecs indignés contre vous :
Que peut-on refuser à ces généreux coups?

PYRRHUS.

Madame, je sais trop à quel excès de rage
La vengeance d'Hélène emporta mon courage;
Je puis me plaindre à vous du sang que j'ai versé :
Mais enfin je consens d'oublier le passé.
Je rends grâces au ciel que votre indifférence
De mes heureux soupirs m'apprenne l'innocence :
Mon cœur, je le vois bien, trop prompt à se gêner,
Devoit mieux vous connaître, et mieux s'examiner.
Mes remords vous faisoient une injure mortelle :
Il faut se croire aimé pour se croire infidèle.
Vous ne prétendiez point m'arrêter dans vos fers :
J'ai craint de vous trahir; peut-être je vous sers.
Nos cœurs n'étoient point faits dépendants l'un de l'autre :
Je suivois mon devoir, et vous cédiez au vôtre.
Rien ne vous engageoit à m'aimer en effet.

HERMIONE.

Je ne t'ai point aimé, cruel! qu'ai-je donc fait?

J'ai dédaigné pour toi les vœux de tous nos princes ;
Je t'ai cherché moi-même au fond de tes provinces ;
J'y suis encor, malgré tes infidélités,
Et malgré tous mes Grecs, honteux de mes bontés :
Je leur ai commandé de cacher mon injure ;
J'attendois en secret le retour d'un parjure ;
J'ai cru que tôt ou tard, à ton devoir rendu,
Tu me rapporterois un cœur qui m'étoit dû.
Je t'aimois inconstant ; qu'aurois-je fait fidèle ?
Et même, en ce moment, où ta bouche cruelle
Vient si tranquillement m'annoncer le trépas,
Ingrat, je doute encor si je ne t'aime pas.
Mais, seigneur, s'il le faut, si le ciel en colère
Réserve à d'autres yeux la gloire de vous plaire,
Achevez votre hymen, j'y consens ; mais, du moins,
Ne forcez pas mes yeux d'en être les témoins.
Pour la dernière fois je vous parle peut-être :
Différez-le d'un jour ; demain vous serez maître...
Vous ne répondez point ?... Perfide ! je le voi,
Tu comptes les moments que tu perds avec moi.
Ton cœur, impatient de revoir ta Troyenne,
Ne souffre qu'à regret qu'une autre t'entretienne :
Tu lui parles du cœur, tu la cherches des yeux.
Je ne te retiens plus ; sauve-toi de ces lieux :
Va lui jurer la foi que tu m'avois jurée ;
Va profaner des dieux la majesté sacrée.
Ces dieux, ces justes dieux n'auront pas oublié
Que les mêmes serments avec moi t'ont lié.
Porte au pied des autels ce cœur qui m'abandonne ;
Va, cours : mais crains encor d'y trouver Hermione.

SCÈNE VI.

PYRRHUS, PHŒNIX.

PHŒNIX.

Seigneur, vous entendez. Gardez de négliger
Une amante en fureur qui cherche à se venger.
Elle n'est en ces lieux que trop bien appuyée ;
La querelle des Grecs à la sienne est liée ;
Oreste l'aime encore ; et peut-être à ce prix...

PYRRHUS.

Andromaque m'attend. Phœnix, garde son fils.

FIN DU QUATRIÈME ACTE.

ACTE CINQUIÈME.

SCÈNE I.

HERMIONE.

Où suis-je? qu'ai-je fait? que dois-je faire encore?
Quel transport me saisit! quel chagrin me dévore!
Errante et sans dessein, je cours dans ce palais.
Ah! ne puis-je savoir si j'aime ou si je hais?
Le cruel! de quel œil il m'a congédiée!
Sans pitié, sans douleur au moins étudiée!
L'ai-je vu se troubler, et me plaindre un moment?
En ai-je pu tirer un seul gémissement?
Muet à mes soupirs, tranquille à mes alarmes,
Sembloit-il seulement qu'il eût part à mes larmes?
Et je le plains encore! et, pour comble d'ennui,
Mon cœur, mon lâche cœur s'intéresse pour lui!
Je tremble au seul penser du coup qui le menace!
Et, prête à me venger, je lui fais déjà grâce!
Non, ne révoquons point l'arrêt de mon courroux:
Qu'il périsse! aussi bien il ne vit plus pour nous.
Le perfide triomphe, et se rit de ma rage,
Il pense voir en pleurs dissiper cet orage;
Il croit que, toujours foible, et d'un cœur incertain,
Je parerai d'un bras les coups de l'autre main.
Il juge encor de moi par mes bontés passées.
Mais plutôt le perfide a bien d'autres pensées:

Triomphant dans le temple, il ne s'informe pas
Si l'on souhaite ailleurs sa vie ou son trépas.
Il me laisse, l'ingrat, cet embarras funeste.
Non, non, encore un coup, laissons agir Oreste.
Qu'il meure, puisqu'enfin il a dû le prévoir,
Et puisqu'il m'a forcée enfin à le vouloir...
A le vouloir? Hé quoi! c'est donc moi qui l'ordonne?
Sa mort sera l'effet de l'amour d'Hermione?
Ce prince, dont mon cœur se faisoit autrefois
Avec tant de plaisir redire les exploits;
A qui même en secret je m'étois destinée
Avant qu'on eût conclu ce fatal hyménée!
Je n'ai donc traversé tant de mers, tant d'états,
Que pour venir si loin préparer son trépas,
L'assassiner, le perdre? Ah! devant qu'il expire...

SCÈNE II.

HERMIONE, CLÉONE.

HERMIONE.

Ah! qu'ai-je fait, Cléone? et que viens-tu me dire?
Que fait Pyrrhus?

CLÉONE.

Il est au comble de ses vœux,
Le plus fier des mortels, et le plus amoureux.
Je l'ai vu vers le temple, où son hymen s'apprête,
Mener en conquérant sa nouvelle conquête;
Et, d'un œil où brilloient sa joie et son espoir,
S'enivrer en marchant du plaisir de la voir.
Andromaque, au travers de mille cris de joie,

Porte jusqu'aux autels le souvenir de Troie;
Incapable toujours d'aimer et de haïr,
Sans joie et sans murmure elle semble obéir.

HERMIONE.

Et l'ingrat! jusqu'au bout il a poussé l'outrage?
Mais as-tu bien, Cléone, observé son visage?
Goûte-t-il des plaisirs tranquilles et parfaits?
N'a-t-il point détourné ses yeux vers le palais?
Dis-moi, ne t'es-tu point présentée à sa vue?
L'ingrat a-t-il rougi lorsqu'il t'a reconnue?
Son trouble avouoit-il son infidélité?
A-t-il jusqu'à la fin soutenu sa fierté?

CLÉONE.

Madame, il ne voit rien. Son salut et sa gloire
Semblent être avec vous sortis de sa mémoire.
Sans songer qui le suit, ennemis ou sujets,
Il poursuit seulement ses amoureux projets.
Autour du fils d'Hector il a rangé sa garde,
Et croit que c'est lui seul que le péril regarde.
Phœnix même en répond, qui l'a conduit exprès
Dans un fort éloigné du temple et du palais.
Voilà dans ses transports le seul soin qui lui reste.

HERMIONE.

Le perfide! il mourra. Mais que t'a dit Oreste?

CLÉONE.

Oreste avec ses Grecs dans le temple est entré.

HERMIONE.

Eh bien! à me venger n'est-il pas préparé?

CLÉONE.

Je ne sais.

ACTE V, SCÈNE II.

HERMIONE.
Tu ne sais? Quoi donc! Oreste encore,
Oreste me trahit?

CLÉONE.
Oreste vous adore;
Mais de mille remords son esprit combattu
Croit tantôt son amour et tantôt sa vertu.
Il respecte en Pyrrhus l'honneur du diadème;
Il respecte en Pyrrhus Achille et Pyrrhus même :
Il craint les Grecs, il craint l'univers en courroux;
Mais il se craint, dit-il, soi-même plus que tous.
Il voudroit en vainqueur vous apporter sa tête :
Le seul nom d'assassin l'épouvante et l'arrête.
Enfin il est entré, sans savoir dans son cœur
S'il en devoit sortir coupable ou spectateur.

HERMIONE.
Non, non, il les verra triompher sans obstacle;
Il se gardera bien de troubler ce spectacle :
Je sais de quels remords son courage est atteint;
Le lâche craint la mort, et c'est tout ce qu'il craint.
Quoi! sans qu'elle employât une seule prière,
Ma mère en sa faveur arma la Grèce entière;
Ses yeux pour leur querelle, en dix ans de combats,
Virent périr vingt rois qu'ils ne connoissoient pas :
Et moi, je ne prétends que la mort d'un parjure,
Et je charge un amant du soin de mon injure;
Il peut me conquérir à ce prix sans danger;
Je me livre moi-même, et ne puis me venger!
Allons. C'est à moi seule à me rendre justice.
Que de cris de douleur le temple retentisse :

De leur hymen fatal troublons l'événement ;
Et qu'ils ne soient unis, s'il se peut, qu'un moment.
Je ne choisirai point dans ce désordre extrême :
Tout me sera Pyrrhus, fût-ce Oreste lui-même.
Je mourrai. Mais au moins ma mort me vengera !
Je ne mourrai pas seule, et quelqu'un me suivra.

SCÈNE III.

ORESTE, HERMIONE, CLÉONE.

ORESTE.

Madame, c'en est fait, et vous êtes servie :
Pyrrhus rend à l'autel son infidèle vie.

HERMIONE.

Il est mort !

ORESTE.

Il expire ; et nos Grecs irrités
Ont lavé dans son sang ses infidélités.
Je vous l'avois promis ; et, quoique mon courage
Se fît de ce complot une funeste image,
J'ai couru vers le temple, où nos Grecs dispersés
Se sont jusqu'à l'autel dans la foule glissés.
Pyrrhus m'a reconnu, mais sans changer de face :
Il sembloit que ma vue excitât son audace ;
Que tous les Grecs, bravés en leur ambassadeur,
Dussent de son hymen relever la splendeur.
Enfin avec transport prenant son diadème,
Sur le front d'Andromaque il l'a posé lui-même :
« Je vous donne, a-t-il dit, ma couronne et ma foi ;
« Andromaque, régnez sur l'Epire et sur moi.

« Je voue à votre fils une amitié de père;
« J'en atteste les dieux, je le jure à sa mère :
« Pour tous mes ennemis je déclare les siens,
« Et je le reconnois pour le roi des Troyens. »
A ces mots, qui du peuple attiroient le suffrage,
Nos Grecs n'ont répondu que par un cri de rage;
L'infidèle s'est vu partout envelopper,
Et je n'ai pu trouver de place pour frapper :
Chacun se disputoit la gloire de l'abattre.
Je l'ai vu dans leurs mains quelque temps se débattre,
Tout sanglant à leurs coups vouloir se dérober;
Mais enfin à l'autel il est allé tomber.
Du peuple épouvanté j'ai traversé la presse
Pour venir de ces lieux enlever ma princesse,
Et regagner le port, où bientôt nos amis
Viendront couverts du sang que je vous ai promis.

HERMIONE.

Qu'ont-ils fait!

ORESTE.

Pardonnez à leur impatience :
Ils ont, je le vois bien, trahi votre vengeance;
Vous vouliez que ma main portât les premiers coups;
Qu'il sentît en mourant qu'il expiroit pour vous.
Mais c'est moi dont l'ardeur leur a servi d'exemple :
Je les ai pour vous seule entraînés dans le temple,
Madame; et vous pouvez justement vous flatter
D'une mort que leurs bras n'ont fait qu'exécuter.
Vous seule avez poussé les coups...

HERMIONE.

Tais-toi, perfide,

Et n'impute qu'à toi ton lâche parricide.
Va faire chez tes Grecs admirer ta fureur,
Va ; je la désavoue, et tu me fais horreur.
Barbare, qu'as-tu fait ? avec quelle furie
As-tu tranché le cours d'une si belle vie ?
Avez-vous pu, cruels, l'immoler aujourd'hui
Sans que tout votre sang se soulevât pour lui ?
Mais parle : de son sort qui t'a rendu l'arbitre ?
Pourquoi l'assassiner, qu'a-t-il fait ? à quel titre ?
Qui te l'a dit ?

ORESTE.

Oh dieux ! quoi ! ne m'avez-vous pas
Vous-même, ici, tantôt, ordonné son trépas ?

HERMIONE.

Ah ! falloit-il en croire une amante insensée ?
Ne devois-tu pas lire au fond de ma pensée ?
Et ne voyois-tu pas, dans mes emportements,
Que mon cœur démentoit ma bouche à tous moments ?
Quand je l'aurois voulu, falloit-il y souscrire ?
N'as-tu pas dû cent fois te le faire redire ?
Toi-même avant le coup me venir consulter ?
Y revenir encore, ou plutôt m'éviter ?
Que ne me laissois-tu le soin de ma vengeance ?
Qui t'amène en des lieux où l'on fuit ta présence ?
Voilà de ton amour le détestable fruit :
Tu m'apportois, cruel, le malheur qui te suit.
C'est toi dont l'ambassade, à tous les deux fatale,
L'a fait pour son malheur pencher vers ma rivale.
Nous le verrions encor nous partager ses soins :
Il m'aimeroit peut-être ; il le feindroit du moins.

Adieu. Tu peux partir. Je demeure en Epire :
Je renonce à la Grèce, à Sparte, à son empire,
A toute ma famille; et c'est assez pour moi,
Traître, qu'elle ait produit un monstre comme toi.

SCÈNE IV.

ORESTE.

Que vois-je? est-ce Hermione? Et que viens-je d'entendre?
Pour qui coule le sang que je viens de répandre?
Je suis, si je l'en crois, un traître, un assassin.
Est-ce Pyrrhus qui meurt? et suis-je Oreste enfin?
Quoi! j'étouffe en mon cœur la raison qui m'éclaire;
J'assassine à regret un roi que je révère;
Je viole en un jour les droits des souverains,
Ceux des ambassadeurs, et tous ceux des humains,
Ceux mêmes des autels où ma fureur l'assiége;
Je deviens parricide, assassin, sacrilége;
Pour qui? pour une ingrate à qui je le promets,
Qui même, s'il ne meurt, ne me verra jamais,
Dont j'épouse la rage : et, quand je l'ai servie,
Elle me redemande et son sang et sa vie!
Elle l'aime! et je suis un monstre furieux!
Je la vois pour jamais s'éloigner de mes yeux!
Et l'ingrate, en fuyant, me laisse pour salaire
Tous les noms odieux que j'ai pris pour lui plaire!

SCÈNE V.

ORESTE, PYLADE, SOLDATS D'ORESTE.

PYLADE.

Il faut partir, seigneur. Sortons de ce palais;
Ou bien résolvons-nous de n'en sortir jamais.
Nos Grecs pour un moment en défendent la porte;
Tout le peuple assemblé nous poursuit à main forte.
Aux ordres d'Andromaque ici tout est soumis;
Ils la traitent en reine, et nous comme ennemis.
Andromaque elle-même, à Pyrrhus si rebelle,
Lui rend tous les devoirs d'une veuve fidèle,
Commande qu'on le venge; et peut-être sur nous
Veut venger Troie encore et son premier époux.
Allons, n'attendons pas que l'on nous environne;
Nos Grecs nous rejoindront : et, tandis qu'Hermione
Tient encore le peuple autour d'elle arrêté,
Voilà notre chemin, sortons en sûreté.

ORESTE.

Non, non, c'est Hermione, amis, que je veux suivre;
A son dernier arrêt je ne puis plus survivre :
Partez; j'ai fait le crime, et je vais l'expier.

PYLADE.

Hermione, seigneur? il la faut oublier.
Quoi! toujours l'instrument et l'objet de sa rage,
Cherchez-vous chez les morts quelque nouvel outrage?
Et, parce qu'elle meurt, faut-il que vous mouriez?

ORESTE.

Elle meurt! Dieux! qu'entends-je!

PYLADE.

Eh quoi! vous l'ignoriez?
En rentrant dans ces lieux nous l'avons rencontrée
Qui couroit vers le temple, inquiète, égarée.
Elle a trouvé Pyrrhus porté par des soldats
Que son sang excitoit à venger son trépas.
Sans doute à cet objet sa rage s'est émue.
Mais du haut de la porte enfin nous l'avons vue
Un poignard à la main sur Pyrrhus se courber,
Lever les yeux au ciel, se frapper, et tomber.

ORESTE.

Grâce aux dieux, mon malheur passe mon espérance!
Oui, je te loue, ô ciel! de ta persévérance.
Appliqué sans relâche au soin de me punir,
Au comble des douleurs tu m'as fait parvenir;
Ta haine a pris plaisir à former ma misère;
J'étois né pour servir d'exemple à ta colère,
Pour être du malheur un modèle accompli:
Eh bien! je meurs content, et mon sort est rempli.
Où sont ces deux amants? Pour couronner ma joie,
Dans leur sang, dans le mien, il faut que je me noie;
L'un et l'autre, en mourant, je les veux regarder :
Réunissons trois cœurs qui n'ont pu s'accorder.
Mais quelle épaisse nuit tout-à-coup m'environne?
De quel côté sortir? d'où vient que je frissonne?
Quelle horreur me saisit? Grâce au ciel, j'entrevoi...
Dieux! quels ruisseaux de sang coulent autour de moi!

PYLADE.

Ah, seigneur!

ORESTE.

Quoi! Pyrrhus, je te rencontre encore!
Trouverai-je partout un rival que j'abhorre?
Percé de tant de coups, comment t'es-tu sauvé?
Tiens, tiens, voilà le coup que je t'ai réservé.
Mais que vois-je? A mes yeux Hermione l'embrasse!
Elle vient l'arracher au coup qui le menace!
Dieux! quels affreux regards elle jette sur moi!
Quels démons, quels serpents traîne-t-elle après soi!
Eh bien! filles d'enfer, vos mains sont-elles prêtes?
Pour qui sont ces serpents qui sifflent sur vos têtes?
A qui destinez-vous l'appareil qui vous suit?
Venez-vous m'enlever dans l'éternelle nuit?
Venez, à vos fureurs Oreste s'abandonne.
Mais non, retirez-vous, laissez faire Hermione:
L'ingrate mieux que vous saura me déchirer;
Et je lui porte enfin mon cœur à dévorer.

PYLADE.

Il perd le sentiment. Amis, le temps nous presse;
Ménageons les moments que ce transport nous laisse.
Sauvons-le. Nos efforts deviendroient impuissants
S'il reprenoit ici sa rage avec ses sens.

FIN D'ANDROMAQUE.

LES PLAIDEURS.

COMÉDIE EN TROIS ACTES.

1668.

PRÉFACE.

Quand je lus les Guêpes d'Aristophane, je ne songeois guère que j'en dusse faire les Plaideurs. J'avoue qu'elles me divertirent beaucoup, et que j'y trouvai quantité de plaisanteries qui me tentèrent d'en faire part au public ; mais c'étoit en les mettant dans la bouche des Italiens, à qui je les avois destinées comme une chose qui leur appartenoit de plein droit. Le juge qui saute par les fenêtres, le chien criminel, et les larmes de sa famille, me sembloient autant d'incidents dignes de la gravité de Scaramouche. Le départ de cet acteur interrompit mon dessein, et fit naître l'envie à quelques-uns de mes amis de voir sur notre théâtre un échantillon d'Aristophane. Je ne me rendis pas à la première proposition qu'ils m'en firent : je leur dis que, quelque esprit que je trouvasse dans cet auteur, mon inclination ne me porteroit pas à le prendre pour modèle si j'avois à faire une comédie ; et que j'aimerois beaucoup mieux imiter la régularité de Ménandre et de Térence que la liberté de Plaute et d'Aristophane. On me répondit que ce n'étoit pas une comédie qu'on me demandoit, et qu'on vouloit seulement voir si les bons mots d'Aristophane auroient quelque grâce dans notre langue. Ainsi, moitié en m'encourageant, moitié en mettant eux-mêmes la main à l'œuvre, mes amis me firent commencer une pièce qui ne tarda guère à être achevée.

Cependant la plupart du monde ne se soucie point de l'intention ni de la diligence des auteurs. On examina d'abord mon amusement comme on auroit fait une tragédie. Ceux-mêmes qui s'y étoient le plus divertis eurent peur de n'avoir pas ri dans les règles, et trouvèrent mauvais que je n'eusse pas songé plus sérieusement à les faire rire. Quelques autres s'imaginèrent qu'il étoit bienséant à eux de s'y ennuyer, et que les matières du palais ne pouvoient pas être un sujet de divertissement pour les gens de cour. La pièce fut bientôt après jouée à Versailles. On ne fit point de scrupule de s'y réjouir; et ceux qui avoient cru se déshonorer de rire à Paris, furent peut-être obligés de rire à Versailles pour se faire honneur.

Ils auroient tort, à la vérité, s'ils me reprochoient d'avoir fatigué leurs oreilles de trop de chicane. C'est une langue qui m'est plus étrangère qu'à personne; et je n'en ai employé que quelques mots barbares que je puis avoir appris dans le cours d'un procès que ni mes juges ni moi n'avons jamais bien entendu.

Si j'appréhende quelque chose, c'est que des personnes un peu sérieuses ne traitent de badinerie le procès du chien et les extravagances du juge. Mais enfin je traduis Aristophane; et l'on doit se souvenir qu'il avoit affaire à des spectateurs assez difficiles : les Athéniens savoient apparemment ce que c'étoit que le sel attique ; et ils étoient bien sûrs, quand ils avoient ri d'une chose, qu'ils n'avoient pas ri d'une sottise.

Pour moi, je trouve qu'Aristophane a eu raison de pousser les choses au-delà du vraisemblable. Les juges de l'Aréopage n'auroient pas peut-être trouvé bon qu'il eût marqué au naturel leur avidité de gagner, les bons tours de leurs secrétaires, et les forfanteries de leurs avocats. Il étoit à propos d'outrer un peu les personnages, pour les empêcher de se reconnaître : le public ne laissoit pas de discerner le vrai au travers du ridicule ; et je m'assure qu'il vaut mieux avoir occupé l'impertinente éloquence de deux orateurs autour d'un chien accusé, que si l'on avoit mis sur la sellette un véritable criminel, et qu'on eût intéressé les spectateurs à la vie d'un homme.

Quoi qu'il en soit, je puis dire que notre siècle n'a pas été de plus mauvaise humeur que le sien, et que, si le but de ma comédie étoit de faire rire, jamais comédie n'a mieux attrapé son but. Ce n'est pas que j'attende un grand honneur d'avoir assez long-temps réjoui le monde ; mais je me sais quelque gré de l'avoir fait sans qu'il m'en ait coûté une seule de ces sales équivoques et de ces malhonnêtes plaisanteries qui coûtent maintenant si peu à la plupart de nos écrivains, et qui font retomber le théâtre dans la turpitude d'où quelques auteurs plus modestes l'avoient tiré.

PERSONNAGES.

DANDIN, juge.
LÉANDRE, fils de Dandin.
CHICANEAU, bourgeois.
ISABELLE, fille de Chicaneau.
LA COMTESSE.
PETIT-JEAN, portier.
L'INTIMÉ, secrétaire.
LE SOUFFLEUR.

La scène est dans une ville de basse Normandie.

LES PLAIDEURS,

COMÉDIE.

ACTE PREMIER.

SCÈNE I.

PETIT-JEAN, *traînant un gros sac de procès.*

Ma foi! sur l'avenir bien fou qui se fiera :
Tel qui rit vendredi, dimanche pleurera.
Un juge, l'an passé, me prit à son service;
Il m'avoit fait venir d'Amiens pour être suisse.
Tous ces Normands vouloient se divertir de nous :
On apprend à hurler, dit l'autre, avec les loups.
Tout Picard que j'étois, j'étois un bon apôtre,
Et je faisois claquer mon fouet tout comme un autre.
Tous les plus gros monsieurs me parloient chapeau bas;
Monsieur de Petit-Jean, ah! gros comme le bras.
Mais sans argent l'honneur n'est qu'une maladie.
Ma foi! j'étois un franc portier de comédie :
On avoit beau heurter et m'ôter son chapeau,
On n'entroit pas chez nous sans graisser le marteau.

Point d'argent, point de suisse; et ma porte étoit close.
Il est vrai qu'à Monsieur j'en rendois quelque chose :
Nous comptions quelquefois. On me donnoit le soin
De fournir la maison de chandelle et de foin :
Mais je n'y perdois rien. Enfin, vaille que vaille,
J'aurois sur le marché fort bien fourni la paille.
C'est dommage : il avoit le cœur trop au métier;
Tous les jours le premier aux plaids, et le dernier;
Et bien souvent tout seul, si l'on l'eût voulu croire,
Il s'y seroit couché sans manger et sans boire.
Je lui disois parfois : Monsieur Perrin Dandin,
Tout franc, vous vous levez tous les jours trop matin.
Qui veut voyager loin ménage sa monture :
Buvez, mangez, dormez; et faisons feu qui dure.
Il n'en a tenu compte. Il a si bien veillé
Et si bien fait, qu'on dit que son timbre est brouillé.
Il nous veut tous juger les uns après les autres.
Il marmotte toujours certaines patenôtres
Où je ne comprends rien. Il veut, bon gré, mal gré,
Ne se coucher qu'en robe et qu'en bonnet carré.
Il fit couper la tête à son coq, de colère,
Pour l'avoir éveillé plus tard qu'à l'ordinaire;
Il disoit qu'un plaideur dont l'affaire alloit mal
Avoit graissé la patte à ce pauvre animal.
Depuis ce bel arrêt, le pauvre homme a beau faire;
Son fils ne souffre plus qu'on lui parle d'affaire.
Il nous le fait garder jour et nuit, et de près :
Autrement, serviteur; et mon homme est aux plaids.
Pour s'échapper de nous, Dieu sait s'il est alègre.
Pour moi, je ne dors plus : aussi je deviens maigre,

C'est pitié. Je m'étends, et ne fais que bâiller.
Mais, veille qui voudra, voici mon oreiller.
Ma foi! pour cette nuit il faut que je m'en donne.
Pour dormir dans la rue, on n'offense personne.
Dormons.

(*Il se couche par terre.*)

SCÈNE II.

L'INTIMÉ, PETIT-JEAN.

L'INTIMÉ.

Hé! Petit-Jean! Petit-Jean!

PETIT-JEAN.

L'Intimé!

(*à part.*)
Il a déjà bien peur de me voir enrhumé.

L'INTIMÉ.

Que diable! si matin que fais-tu dans la rue?

PETIT-JEAN.

Est-ce qu'il faut toujours faire le pied de grue,
Garder toujours un homme, et l'entendre crier?
Quelle gueule! Pour moi, je crois qu'il est sorcier.

L'INTIMÉ.

Bon!

PETIT-JEAN.

Je lui disois donc, en me grattant la tête,
Que je voulois dormir. « Présente ta requête
« Comme tu veux dormir », m'a-t-il dit gravement.
Je dors en te contant la chose seulement.
Bon soir.

L'INTIMÉ.

Comment, bon soir? Que le diable m'emporte
Si... Mais j'entends du bruit au-dessus de la porte.

SCÈNE III.

DANDIN, L'INTIMÉ, PETIT-JEAN.

DANDIN, *à la fenêtre.*

Petit-Jean! l'Intimé!

L'INTIMÉ, *à Petit-Jean.*

Paix.

DANDIN.

Je suis seul ici.
Voilà mes guichetiers en défaut, dieu merci.
Si je leur donne temps, ils pourront comparaître :
Ça, pour nous élargir, sautons par la fenêtre.
Hors de cour.

L'INTIMÉ.

Comme il saute!

PETIT-JEAN.

Oh, monsieur, je vous tien.

DANDIN.

Au voleur! au voleur!

PETIT-JEAN.

Oh! nous vous tenons bien.

L'INTIMÉ.

Vous avez beau crier.

DANDIN.

Main forte! l'on me tue!

SCÈNE IV.

LÉANDRE, DANDIN, L'INTIMÉ, PETIT-JEAN.

LÉANDRE.

Vite un flambeau! j'entends mon père dans la rue.
Mon père, si matin qui vous fait déloger?
Où courez-vous la nuit?

DANDIN.

Je veux aller juger.

LÉANDRE.

Et qui juger? tout dort.

PETIT-JEAN.

Ma foi! je ne dors guères.

LÉANDRE.

Que de sacs! il en a jusques aux jarretières.

DANDIN.

Je ne veux de trois mois rentrer dans la maison :
De sacs et de procès j'ai fait provision.

LÉANDRE.

Et qui vous nourrira?

DANDIN.

Le buvetier, je pense.

LÉANDRE.

Mais où dormirez-vous, mon père?

DANDIN.

A l'audience.

LÉANDRE.

Non, mon père, il vaut mieux que vous ne sortiez pas.
Dormez chez vous; chez vous faites tous vos repas.

Souffrez que la raison enfin vous persuade;
Et pour votre santé...

DANDIN.
Je veux être malade.

LÉANDRE.
Vous ne l'êtes que trop. Donnez-vous du repos;
Vous n'avez tantôt plus que la peau sur les os.

DANDIN.
Du repos? Ah! sur toi tu veux régler ton père?
Crois-tu qu'un juge n'ait qu'à faire bonne chère,
Qu'à battre le pavé comme un tas de galants,
Courir le bal la nuit, et le jour les brelans?
L'argent ne nous vient pas si vite que l'on pense.
Chacun de tes rubans me coûte une sentence.
Ma robe vous fait honte. Un fils de juge! Ah, fi!
Tu fais le gentilhomme : eh! Dandin, mon ami,
Regarde dans ma chambre et dans ma garde-robe
Les portraits des Dandins : tous ont porté la robe;
Et c'est le bon parti. Compare prix pour prix
Les étrennes d'un juge à celles d'un marquis :
Attends que nous soyons à la fin de décembre.
Qu'est-ce qu'un gentilhomme? un pilier d'antichambre.
Combien en as-tu vu, je dis des plus huppés,
A souffler dans leurs doigts dans ma cour occupés,
Le manteau sur le nez, ou la main dans la poche;
Enfin, pour se chauffer, venir tourner ma broche!
Voilà comme on les traite. Eh! mon pauvre garçon,
De ta défunte mère est-ce là la leçon?
La pauvre Babonnette! Hélas! lorsque j'y pense,
Elle ne manquoit pas une seule audience.

Jamais, au grand jamais, elle ne me quitta;
Et Dieu sait bien souvent ce qu'elle en rapporta :
Elle eût du buvetier emporté les serviettes,
Plutôt que de rentrer au logis les mains nettes.
Et voilà comme on fait les bonnes maisons. Va,
Tu ne seras qu'un sot.

LÉANDRE.

Vous vous morfondez là,
Mon père. Petit-Jean, remenez votre maître,
Couchez-le dans son lit; fermez porte, fenêtre;
Qu'on barricade tout, afin qu'il ait plus chaud.

PETIT-JEAN.

Faites donc mettre au moins des garde-fous là-haut.

DANDIN.

Quoi! l'on me mènera coucher sans autre forme?
Obtenez un arrêt comme il faut que je dorme.

LÉANDRE.

Eh! par provision, mon père, couchez-vous.

DANDIN.

J'irai; mais je m'en vais vous faire enrager tous :
Je ne dormirai point.

LÉANDRE.

Hé bien! à la bonne heure.
Qu'on ne le quitte pas. Toi, l'Intimé, demeure.

SCÈNE V.

LÉANDRE, L'INTIMÉ.

LÉANDRE.

Je veux t'entretenir un moment sans témoin.

L'INTIMÉ.

Quoi ! vous faut-il garder ?

LÉANDRE.

J'en aurois bon besoin.
J'ai ma folie, hélas ! aussi bien que mon père.

L'INTIMÉ.

Oh ! vous voulez juger ?

LÉANDRE, *montrant le logis d'Isabelle.*

Laissons là le mystère.
Tu connais ce logis.

L'INTIMÉ.

Je vous entends enfin :
Diantre ! l'amour vous tient au cœur de bon matin.
Vous me voulez parler sans doute d'Isabelle.
Je vous l'ai dit cent fois, elle est sage, elle est belle ;
Mais vous devez songer que monsieur Chicaneau
De son bien en procès consume le plus beau.
Qui ne plaide-t-il point ! Je crois qu'à l'audience
Il fera, s'il ne meurt, venir toute la France.
Tout auprès de son juge il s'est venu loger :
L'un veut plaider toujours, l'autre toujours juger.
Et c'est un grand hasard s'il conclut votre affaire
Sans plaider le curé, le gendre, et le notaire.

LÉANDRE.

Je le sais comme toi : mais, malgré tout cela,
Je meurs pour Isabelle.

L'INTIMÉ.

Eh bien ! épousez-la.
Vous n'avez qu'à parler, c'est une affaire prête.

LÉANDRE.

Eh! cela ne va pas si vite que ta tête.
Son père est un sauvage à qui je ferois peur.
A moins que d'être huissier, sergent ou procureur,
On ne voit point sa fille; et la pauvre Isabelle,
Invisible et dolente, est en prison chez elle.
Elle voit dissiper sa jeunesse en regrets,
Mon amour en fumée, et son bien en procès.
Il la ruinera si l'on le laisse faire.
Ne connaîtrois-tu pas quelque honnête faussaire
Qui servît ses amis, en le payant, s'entend,
Quelque sergent zélé?

L'INTIMÉ.

Bon! l'on en trouve tant!

LÉANDRE.

Mais encore?

L'INTIMÉ.

Ah, monsieur! si feu mon pauvre père
Etoit encor vivant, c'étoit bien votre affaire.
Il gagnoit en un jour plus qu'un autre en six mois :
Ses rides sur son front gravoient tous ses exploits.
Il vous eût arrêté le carrosse d'un prince;
Il vous l'eût pris lui-même; et, si dans la province
Il se donnoit en tout vingt coups de nerfs de bœuf,
Mon père pour sa part en emboursoit dix-neuf.
Mais de quoi s'agit-il? suis-je pas fils de maître?
Je vous servirai.

LÉANDRE.

Toi?

LES PLAIDEURS.

L'INTIMÉ.

Mieux qu'un sergent peut-être.

LÉANDRE.

Tu porterois au père un faux exploit?

L'INTIMÉ.

Hon, hon.

LÉANDRE.

Tu rendrois à la fille un billet?

L'INTIMÉ.

Pourquoi non?
Je suis des deux métiers.

LÉANDRE.

Viens, je l'entends qui crie.
Allons à ce dessein rêver ailleurs.

SCÈNE VI.

CHICANEAU, PETIT-JEAN.

CHICANEAU, *allant et revenant.*

La Brie,
Qu'on garde la maison! je reviendrai bientôt.
Qu'on ne laisse monter aucune ame là-haut.
Fais porter cette lettre à la poste du Maine.
Prends-moi dans mon clapier trois lapins de garenne,
Et chez mon procureur porte-les ce matin.
Si son clerc vient céans, fais-lui goûter mon vin.
Ah! donne-lui ce sac qui pend à ma fenêtre.
Est-ce tout? Il viendra me demander peut-être
Un grand homme sec, là, qui me sert de témoin,
Et qui jure pour moi lorsque j'en ai besoin :

Qu'il m'attende. Je crains que mon juge ne sorte :
Quatre heures vont sonner. Mais frappons à sa porte.
   PETIT-JEAN, *ent'ouvrant la porte.*
Qui va là?

      CHICANEAU.
  Peut-on voir monsieur?
   PETIT-JEAN, *fermant la porte.*
        Non.
   CHICANEAU, *frappant à la porte.*
         Pourroit-on
Dire un mot à monsieur son secrétaire?
   PETIT-JEAN, *fermant la porte.*
        Non.
   CHICANEAU, *frappant à la porte.*
Et monsieur son portier?
    PETIT-JEAN.
      C'est moi-même.
    CHICANEAU.
        De grâce,
Buvez à ma santé, monsieur.
   PETIT-JEAN, *prenant l'argent.*
       Grand bien vous fasse!
(*fermant la porte.*)
Mais revenez demain.
    CHICANEAU.
     Eh! rendez donc l'argent.
Le monde est devenu, sans mentir, bien méchant.
J'ai vu que les procès ne donnoient point de peine;
Six écus en gagnoient une demi-douzaine.
Mais, aujourd'hui, je crois que tout mon bien entier

Ne me suffiroit pas pour gagner un portier.
Mais j'aperçois venir madame la comtesse
De Pimbesche. Elle vient pour affaire qui presse.

SCÈNE VII.

LA COMTESSE, CHICANEAU.

CHICANEAU.

Madame, on n'entre plus.

LA COMTESSE.

Hé bien! l'ai-je pas dit?
Sans mentir, mes valets me font perdre l'esprit.
Pour les faire lever c'est en vain que je gronde;
Il faut que tous les jours j'éveille tout mon monde.

CHICANEAU.

Il faut absolument qu'il se fasse céler.

LA COMTESSE.

Pour moi, depuis deux jours je ne lui puis parler.

CHICANEAU.

Ma partie est puissante, et j'ai lieu de tout craindre.

LA COMTESSE.

Après ce qu'on m'a fait, il ne faut plus se plaindre.

CHICANEAU.

Si pourtant j'ai bon droit.

LA COMTESSE.

Ah, monsieur, quel arrêt!

CHICANEAU.

Je m'en rapporte à vous. Ecoutez, s'il vous plaît.

LA COMTESSE.

Il faut que vous sachiez, monsieur, la perfidie...

CHICANEAU.

Ce n'est rien dans le fond.

LA COMTESSE.

Monsieur, que je vous die...

CHICANEAU.

Voici le fait. Depuis quinze ou vingt ans en çà,
Au travers d'un mien pré certain ânon passa,
S'y vautra, non sans faire un notable dommage,
Dont je formai ma plainte au juge du village.
Je fais saisir l'ânon. Un expert est nommé ;
A deux bottes de foin le dégât estimé.
Enfin, au bout d'un an, sentence par laquelle
Nous sommes renvoyés hors de cour. J'en appelle.
Pendant qu'à l'audience on poursuit un arrêt,
Remarquez bien ceci, madame, s'il vous plaît,
Notre ami Drolichon, qui n'est pas une bête,
Obtient pour quelque argent un arrêt sur requête,
Et je gagne ma cause. A cela que fait-on ?
Mon chicaneur s'oppose à l'exécution.
Autre incident : tandis qu'au procès on travaille,
Ma partie en mon pré laisse aller sa volaille.
Ordonné qu'il sera fait rapport à la cour
Du foin que peut manger une poule en un jour :
Le tout joint au procès. Enfin, et toute chose
Demeurant en état ; on appointe la cause,
Le cinquième ou sixième avril cinquante-six.
J'écris sur nouveaux frais. Je produis, je fournis
De dits, de contredits, enquêtes, compulsoires,
Rapports d'experts, transports, trois interlocutoires,
Griefs et faits nouveaux, baux et procès-verbaux.

J'obtiens lettres royaux, et je m'inscris en faux.
Quatorze appointements, trente exploits, six instances,
Six-vingts productions, vingt arrêts de défenses,
Arrêt enfin. Je perds ma cause avec dépens,
Estimés environ cinq à six mille francs.
Est-ce là faire droit? est-ce là comme on juge?
Après quinze ou vingt ans! Il me reste un refuge :
La requête civile est ouverte pour moi;
Je ne suis pas rendu. Mais vous, comme je voi,
Vous plaidez?

LA COMTESSE.

Plût à Dieu!

CHICANEAU.

J'y brûlerai mes livres.

LA COMTESSE.

Je...

CHICANEAU.

Deux bottes de foin cinq à six mille livres?

LA COMTESSE.

Monsieur, tous mes procès alloient être finis :
Il ne m'en restoit plus que quatre ou cinq petits,
L'un contre mon mari, l'autre contre mon père,
Et contre mes enfants : ah, monsieur! la misère!
Je ne sais quel biais ils ont imaginé,
Ni tout ce qu'ils ont fait; mais on leur a donné
Un arrêt par lequel, moi vêtue et nourrie,
On me défend, monsieur, de plaider de ma vie.

CHICANEAU.

De plaider?

ACTE I, SCÈNE VII.

LA COMTESSE.

De plaider.

CHICANEAU.

Certes, le trait est noir.
J'en suis surpris.

LA COMTESSE.

Monsieur, j'en suis au désespoir.

CHICANEAU.

Comment! lier les mains aux gens de votre sorte?
Mais cette pension, madame, est-elle forte?

LA COMTESSE.

Je n'en vivrois, monsieur, que trop honnêtement.
Mais vivre sans plaider, est-ce contentement?

CHICANEAU.

Des chicaneurs viendront nous manger jusqu'à l'ame,
Et nous ne dirons mot! Mais, s'il vous plaît, madame;
Depuis quand plaidez-vous?

LA COMTESSE.

Il ne m'en souviens pas;
Depuis trente ans au plus.

CHICANEAU.

Ce n'est pas trop.

LA COMTESSE.

Hélas!

CHICANEAU.

Et quel âge avez-vous? Vous avez bon visage.

LA COMTESSE.

Eh! quelque soixante ans.

CHICANEAU.
Comment! c'est le bel âge
Pour plaider.
LA COMTESSE.
Laissez faire, ils ne sont pas au bout.
J'y vendrai ma chemise; et je veux rien, ou tout.
CHICANEAU.
Madame, écoutez-moi. Voici ce qu'il faut faire.
LA COMTESSE.
Oui, monsieur, je vous crois comme mon propre père.
CHICANEAU.
J'irois trouver mon juge...
LA COMTESSE.
Oh! oui, monsieur, j'irai.
CHICANEAU.
Me jeter à ses pieds...
LA COMTESSE.
Oui, je m'y jetterai;
Je l'ai bien résolu.
CHICANEAU.
Mais daignez donc m'entendre.
LA COMTESSE.
Oui, vous prenez la chose ainsi qu'il la faut prendre.
CHICANEAU.
Avez-vous dit, madame?
LA COMTESSE.
Oui.
CHICANEAU.
J'irois sans façon
Trouver mon juge.

ACTE I, SCÈNE VII.

LA COMTESSE.

Hélas! que ce monsieur est bon!

CHICANEAU.

Si vous parlez toujours, il faut que je me taise.

LA COMTESSE.

Ah! que vous m'obligez! Je ne me sens pas d'aise.

CHICANEAU.

J'irois trouver mon juge, et lui dirois...

LA COMTESSE.

Oui.

CHICANEAU.

Voi!

Et lui dirois, Monsieur...

LA COMTESSE.

Oui, monsieur.

CHICANEAU.

Liez-moi.

LA COMTESSE.

Monsieur, je ne veux point être liée.

CHICANEAU.

A l'autre!

LA COMTESSE.

Je ne la serai point.

CHICANEAU.

Quelle humeur est la vôtre!

LA COMTESSE.

Non.

CHICANEAU.

Vous ne savez pas, madame, où je viendrai.

LES PLAIDEURS.

LA COMTESSE.

Je plaiderai, monsieur, ou bien je ne pourrai.

CHICANEAU.

Mais...

LA COMTESSE.

Mais je ne veux point, monsieur, que l'on me lie...

CHICANEAU.

Enfin, quand une femme en tête a sa folie...

LA COMTESSE.

Fou vous-même.

CHICANEAU.

Madame !

LA COMTESSE.

Et pourquoi me lier ?

CHICANEAU.

Madame...

LA COMTESSE.

Voyez-vous ! il se rend familier.

CHICANEAU.

Mais, madame...

LA COMTESSE.

Un crasseux, qui n'a que sa chicane,
Veut donner des avis !

CHICANEAU.

Madame !

LA COMTESSE.

Avec son âne !

CHICANEAU.

Vous me poussez.

ACTE I, SCÈNE VII.

LA COMTESSE.

Bon homme, allez garder vos foins.

CHICANEAU.

Vous m'excédez.

LA COMTESSE.

Le sot!

CHICANEAU.

Que n'ai-je des témoins!

SCÈNE VIII.

PETIT-JEAN, LA COMTESSE, CHICANEAU.

PETIT-JEAN.

Voyez le beau sabbat qu'ils font à notre porte.
Messieurs, allez plus loin tempêter de la sorte.

CHICANEAU.

Monsieur, soyez témoin...

LA COMTESSE.

Que monsieur est un sot.

CHICANEAU.

Monsieur, vous l'entendez, retenez bien ce mot.

PETIT-JEAN, *à la Comtesse.*

Ah! vous ne deviez pas lâcher cette parole.

LA COMTESSE.

Vraiment, c'est bien à lui de me traiter de folle!

PETIT-JEAN, *à Chicaneau.*

Folle! Vous avez tort. Pourquoi l'injurier?

CHICANEAU.

On la conseille.

PETIT-JEAN.

Oh!

LA COMTESSE.
Oui, de me faire lier.
PETIT-JEAN.

Oh, monsieur!

CHICANEAU.
Jusqu'au bout que ne m'écoute-t-elle?
PETIT-JEAN.

Oh, madame!

LA COMTESSE.
Qui? moi, souffrir qu'on me querelle?
CHICANEAU.

Une crieuse!

PETIT-JEAN.
Eh! paix.
LA COMTESSE.
Un chicaneur!
PETIT-JEAN.
Holà.
CHICANEAU.

Qui n'ose plus plaider!
LA COMTESSE.
Que t'importe cela?
Qu'est-ce qui t'en revient, faussaire abominable,
Brouillon, voleur?

CHICANEAU.
Et bon, et bon, de par le diable:
Un sergent! un sergent!
LA COMTESSE.
Un huissier! un huissier!
PETIT-JEAN, *seul*.

Ma foi! juge et plaideurs, il faudroit tout lier.

ACTE SECOND.

SCÈNE I.

LÉANDRE, L'INTIMÉ.

L'INTIMÉ.

Monsieur, encore un coup, je ne puis pas tout faire :
Puisque je fais l'huissier, faites le commissaire.
En robe, sur mes pas, il ne faut que venir;
Vous aurez tout moyen de vous entretenir.
Changez en cheveux noirs votre perruque blonde.
Ces plaideurs songent-ils que vous soyez au monde?
Eh! lorsqu'à votre père ils vont faire leur cour,
A peine seulement savez-vous s'il est jour.
Mais n'admirez-vous pas cette bonne comtesse
Qu'avec tant de bonheur la fortune m'adresse;
Qui, dès qu'elle me voit, donnant dans le panneau,
Me charge d'un exploit pour monsieur Chicaneau,
Et le fait assigner pour certaine parole
Disant qu'il la voudroit faire passer pour folle,
Je dis folle à lier, et pour d'autres excès
Et blasphèmes, toujours l'ornement des procès?
Mais vous ne dites rien de tout mon équipage?
Ai-je bien d'un sergent le port et le visage?

LÉANDRE.

Ah! fort bien!

LES PLAIDEURS.

L'INTIMÉ.

Je ne sais; mais je me sens enfin
L'ame et le dos six fois plus durs que ce matin.
Quoi qu'il en soit, voici l'exploit et votre lettre;
Isabelle l'aura, j'ose vous le promettre.
Mais, pour faire signer le contrat que voici,
Il faut que sur mes pas vous vous rendiez ici.
Vous feindrez d'informer sur toute cette affaire,
Et vous ferez l'amour en présence du père.

LÉANDRE.

Mais ne va pas donner l'exploit pour le billet.

L'INTIMÉ.

Le père aura l'exploit, la fille le poulet.
Rentrez.

(*L'Intimé va frapper à la porte d'Isabelle.*)

SCÈNE II.

ISABELLE, L'INTIMÉ.

ISABELLE.

Qui frappe?

L'INTIMÉ.

(*à part.*)

Ami. C'est la voix d'Isabelle.

ISABELLE.

Demandez-vous quelqu'un, monsieur?

L'INTIMÉ.

Mademoiselle,
C'est un petit exploit que j'ose vous prier
De m'accorder l'honneur de vous signifier.

ACTE II, SCÈNE II.

ISABELLE.

Monsieur, excusez-moi, je n'y puis rien comprendre :
Mon père va venir, qui pourra vous entendre.

L'INTIMÉ.

Il n'est donc pas ici, mademoiselle?

ISABELLE.

Non.

L'INTIMÉ.

L'exploit, mademoiselle, est mis sous votre nom.

ISABELLE.

Monsieur, vous me prenez pour une autre, sans doute :
Sans avoir de procès, je sais ce qu'il en coûte ;
Et, si l'on n'aimoit pas à plaider plus que moi,
Vos pareils pourroient bien chercher un autre emploi.
Adieu.

L'INTIMÉ.

Mais permettez...

ISABELLE.

Je ne veux rien permettre.

L'INTIMÉ.

Ce n'est pas un exploit.

ISABELLE.

Chanson!

L'INTIMÉ.

C'est une lettre.

ISABELLE.

Encor moins.

L'INTIMÉ.

Mais lisez.

ISABELLE.

Vous ne m'y tenez pas.

L'INTIMÉ.

C'est de monsieur...

ISABELLE.

Adieu.

L'INTIMÉ.

Léandre.

ISABELLE.

Parlez bas.

C'est de monsieur...?

L'INTIMÉ.

Que diable! on a bien de la peine
A se faire écouter : je suis tout hors d'haleine.

ISABELLE.

Ah, l'Intimé! Pardonne à mes sens étonnés :
Donne.

L'INTIMÉ.

Vous me deviez fermer la porte au nez.

ISABELLE.

Et qui t'auroit connu déguisé de la sorte?
Mais donne.

L'INTIMÉ.

Aux gens de bien ouvre-t-on votre porte?

ISABELLE.

Hé! donne donc.

L'INTIMÉ.

La peste...!

ISABELLE.

Oh! ne donnez donc pas :
Avec votre billet retournez sur vos pas.
L'INTIMÉ.
Tenez. Une autre fois ne soyez pas si prompte.

SCÈNE III.

CHICANEAU, ISABELLE, L'INTIMÉ.

CHICANEAU.

Oui, je suis donc un sot, un voleur, à son compte!
Un sergent s'est chargé de la remercier;
Et je lui vais servir un plat de mon métier.
Je serois bien fâché que ce fût à refaire,
Ni qu'elle m'envoyât assigner la première.
Mais un homme ici parle à ma fille! Comment!
Elle lit un billet! Ah! c'est de quelque amant.
Approchons.
ISABELLE.
Tout de bon, ton maître est-il sincère?
Le croirai-je?
L'INTIMÉ.
Il ne dort non plus que votre père.
(apercevant Chicaneau.)
Il se tourmente : il vous... fera voir aujourd'hui
Que l'on ne gagne rien à plaider contre lui.
ISABELLE, *apercevant Chicaneau.*
C'est mon père!
(*à l'Intimé.*) Vraiment, vous leur pouvez apprendre
Que si l'on nous poursuit nous saurons nous défendre.

LES PLAIDEURS.

(*déchirant le billet.*)

Tenez, voilà le cas qu'on fait de votre exploit.

CHICANEAU.

Comment! c'est un exploit que ma fille lisoit!
Ah! tu seras un jour l'honneur de ta famille :
Tu défendras ton bien. Viens, mon sang; viens, ma fille.
Va, je t'acheterai le Praticien françois.
Mais, diantre! il ne faut pas déchirer les exploits.

ISABELLE, *à l'Intimé.*

Au moins, dites-leur bien que je ne les crains guère;
Ils me feront plaisir : je les mets à pis faire.

CHICANEAU.

Hé! ne te fâche point.

ISABELLE, *à l'Intimé.*

Adieu, monsieur.

SCÈNE IV.

CHICANEAU, L'INTIMÉ.

L'INTIMÉ, *se mettant en état d'écrire.*

Or çà,
Verbalisons.

CHICANEAU.

Monsieur, de grâce, excusez-la;
Elle n'est pas instruite; et puis, si bon vous semble,
En voici les morceaux que je vais mettre ensemble.

L'INTIMÉ.

Non.

CHICANEAU.

Je le lirai bien.

ACTE II, SCÈNE IV.

L'INTIMÉ.

Je ne suis pas méchant :
J'en ai sur moi copie.

CHICANEAU.

Ah! le trait est touchant!
Mais je ne sais pourquoi, plus je vous envisage,
Et moins je me remets, monsieur, votre visage.
Je connois force huissiers.

L'INTIMÉ.

Informez-vous de moi.
Je m'acquitte assez bien de mon petit emploi.

CHICANEAU.

Soit. Pour qui venez-vous?

L'INTIMÉ.

Pour une brave dame,
Monsieur, qui vous honore, et de toute son ame
Voudroit que vous vinssiez à ma sommation
Lui faire un petit mot de réparation.

CHICANEAU.

De réparation? Je n'ai blessé personne.

L'INTIMÉ.

Je le crois; vous avez, monsieur, l'ame trop bonne.

CHICANEAU.

Que demandez-vous donc?

L'INTIMÉ.

Elle voudroit, monsieur,
Que devant des témoins vous lui fissiez l'honneur
De l'avouer pour sage, et point extravagante.

CHICANEAU.

Parbleu! c'est ma comtesse.

L'INTIMÉ.

Elle est votre servante.

CHICANEAU.

Je suis son serviteur.

L'INTIMÉ.

Vous êtes obligeant,
Monsieur.

CHICANEAU.

Oui, vous pouvez l'assurer qu'un sergent
Lui doit porter pour moi tout ce qu'elle demande.
Hé quoi donc! les battus, ma foi, paîront l'amende!
Voyons ce qu'elle chante. Hon... « Sixième janvier,
« Pour avoir faussement dit qu'il falloit lier,
« Etant à ce porté par esprit de chicane,
« Haute et puissante dame Yolande Cudasne,
« Comtesse de Pimbesche, Orbesche, et cætera,
« Il soit dit que sur l'heure il se transportera
« Au logis de la dame; et là, d'une voix claire,
« Devant quatre témoins assistés d'un notaire,
« ZESTE! ledit Hiérôme avoûra hautement
« Qu'il la tient pour sensée et de bon jugement.
« LE BON. » C'est donc le nom de votre seigneurie?

L'INTIMÉ.

Pour vous servir. (*à part.*) Il faut payer d'effronterie.

CHICANEAU.

LE BON! jamais exploit ne fut signé LE BON.
Monsieur le Bon...

L'INTIMÉ.

Monsieur.

CHICANEAU.
Vous êtes un fripon.
L'INTIMÉ.
Monsieur, pardonnez-moi, je suis fort honnête homme.
CHICANEAU.
Mais fripon le plus franc qui soit de Caen à Rome.
L'INTIMÉ.
Monsieur, je ne suis pas pour vous désavouer.
Vous aurez la bonté de me le bien payer.
CHICANEAU.
Moi, payer? En soufflets.
L'INTIMÉ.
Vous êtes trop honnête.
Vous me le paîrez bien.
CHICANEAU.
Oh! tu me romps la tête.
Tiens, voilà ton paîment.
L'INTIMÉ.
Un soufflet! Écrivons.
« Lequel Hiérôme, après plusieurs rebellions,
« Auroit atteint, frappé, moi sergent à la joue,
« Et fait tomber, du coup, mon chapeau dans la boue. »
CHICANEAU, *lui donnant un coup de pied.*
Ajoute cela.
L'INTIMÉ.
Bon : c'est de l'argent comptant ;
J'en avois bien besoin. « Et, de ce non content,
« Auroit avec le pied réitéré. » Courage!
« Outre plus, le susdit seroit venu, de rage,

« Pour lacérer ledit présent procès-verbal. »
Allons, mon cher monsieur, cela ne va pas mal.
Ne vous relâchez point.

CHICANEAU.

Coquin !

L'INTIMÉ.

Ne vous déplaise,
Quelques coups de bâton, et je suis à mon aise.

CHICANEAU, *tenant un bâton.*

Oui dà. Je verrai bien s'il est sergent.

L'INTIMÉ, *en posture d'écrire.*

Tôt donc,
Frappez. J'ai quatre enfants à nourrir.

CHICANEAU.

Ah ! pardon !
Monsieur, pour un sergent je ne pouvois vous prendre ;
Mais le plus habile homme enfin peut se méprendre.
Je saurai réparer ce soupçon outrageant.
Oui, vous êtes sergent, monsieur, et très-sergent.
Touchez là : vos pareils sont gens que je révère ;
Et j'ai toujours été nourri par feu mon père
Dans la crainte de Dieu, monsieur, et des sergents.

L'INTIMÉ.

Non, à si bon marché l'on ne bat point les gens.

CHICANEAU.

Monsieur, point de procès.

L'INTIMÉ.

Serviteur. Contumace,
Bâton levé, soufflet, coup de pied. Ah !

CHICANEAU.

De grâce,
Rendez-les moi plutôt.

L'INTIMÉ.

Suffit qu'ils soient reçus,
Je ne les voudrois pas donner pour mille écus.

SCÈNE V.

LÉANDRE, EN ROBE DE COMMISSAIRE; CHICANEAU,
L'INTIMÉ.

L'INTIMÉ.

Voici fort à propos monsieur le commissaire.
Monsieur, votre présence est ici nécessaire.
Tel que vous me voyez, monsieur ici présent
M'a d'un fort grand soufflet fait un petit présent.

LÉANDRE.

A vous, monsieur?

L'INTIMÉ.

A moi, parlant à ma personne.
Item, un coup de pied; plus, les noms qu'il me donne.

LÉANDRE.

Avez-vous des témoins?

L'INTIMÉ.

Monsieur, tâtez plutôt;
Le soufflet sur ma joue est encore tout chaud.

LÉANDRE.

Pris en flagrant délit, affaire criminelle.

CHICANEAU.

Foin de moi!

L'INTIMÉ.

Plus, sa fille, au moins soi-disant telle;
A mis un mien papier en morceaux, protestant
Qu'on lui feroit plaisir, et que d'un œil content
Elle nous défioit.

LÉANDRE, à l'Intimé.

Faites venir la fille.
L'esprit de contumace est dans cette famille.

CHICANEAU, à part.

Il faut absolument qu'on m'ait ensorcelé.
Si j'en connais pas un, je veux être étranglé.

LÉANDRE.

Comment! battre un huissier! Mais voici la rebelle.

SCÈNE VI.

ISABELLE, LÉANDRE, CHICANEAU, L'INTIMÉ.

L'INTIMÉ, à Isabelle.

Vous le reconnoissez?

LÉANDRE.

Hé bien, mademoiselle,
C'est donc vous qui tantôt braviez notre officier,
Et qui si hautement osiez nous défier?
Vôtre nom?

ISABELLE.

Isabelle.

LÉANDRE.

Ecrivez. Et votre âge?

ISABELLE.

Dix-huit ans.

ACTE II, SCÈNE VI.

CHICANEAU.
Elle en a quelque peu davantage;
Mais n'importe.

LÉANDRE.
Etes-vous en pouvoir de mari?

ISABELLE.
Non, monsieur.

LÉANDRE.
Vous riez? Ecrivez qu'elle a ri.

CHICANEAU.
Monsieur, ne parlons pas de maris à des filles;
Voyez-vous, ce sont-là des secrets de familles.

LÉANDRE.
Mettez, qu'il interrompt.

CHICANEAU.
Hé! je n'y pensois pas.
Prends bien garde, ma fille, à ce que tu diras.

LÉANDRE.
Là, ne vous troublez point. Répondez à votre aise.
On ne veut pas rien faire ici qui vous déplaise.
N'avez-vous pas reçu de l'huissier que voilà
Certain papier tantôt?

ISABELLE.
Oui, monsieur.

CHICANEAU.
Bon cela.

LÉANDRE.
Avez-vous déchiré ce papier sans le lire?

ISABELLE.
Monsieur, je l'ai lu.

CHICANEAU.

Bon.

LÉANDRE, *à l'Intimé.*

Continuez d'écrire.

(*à Isabelle.*)
Et pourquoi l'avez-vous déchiré.

ISABELLE.

J'avois peur
Que mon père ne prît l'affaire trop à cœur,
Et qu'il ne s'échauffât le sang à sa lecture.

CHICANEAU.

Et tu fuis les procès? C'est méchanceté pure.

LÉANDRE.

Vous ne l'avez donc pas déchiré par dépit,
Ou par mépris de ceux qui vous l'avoient écrit?

ISABELLE.

Monsieur, je n'ai pour eux ni mépris ni colère.

LÉANDRE, *à l'Intimé.*

Ecrivez.

CHICANEAU.

Je vous dis qu'elle tient de son père;
Elle répond fort bien.

LÉANDRE.

Vous montrez cependant
Pour tous les gens de robe un mépris évident.

ISABELLE.

Une robe toujours m'avoit choqué la vue;
Mais cette aversion à présent diminue.

ACTE II, SCÈNE VI.

CHICANEAU.

La pauvre enfant! Va, va, je te marîrai bien,
Dès que je le pourrai, s'il ne m'en coûte rien.

LÉANDRE.

A la justice donc vous voulez satisfaire?

ISABELLE.

Monsieur, je ferai tout pour ne vous pas déplaire?

L'INTIMÉ.

Monsieur, faites signer.

LÉANDRE.

Dans les occasions
Soutiendrez-vous au moins vos dépositions?

ISABELLE.

Monsieur, assurez-vous qu'Isabelle est constante.

LÉANDRE.

Signez. Cela va bien, la justice est contente.
Çà, ne signez-vous pas, monsieur?

CHICANEAU.

Oui-dà, gaîment,
A tout ce qu'elle a dit je signe aveuglément.

LÉANDRE, *bas à Isabelle.*

Tout va bien. A mes vœux le succès est conforme :
Il signe un bon contrat écrit en bonne forme,
Et sera condamné tantôt sur son écrit.

CHICANEAU, *à part.*

Que lui dit-il? Il est charmé de son esprit.

LÉANDRE.

Adieu. Soyez toujours aussi sage que belle,
Tout ira bien. Huissier, remenez-la chez elle;
Et vous, monsieur, marchez.

CHICANEAU.

Où, monsieur?

LÉANDRE.

Suivez-moi.

CHICANEAU.

Où donc?

LÉANDRE.

Vous le saurez. Marchez, de par le roi.

CHICANEAU.

Comment!

SCÈNE VII.

LÉANDRE, CHICANEAU, PETIT-JEAN.

PETIT-JEAN.

Holà! quelqu'un n'a-t-il point vu mon maître?
Quel chemin a-t-il pris? la porte, ou la fenêtre?

LÉANDRE.

A l'autre!

PETIT-JEAN.

Je ne sais qu'est devenu son fils;
Et pour le père, il est où le diable l'a mis.
Il me redemandoit sans cesse ses épices;
Et j'ai tout bonnement couru dans les offices
Chercher la boîte au poivre : et lui, pendant cela,
Est disparu.

SCÈNE VIII.

DANDIN, A UNE LUCARNE DU TOIT, LÉANDRE,
CHICANEAU, L'INTIMÉ, PETIT-JEAN.

DANDIN.

Paix! paix! que l'on se taise là.

LÉANDRE.

Hé! grand dieu!

PETIT-JEAN.

Le voilà, ma foi, dans les gouttières.

DANDIN.

Quelles gens êtes-vous? Quelles sont vos affaires?
Qui sont ces gens en robe? Etes-vous avocats?
Çà, parlez.

PETIT-JEAN.

Vous verrez qu'il va juger les chats.

DANDIN.

Avez-vous eu le soin de voir mon secrétaire?
Allez lui demander si je sais votre affaire.

LÉANDRE.

Il faut bien que je l'aille arracher de ces lieux.
Sur votre prisonnier, huissier, ayez les yeux.

PETIT-JEAN.

Ho, ho, monsieur!

LÉANDRE.

Tais-toi, sur les yeux de ta tête;
Et suis-moi.

SCÈNE IX.

LA COMTESSE, DANDIN, CHICANEAU, L'INTIMÉ.

DANDIN.

Dépêchez, donnez votre requête.

CHICANEAU.

Monsieur, sans votre aveu, l'on me fait prisonnier.

LA COMTESSE.

Hé, mon dieu! j'aperçois monsieur dans son grenier.
Que fait-il là?

L'INTIMÉ.

Madame, il y donne audience.
Le champ vous est ouvert.

CHICANEAU.

On me fait violence,
Monsieur, on m'injurie; et je venois ici
Me plaindre à vous.

LA COMTESSE.

Monsieur, je viens me plaindre aussi.

CHICANEAU et LA COMTESSE.

Vous voyez devant vous mon adverse partie.

L'INTIMÉ.

Parbleu! je me veux mettre aussi de la partie.

CHICANEAU, LA COMTESSE, L'INTIMÉ.

Monsieur, je viens ici pour un petit exploit.

CHICANEAU.

Hé, messieurs, tour-à-tour exposons notre droit.

ACTE II, SCÈNE IX.

LA COMTESSE.

Son droit? tout ce qu'il dit sont autant d'impostures.

DANDIN.

Qu'est-ce qu'on vous a fait?

CHICANEAU, LA COMTESSE; L'INTIMÉ.

On m'a dit des injures.

L'INTIMÉ, *continuant*.

Outre un soufflet, monsieur, que j'ai reçu plus qu'eux.

CHICANEAU.

Monsieur, je suis cousin de l'un de vos neveux.

LA COMTESSE.

Monsieur, père Cordon vous dira mon affaire.

L'INTIMÉ.

Monsieur, je suis bâtard de votre apothicaire.

DANDIN.

Vos qualités?

LA COMTESSE.

Je suis comtesse.

L'INTIMÉ.

Huissier.

CHICANEAU.

Bourgeois.

Messieurs...

DANDIN, *se retirant de la lucarne*.

Parlez toujours, je vous entends tous trois.

CHICANEAU.

Monsieur...

L'INTIMÉ.

Bon! le voilà qui fausse compagnie.

LES PLAIDEURS,

LA COMTESSE.

Hélas!

CHICANEAU.

Hé quoi! déjà l'audience est finie?
Je n'ai pas eu le temps de lui dire deux mots.

SCÈNE X.

LÉANDRE, sans robe; CHICANEAU, LA COMTESSE, L'INTIMÉ.

LÉANDRE.

Messieurs, voulez-vous bien nous laisser en repos?

CHICANEAU.

Monsieur, peut-on entrer?

LÉANDRE.

Non, monsieur, ou je meurs.

CHICANEAU.

Hé! pourquoi? j'aurai fait en une petite heure;
En deux heures au plus.

LÉANDRE.

On n'entre point, monsieur.

LA COMTESSE.

C'est bien fait de fermer la porte à ce crieur.
Mais moi...

LÉANDRE.

L'on n'entre point, madame; je vous jure.

LA COMTESSE.

Oh, monsieur, j'entrerai.

LÉANDRE.

Peut-être.

ACTE II, SCÈNE X.

LA COMTESSE.

J'en suis sûre.

LÉANDRE.

Par la fenêtre donc?

LA COMTESSE.

Par la porte.

LÉANDRE.

Il faut voir.

CHICANEAU.

Quand je devrois ici demeurer jusqu'au soir.

SCÈNE XI.

LÉANDRE, CHICANEAU, LA COMTESSE, L'INTIMÉ, PETIT-JEAN.

PETIT-JEAN, *à Léandre.*

On ne l'entendra pas, quelque chose qu'il fasse.
Parbleu! je l'ai fourré dans notre salle basse,
Tout auprès de la cave.

LÉANDRE.

En un mot comme en cent,
On ne voit point mon père.

CHICANEAU.

Hé bien donc! si pourtant
Sur toute cette affaire il faut que je le voie...

(*Dandin paraît par le soupirail.*)

Mais que vois-je? Ah! c'est lui que le ciel nous renvoie!

LÉANDRE.

Quoi! par le soupirail!

LES PLAIDEURS.

PETIT-JEAN.
Il a le diable au corps.

CHICANEAU.
Monsieur...

DANDIN.
L'impertinent! Sans lui j'étois dehors.

CHICANEAU.
Monsieur...

DANDIN.
Retirez-vous, vous êtes une bête.

CHICANEAU.
Monsieur, voulez-vous bien...

DANDIN.
Vous me rompez la tête.

CHICANEAU.
Monsieur, j'ai commandé...

DANDIN.
Taisez-vous, vous dit-on.

CHICANEAU.
Que l'on portât chez vous....

DANDIN.
Qu'on le mène en prison.

CHICANEAU.
Certain quartaut de vin.

DANDIN.
Hé! je n'en ai que faire.

CHICANEAU.
C'est de très-bon muscat.

DANDIN.
Redites votre affaire.

ACTE II, SCÈNE XI.

LÉANDRE, *à l'Intimé.*

Il faut les entourer ici de tous côtés.

LA COMTESSE.

Monsieur, il vous va dire autant de faussetés.

CHICANEAU.

Monsieur, je vous dis vrai.

DANDIN.

Mon dieu! laissez-la dire.

LA COMTESSE.

Monsieur, écoutez-moi.

DANDIN.

Souffrez que je respire.

CHICANEAU.

Monsieur...

DANDIN.

Vous m'étranglez.

LA COMTESSE.

Tournez les yeux vers moi.

DANDIN.

Elle m'étrangle. Ay! ay!

CHICANEAU.

Vous m'entraînez, ma foi!
Prenez garde, je tombe.

PETIT-JEAN.

Ils sont, sur ma parole,
L'un et l'autre encavés.

LÉANDRE.

Vite, que l'on y vole;
Courez à leur secours. Mais au moins je prétends
Que monsieur Chicaneau, puisqu'il est là dedans,

N'en sorte d'aujourd'hui. L'Intimé, prends-y garde.
L'INTIMÉ.
Gardez le soupirail.
LÉANDRE.
Va vite, je le garde.

SCÈNE XII.

LA COMTESSE, LÉANDRE.

LA COMTESSE.
Misérable! il s'en va lui prévenir l'esprit.
(par le soupirail.)
Monsieur, ne croyez rien de tout ce qu'il vous dit :
Il n'a point de témoins; c'est un menteur.
LÉANDRE.
      Madame,
Que leur contez-vous là? Peut-être ils rendent l'ame.
LA COMTESSE.
Il lui fera, monsieur, croire ce qu'il voudra.
Souffrez que j'entre.
LÉANDRE.
    Oh non! personne n'entrera.
LA COMTESSE.
Je le vois bien, monsieur, le vin muscat opère
Aussi-bien sur le fils que sur l'esprit du père.
Patience, je vais protester comme il faut
Contre monsieur le juge et contre le quartaut.
LÉANDRE.
Allez donc, et cessez de nous rompre la tête.
Que de fous! Je ne fus jamais à telle fête.

SCÈNE XIII.

DANDIN, LÉANDRE, L'INTIMÉ.

L'INTIMÉ.

Monsieur, où courez-vous? C'est vous mettre en danger;
Et vous boitez tout bas.

DANDIN.

Je veux aller juger.

LÉANDRE.

Comment, mon père! Allons, permettez qu'on vous panse.
Vite, un chirurgien.

DANDIN.

Qu'il vienne à l'audience.

LÉANDRE.

Hé, mon père! arrêtez...

DANDIN.

Oh! je vois ce que c'est :
Tu prétends faire ici de moi ce qui te plaît;
Tu ne gardes pour moi respect ni complaisance :
Je ne puis prononcer une seule sentence.
Achève, prends ce sac, prends vite.

LÉANDRE.

Hé, doucement,
Mon père! Il faut trouver quelque accommodement.
Si pour vous, sans juger, la vie est un supplice,
Si vous êtes pressé de rendre la justice,
Il ne faut point sortir pour cela de chez vous :
Exercez le talent, et jugez parmi nous.

DANDIN.

Ne raillons point ici de la magistrature.
Vois-tu? je ne veux point être un juge en peinture.

LÉANDRE.

Vous serez, au contraire, un juge sans appel,
Et juge du civil comme du criminel.
Vous pourrez tous les jours tenir deux audiences :
Tout vous sera chez vous matière de sentences.
Un valet manque-t-il de rendre un verre net,
Condamnez-le à l'amende; ou, s'il le casse, au fouet.

DANDIN.

C'est quelque chose. Encor passe quand on raisonne.
Et mes vacations, qui les paîra? Personne?

LÉANDRE.

Leurs gages vous tiendront lieu de nantissement.

DANDIN.

Il parle, ce me semble, assez pertinemment.

LÉANDRE.

Contre un de vos voisins...

SCÈNE XIV.

DANDIN, LÉANDRE, L'INTIMÉ, PETIT-JEAN.

PETIT-JEAN.

Arrête! arrête! attrape!

LÉANDRE, *à l'Intimé.*

Ah! c'est mon prisonnier, sans doute, qui s'échappe?

L'INTIMÉ.

Non, non, ne craignez rien.

PETIT-JEAN.

Tout est perdu... Citron...
Votre chien... vient là-bas de manger un chapon.
Rien n'est sûr devant lui; ce qu'il trouve il l'emporte.

LÉANDRE.

Bon, voilà pour mon père une cause. Main forte.
Qu'on se mette après lui. Courez tous.

DANDIN.

Point de bruit,
Tout doux. Un amené sans scandale suffit.

LÉANDRE.

Çà, mon père, il faut faire un exemple authentique.
Jugez sévèrement ce voleur domestique.

DANDIN.

Mais je veux faire au moins la chose avec éclat.
Il faut de part et d'autre avoir un avocat.
Nous n'en avons pas un.

LÉANDRE.

Eh bien! il en faut faire.
Voilà votre portier et votre secrétaire;
Vous en ferez, je crois, d'excellents avocats :
Ils sont fort ignorants.

L'INTIMÉ.

Non pas, monsieur, non pas.
J'endormirai monsieur tout aussi bien qu'un autre.

PETIT-JEAN.

Pour moi, je ne sais rien; n'attendez rien du nôtre.

LÉANDRE.

C'est ta première cause, et l'on te la fera.

PETIT-JEAN.

Mais je ne sais pas lire.

LÉANDRE.

Eh! l'on te soufflera.

DANDIN.

Allons nous préparer. Çà, messieurs, point d'intrigue.
Fermons l'œil aux présents, et l'oreille à la brigue.
Vous, maître Petit-Jean, serez le demandeur;
Vous, maître l'Intimé, soyez le défendeur.

FIN DU SECOND ACTE.

ACTE TROISIÈME.

SCÈNE I.

CHICANEAU, LÉANDRE, LE SOUFFLEUR.

CHICANEAU.

Oui, monsieur, c'est ainsi qu'ils ont conduit l'affaire ;
L'huissier m'est inconnu, comme le commissaire.
Je ne mens pas d'un mot.

LÉANDRE.

                Oui, je crois tout cela ;
Mais, si vous m'en croyez, vous les laisserez là.
En vain vous prétendez les pousser l'un et l'autre ;
Vous troublerez bien moins leur repos que le vôtre.
Les trois quarts de vos biens sont déjà dépensés
A faire enfler des sacs l'un sur l'autre entassés ;
Et dans une poursuite à vous-même contraire...

CHICANEAU.

Vraiment vous me donnez un conseil salutaire ;
Et devant qu'il soit peu je veux en profiter :
Mais je vous prie au moins de bien solliciter.
Puisque monsieur Dandin va donner audience,
Je vais faire venir ma fille en diligence.
On peut l'interroger, elle est de bonne foi ;
Et même elle saura mieux répondre que moi.

LÉANDRE.

Allez et revenez; l'on vous fera justice.

LE SOUFFLEUR.

Quel homme!

SCÈNE II.

LÉANDRE, LE SOUFFLEUR.

LÉANDRE.

Je me sers d'un étrange artifice :
Mais mon père est un homme à se désespérer;
Et d'une cause en l'air il le faut bien leurrer.
D'ailleurs, j'ai mon dessein; et je veux qu'il condamne
Ce fou qui réduit tout au pied de la chicane.
Mais voici tous nos gens qui marchent sur nos pas.

SCÈNE III.

DANDIN, LÉANDRE; L'INTIMÉ ET PETIT-JEAN EN ROBE; LE SOUFFLEUR.

DANDIN.

Çà, qu'êtes-vous ici?

LÉANDRE.

Ce sont les avocats.

DANDIN, *au Souffleur.*

Vous?

LE SOUFFLEUR.

Je viens secourir leur mémoire troublée.

DANDIN.

Je vous entends. Et vous?

LÉANDRE.

Moi? je suis l'assemblée.

ACTE III, SCÈNE III.

DANDIN.

Commencez donc.

LE SOUFFLEUR.

Messieurs...

PETIT-JEAN.

Ho! prenez-le plus bas :
Si vous soufflez si haut, l'on ne m'entendra pas.
Messieurs...

DANDIN.

Couvrez-vous.

PETIT-JEAN.

Oh! Mes...

DANDIN.

Couvrez-vous, vous dis-je.

PETIT-JEAN.

Oh, monsieur! je sais bien à quoi l'honneur m'oblige.

DANDIN.

Ne te couvre donc pas.

PETIT-JEAN, *se couvrant*.

(*au souffleur.*)

Messieurs... Vous, doucement;
Ce que je sais le mieux, c'est mon commencement.
Messieurs, quand je regarde avec exactitude
L'inconstance du monde et sa vicissitude;
Lorsque je vois, parmi tant d'hommes différents,
Pas une étoile fixe, et tant d'astres errants;
Quand je vois les Césars, quand je vois leur fortune;
Quand je vois le soleil, et quand je vois la lune;
Babyloniens.
Quand je vois les états des Babiboniens

Persans. — Macédoniens.
Transférés des Serpents aux Nacédoniens;
   Romains.   *despotique.*
Quand je vois les Lorrains, de l'état dépotique,
 démocratique.
Passer au démocrite, et puis au monarchique;
Quand je vois le Japon...

L'INTIMÉ.
     Quand aura-t-il tout vu?

PETIT-JEAN.
Oh! pourquoi celui-là m'a-t-il interrompu?
Je ne dirai plus rien.

DANDIN.
    Avocat incommode,
Que ne lui laissiez-vous finir sa période?
Je suois sang et eau, pour voir si du Japon
Il viendroit à bon port au fait de son chapon;
Et vous l'interrompez par un discours frivole.
Parlez donc, avocat.

PETIT-JEAN.
    J'ai perdu la parole.

LÉANDRE.
Achève, Petit-Jean : c'est fort bien débuté.
Mais que font là tes bras pendants à ton côté?
Te voilà sur tes pieds droit comme une statue.
Dégourdis-toi. Courage; allons, qu'on s'évertue.

PETIT-JEAN, *remuant les bras.*
Quand... je vois... Quand... je vois...

LÉANDRE.
     Dis donc ce que tu vois.

ACTE III, SCÈNE III.

PETIT-JEAN.

Oh dame! on ne court pas deux lièvres à-la-fois.

LE SOUFFLEUR.

On lit...

PETIT-JEAN.

On lit...

LE SOUFFLEUR.

Dans la...

PETIT-JEAN.

Dans la...

LE SOUFFLEUR.

Métamorphose...

PETIT-JEAN.

Comment?

LE SOUFFLEUR.

Que la métem...

PETIT-JEAN.

Que la métem...

LE SOUFFLEUR.

psycose...

PETIT-JEAN.

Psycose...

LE SOUFFLEUR.

Hé! le cheval!

PETIT-JEAN.

Et le cheval...

LE SOUFFLEUR.

Encor!

PETIT-JEAN.

Encor...

LE SOUFFLEUR.

Le chien!

PETIT-JEAN.

Le chien...

LE SOUFFLEUR.

Le butor!

PETIT-JEAN.

Le butor...

LE SOUFFLEUR.

Peste de l'avocat!

PETIT-JEAN.

Ah! peste de toi-même!
Voyez cet autre avec sa face de carême!
Va-t'en au diable.

DANDIN.

Et vous, venez au fait. Un mot
Du fait.

PETIT-JEAN.

Hé! faut-il tant tourner autour du pot?
Ils me font dire aussi des mots longs d'une toise,
De grands mots qui tiendroient d'ici jusqu'à Pontoise.
Pour moi, je ne sais point tant faire de façon
Pour dire qu'un mâtin vient de prendre un chapon.
Tant y a qu'il n'est rien que votre chien ne prenne;
Qu'il a mangé là-bas un bon chapon du Maine;
Que la première fois que je l'y trouverai,
Son procès est tout fait, et je l'assommerai.

LÉANDRE.

Belle conclusion, et digne de l'exorde!

PETIT-JEAN.

On l'entend bien toujours. Qui voudra mordre y morde.

DANDIN.

Appelez les témoins.

LÉANDRE.

C'est bien dit, s'il le peut :
Les témoins sont fort chers, et n'en a pas qui veut.

PETIT-JEAN.

Nous en avons pourtant, et qui sont sans reproche.

DANDIN.

Faites-les donc venir.

PETIT-JEAN.

Je les ai dans ma poche.
Tenez, voilà la tête et les pieds du chapon;
Voyez-les, et jugez.

L'INTIMÉ.

Je les récuse.

DANDIN.

Bon!
Pourquoi les récuser?

L'INTIMÉ.

Monsieur, ils sont du Maine.

DANDIN.

Il est vrai que du Mans il en vient par douzaine.

L'INTIMÉ.

Messieurs...

DANDIN.

Serez-vous long, avocat? dites-moi.

L'INTIMÉ.

Je ne réponds de rien.

DANDIN.

Il est de bonne-foi.

L'INTIMÉ, *d'un ton finissant en fausset.*

Messieurs, tout ce qui peut étonner un coupable,
Tout ce que les mortels ont de plus redoutable,
Semble s'être assemblé contre nous par hasard,
Je veux dire la brigue et l'éloquence. Car,
D'un côté, le crédit du défunt m'épouvante ;
Et de l'autre côté, l'éloquence éclatante
De maître Petit-Jean m'éblouit.

DANDIN.

Avocat,
De votre ton vous-même adoucissez l'éclat.

L'INTIMÉ.

(*d'un ton ordinaire.*)   (*du beau ton.*)

Oui-dà, j'en ai plusieurs. Mais, quelque défiance
Que nous doive donner la susdite éloquence
Et le susdit crédit, ce néanmoins, messieurs,
L'ancre de vos bontés nous rassure. D'ailleurs,
Devant le grand Dandin l'innocence est hardie ;
Oui, devant ce Caton de basse Normandie,
Ce soleil d'équité qui n'est jamais terni :
VICTRIX CAUSA DIIS PLACUIT, SED VICTA CATONI.

DANDIN.

Vraiment, il plaide bien.

L'INTIMÉ.

Sans craindre aucune chose,
Je prends donc la parole, et je viens à ma cause.
Aristote, *primo* PERI POLITICON,
Dit fort bien...

ACTE III, SCÈNE III.

DANDIN.

Avocat, il s'agit d'un chapon,
Et non point d'Aristote et de sa politique.

L'INTIMÉ.

Oui ; mais l'autorité du Péripatétique
Prouveroit que le bien et le mal...

DANDIN.

Je prétends
Qu'Aristote n'a point d'autorité céans.
Au fait.

L'INTIMÉ.

Pausanias, en ses Corinthiaques...

DANDIN.

Au fait.

L'INTIMÉ.

Rebuffe...

DANDIN.

Au fait, vous dis-je.

L'INTIMÉ.

Le grand Jacques.

DANDIN.

Au fait, au fait, au fait.

L'INTIMÉ.

Harmenopul. IN PROMPT.

DANDIN.

Oh ! je te vais juger.

L'INTIMÉ.

Oh ! vous êtes si prompt ?
(*vite.*)
Voici le fait. Un chien vient dans une cuisine ;
Il y trouve un chapon, lequel a bonne mine.

Or celui pour lequel je parle est affamé,
Celui contre lequel je parle AUTEM plumé;
Et celui pour lequel je suis prend en cachette
Celui contre lequel je parle. L'on décrète;
On le prend. Avocat pour et contre appelé :
Jour pris. Je dois parler, je parle, j'ai parlé.

DANDIN.

Ta, ta, ta, ta. Voilà bien instruire une affaire!
Il dit fort posément ce dont on n'a que faire,
Et court le grand galop quand il est à son fait.

L'INTIMÉ.

Mais le premier, monsieur, c'est le beau.

DANDIN.

C'est le laid.
A-t-on jamais plaidé d'une telle méthode?
Mais qu'en dit l'assemblée?

LÉANDRE.

Il est fort à la mode.

L'INTIMÉ, *d'un ton véhément.*

Qu'arrive-t-il, messieurs? On vient. Comment vient-on?
On poursuit ma partie; on force une maison,
Quelle maison? maison de notre propre juge.
On brise le cellier qui nous sert de refuge.
De vol, de brigandage on nous déclare auteurs.
On nous traîne, on nous livre à nos accusateurs,
A maître Petit-Jean, messieurs. Je vous atteste :
Qui ne sait que la loi, SI QUIS CANIS, Digeste
DE VI, paragrapho, messieurs... CAPONIBUS,
Est manifestement contraire à cet abus?
Et quand il seroit vrai que Citron ma partie

Auroit mangé, messieurs, le tout, ou bien partie
Dudit chapon; qu'on mette en compensation
Ce que nous avons fait avant cette action.
Quand ma partie a-t-elle été réprimandée?
Par qui votre maison a-t-elle été gardée?
Quand avons-nous manqué d'aboyer au larron?
Témoin trois procureurs, dont icelui Citron
A déchiré la robe : on en verra les pièces.
Pour nous justifier, voulez-vous d'autres pièces?

PETIT-JEAN.

Maître Adam...

L'INTIMÉ.

Laissez-nous.

PETIT-JEAN.

L'Intimé...

L'INTIMÉ.

Laissez-nous.

PETIT-JEAN.

S'enroue.

L'INTIMÉ.

Eh! laissez-nous. Euh! euh,

DANDIN.

Reposez-vous,
Et concluez.

L'INTIMÉ, *d'un ton pesant.*

Puis donc qu'on nous permet de prendre
Haleine, et que l'on nous défend de nous étendre,
Je vais, sans rien omettre, et sans prévariquer,
Compendieusement énoncer, expliquer,

Exposer à vos yeux l'idée universelle
De ma cause, et des faits renfermés en icelle.
DANDIN.
Il auroit plutôt fait de dire tout vingt fois
Que de l'abréger une. Homme, ou, qui que tu sois,
Diable, conclus; ou bien que le ciel te confonde!
L'INTIMÉ.
Je finis.
DANDIN.
Ah!
L'INTIMÉ.
Avant la naissance du monde...
DANDIN, *bâillant*.
Avocat, ah! passons au déluge.
L'INTIMÉ.
Avant donc
La naissance du monde et sa création,
Le monde, l'univers, tout, la nature entière
Etoit ensevelie au fond de la matière.
Les éléments, le feu, l'air, et la terre, et l'eau,
Enfoncés, entassés, ne faisoient qu'un monceau,
Une confusion, une masse sans forme,
Un désordre, un chaos, une cohue énorme.
UNUS ERAT TOTO NATURÆ VULTUS IN ORBE,
QUEM GRÆCI DIXERE CHAOS, RUDIS INDIGESTAQUE MOLES.

(*Dandin endormi se laisse tomber.*)
LÉANDRE.
Quelle chute! mon père!
PETIT-JEAN.
Ay, monsieur! comme il dort!

ACTE III, SCÈNE III.

LÉANDRE.

Mon père, éveillez-vous.

PETIT-JEAN.

Monsieur, êtes-vous mort?

LÉANDRE.

Mon père!

DANDIN.

Eh bien? eh bien? quoi? qu'est-ce? Ah! ah! quel homme!
Certes, je n'ai jamais dormi d'un si bon somme.

LÉANDRE.

Mon père, il faut juger.

DANDIN.

Aux galères.

LÉANDRE.

Un chien
Aux galères!

DANDIN.

Ma foi! je n'y conçois plus rien.
De monde, de chaos, j'ai la tête troublée.
Hé! concluez.

L'INTIMÉ, *lui présentant de petits chiens.*

Venez, famille désolée;
Venez, pauvres enfants qu'on veut rendre orphelins,
Venez faire parler vos esprits enfantins.
Oui, messieurs, vous voyez ici notre misère :
Nous sommes orphelins; rendez-nous notre père,
Notre père, par qui nous fûmes engendrés,
Notre père, qui nous...

DANDIN.

Tirez, tirez, tirez.

L'INTIMÉ.

Notre père, messieurs...

DANDIN.

Tirez donc. Quels vacarmes!
Ils ont pissé partout.

L'INTIMÉ.

Monsieur, voyez nos larmes.

DANDIN.

Ouf! Je me sens déjà pris de compassion.
Ce que c'est qu'à propos toucher la passion!
Je suis bien empêché. La vérité me presse;
Le crime est avéré; lui-même il le confesse.
Mais, s'il est condamné, l'embarras est égal;
Voilà bien des enfants réduits à l'hôpital.
Mais je suis occupé, je ne veux voir personne.

SCÈNE IV.

DANDIN, LÉANDRE, CHICANEAU, ISABELLE,
L'INTIMÉ, PETIT-JEAN.

CHICANEAU.

Monsieur...

DANDIN, *à Petit-Jean et à l'Intimé.*

Oui, pour vous seuls l'audience se donne.
(*à Chicaneau.*)
Adieu... Mais, s'il vous plaît, quelle est cette enfant-là.

CHICANEAU.

C'est ma fille, monsieur.

DANDIN.

Hé! tôt, rappelez-la.

ACTE III, SCÈNE IV.

ISABELLE.

Vous êtes occupé.

DANDIN.

Moi! je n'ai point d'affaire.
(à Chicaneau.)
Que ne me disiez-vous que vous étiez son père?

CHICANEAU.

Monsieur...

DANDIN.

Elle sait mieux votre affaire que vous.
(à Isabelle.)
Dites... Qu'elle est jolie, et qu'elle a les yeux doux!
Ce n'est pas tout, ma fille, il faut de la sagesse.
Je suis tout réjoui de voir cette jeunesse.
Savez-vous que j'étois un compère autrefois?
On a parlé de nous.

ISABELLE.

Ah! monsieur, je vous crois.

DANDIN.

Dis-nous : à qui veux-tu faire perdre la cause?

ISABELLE.

A personne.

DANDIN.

Pour toi je ferai toute chose.
Parle donc.

ISABELLE.

Je vous ai trop d'obligation.

DANDIN.

N'avez-vous jamais vu donner la question?

ISABELLE.

Non; et ne le verrai, que je crois, de ma vie.

DANDIN.

Venez, je vous en veux faire passer l'envie.

ISABELLE.

Hé, monsieur! peut-on voir souffrir des malheureux?

DANDIN.

Bon! cela fait toujours passer une heure ou deux.

CHICANEAU.

Monsieur, je viens ici pour vous dire...

LÉANDRE.

Mon père,
Je vous vais en deux mots dire toute l'affaire.
C'est pour un mariage. Et vous saurez d'abord
Qu'il ne tient plus qu'à vous, et que tout est d'accord.
La fille le veut bien; son amant le respire :
Ce que la fille veut, le père le desire.
C'est à vous de juger.

DANDIN, *se rasseyant*.

Mariez au plutôt :
Dès demain, si l'on veut; aujourd'hui, s'il le faut.

LÉANDRE.

Mademoiselle, allons, voilà votre beau-père;
Saluez-le.

CHICANEAU.

Comment!

DANDIN.

Quel est donc ce mystère?

LÉANDRE.

Ce que vous avez dit se fait de point en point.

DANDIN.
Puisque je l'ai jugé, je n'en reviendrai point.
CHICANEAU.
Mais on ne donne pas une fille sans elle.
LÉANDRE.
Sans doute; et j'en croirai la charmante Isabelle.
CHICANEAU.
Es-tu muette? Allons, c'est à toi de parler.
Parle.
ISABELLE.
Je n'ose pas, mon père, en appeler.
CHICANEAU.
Mais j'en appelle, moi.
LÉANDRE, *lui montrant un papier.*
Voyez cette écriture.
Vous n'appellerez pas de votre signature.
CHICANEAU.
Plaît-il?
DANDIN.
C'est un contrat en fort bonne façon.
CHICANEAU.
Je vois qu'on m'a surpris; mais j'en aurai raison :
De plus de vingt procès ceci sera la source.
On a la fille; soit : on n'aura pas la bourse.
LÉANDRE.
Hé, monsieur! qui vous dit qu'on vous demande rien?
Laissez-nous votre fille, et gardez votre bien.
CHICANEAU.
Ah!

LÉANDRE.

Mon père, êtes-vous content de l'audience?

DANDIN.

Oui-dà. Que les procès viennent en abondance,
Et je passe avec vous le reste de mes jours.
Mais que les avocats soient désormais plus courts.
Et notre criminel?

LÉANDRE.

Ne parlons que de joie;
Grâce! grâce! mon père.

DANDIN.

Eh bien! qu'on le renvoie.
C'est en votre faveur, ma bru, ce que j'en fais.
Allons nous délasser à voir d'autres procès.

FIN DES PLAIDEURS.

NOTES
GRAMMATICALES
COMPARÉES.

NOTES GRAMMATICALES
DU TOME PREMIER.

LA THÉBAÏDE.

Acte I, scène I, page 8.

Que l'on coure avertir et hâter la princesse.

On dit *se hâter;* mais *hâter quelqu'un* n'est guère d'usage. *Hâter* s'applique plus volontiers aux choses.

Acte I, scène II, page 9.

Ce qu'ils ont de plus tendre, expression impropre, pour *ce qu'ils ont de plus cher.*

Acte I, scène III, page 11.

Contenter votre frère...

La construction de cette phrase, rattachée par Racine à la phrase précédente depuis les premières éditions, exigeoit *de contenter.*

Ibid. page 12.

Qu'auprès du diadème il n'est rien qui vous touche.

Laharpe aimeroit mieux *près du diadème.* Il défend même fort bien cette dernière expression que rejettent Vaugelas et d'Olivet. « *Près de,* pour *en comparaison de,* est une manière de parler qui a dû naturellement s'introduire, parce que l'idée de comparaison dans la pensée entraîne celle du rapprochement dans les objets. » Au reste, Boileau a employé plus proprement *au prix de,* en comparant les objets sous le rapport de la qualité ou de la valeur.

Acte I, scène III, page 12.

De tous les criminels vous serez le plus grand.

« *Le plus grand* signifie-t-il ici *le plus coupable,* ou *le plus illustre?...* » (*Geoffroy.*)

Ibid. même page.

Il faut sortir du trône et couronner mon frère.

Sortir du trône, expression blâmée par un des commentateurs de Racine, et que justifie l'emploi qu'en ont fait Corneille et Boileau, dans ces vers si connus :

Trône, à t'abandonner je ne puis consentir,
Par un coup de tonnerre il en vaut mieux sortir.
(*Rodogune,* acte V, scène 1.)

Pluton sort de son trône, il pâlit, il s'écrie.
(*Traduction du Traité du Sublime de Longin,* ch. VII.)

Ibid. page 13.

Au moins consolez-moi *de* quelque heure de paix.

On a blâmé, avec quelque raison, l'emploi que fait ici Racine de la préposition *de,* au lieu de *par,* qui seroit plus clair : au reste cet emploi est très-fréquent dans Racine, comme nous aurons plus d'une fois l'occasion de le remarquer.

Acte I, scène IV, page 15.

Et sa vertu suffit pour les rendre assurés.

« *Les rendre assurés* n'est pas français ; le mot *rendre* se met ordinairement avec un adjectif, et non avec un participe : par exemple on dit très-bien, *mon discours vous rend triste*; mais on ne peut pas dire, *mon discours vous rend affligé.* »

Cette remarque de Luneau de Boisjermain, répétée par

Laharpe, est généralement juste. Cependant le tour qu'ils reprennent a quelquefois de la grâce, et on ne pourroit le condamner dans les vers suivants :

> Il pleut : le soleil fuit, et l'écharpe d'Iris
>   *Rend* ceux qui partent *avertis*
> Qu'en ces mois le manteau leur est fort nécessaire.
>   (*La Fontaine.* Fable *Phébus et Borée.*)
>
> Au cri qu'à son abord vers le ciel il envoie,
> Il *rend* tous ses voisins *attristés* de sa joie.
>   (*Boileau.* Lutrin, ch. III.)

Le participe, précédé d'un nom ou de l'équivalent, prend alors la force adjective ; ce qui rentre dans la règle.

Acte I, scène V, page 17.

> Par un ordre souvent l'un à l'autre contraire,
> Un frère détruiroit ce qu'auroit fait un frère.

L'un à l'autre contraire, paraît manquer de correction. « Cependant, dit avec assez de raison M. Fontanier dans ses *Études sur Racine,* pag. 17, peut-être pourroit-on considérer ce membre de phrase comme une sorte d'ablatif absolu, et l'expliquer ainsi : *l'un étant contraire à l'autre.* Molière a employé le même tour au singulier dans ces vers des *Femmes savantes :*

> Ainsi dans nos desseins, l'une à l'autre contraire,
> Nous saurons toutes deux imiter notre mère.

Mais ici, *l'une à l'autre contraire* se rapporte clairement au sujet ; et l'on n'a pas besoin de supposer un ablatif absolu. Tel étoit le sens du vers de Racine dans les premières éditions, où on lisoit :

> Vous les verriez toujours l'un à l'autre contraire
> Détruire aveuglément ce qu'auroit fait un frère.

Acte I, scène V, page 19.

> Et tous ces beaux exploits qui le font admirer,
> C'est ce qui me le fait justement abhorrer.

Laharpe relève, comme un solécisme, l'emploi de *c'est*, après, *tous ces beaux exploits*; *c'est* pour, *cela est* : l'expression manque d'élégance, mais non pas de correction.

Ibid. page 20.

> ..... Nous cache une autre flamme.
> J'en abhorre le cours.

Le cours d'une flamme est une expression vicieuse, formée de deux images incohérentes : une *flamme* n'a point *de cours*.

(*Laharpe.*)

Racine a dit depuis, avec plus de justesse, dans *Andromaque* :

> Toujours de ma fureur interrompre le cours. (Acte I, scène I.)
> Je sentis que ma haine alloit finir son cours. (*Ibid.*)
> De mes inimitiés le cours est achevé. (*Ibid.* scène II.)

Ibid. même page.

> N'en doute pas méchant........

On se servoit alors, dans le style noble, de ce terme injurieux, *méchant*. On le retrouvera dans cette même pièce,

> Jugez donc par l'horreur que ce méchant me donne.

(Acte IV, scène III.)

et dans *Athalie* :

> Méchant, c'est bien à vous d'oser ainsi nommer
> Un Dieu que votre bouche enseigne à blasphémer. (Acte III, sc. IV.)

Acte II, scène I, page 22.

> De l'état de son sort interroge ses dieux.

On dit *interroger sur quelque chose*, et non *de quelque chose*.

(*Laharpe.*)

Racine emploie la préposition *de* dans une multitude de sens, au lieu des prépositions *par, avec, sur,* etc. Il en est de même de Boileau. On ne peut nier que ce tour ne donne le plus souvent de la vivacité à leur style.

Acte II, scène I, page 23.

J'en voyois et dehors et dedans nos murailles.

Dedans et *dehors* sont des adverbes, et ne peuvent avoir de régime. Cependant on les employoit assez volontiers comme prépositions du temps de Corneille. On en trouve des exemples dans ce poète, et dans plusieurs autres de son temps :

Mais puisque nous voici *dedans* les Tuileries.
(*Le Menteur*, acte I, scène I.)

Va *dedans* les enfers plaindre ton Curiace.
(*Horace*, acte IV, scène v.)

Acte II, scène II, page 27.

Hé quoi ! si parmi nous on a fait quelque offense.

Le mot *offense* a besoin d'être déterminé : on ne peut dire *faire quelque offense*, sans dire à qui, ou du moins sans le sous-entendre. C'est surtout au pluriel que ce mot s'emploie d'une manière absolue : *faire des offenses,* pour, *commettre des fautes*. J.-B. Rousseau a dit dans ce sens, non *faire une offense,* mais *punir des offenses.*

Ibid. page 28.

Je vois bien que la paix ne peut s'exécuter.

Exécuter la paix est une expression justement blâmée en elle-même par Laharpe, et que L. Racine a eu tort de vouloir défendre, en supposant que *paix* est ici mis pour *traité de paix*. Ce seroit plutôt *projet de paix,* qu'il faudroit entendre.

Acte II, scène II, page 28.

...... Une troupe insolente,
D'un fier usurpateur ministre violente.

Il n'est pas ordinaire d'employer *ministre* au féminin. Cependant L. Racine et Laharpe ont dans leurs Commentaires cherché à justifier cette dérogation à l'usage général.

Acte II, scène III, page 29.

Sitôt qu'il hait un roi, doit-on cesser de l'être.

Construction embarrassée et incorrecte.

Ibid. même page.

Qui font monter au trône ou descendre les rois.

« Ce vers a de la précision; mais c'est aux dépens de la langue. On dit bien, *monter au trône;* mais on ne peut pas dire, *descendre au trône* : il faut absolument *descendre du trône.* » Cette remarque faite par Geoffroy, et avant lui par L. Racine, paraît assez juste : ne peut-on pas dire cependant que *descendre* est pris ici dans un sens absolu, comme il l'est dans ce vers de Corneille :

Et monté sur le faîte, il aspire à descendre.

(*Cinna*, acte II, scène 1.)

Ibid. même page.

De ce titre odieux mes droits me sont garants.

Me sont garants, présente une idée directement opposée à celle de l'auteur. On ne peut dire, *être garant d'une chose*, pour, *garantir de quelque chose*.

Ibid. page 31.

Et m'exposer encore, etc,
Et me vouloir ravir, etc.

La correction grammaticale exige, *et de.*

Acte II, scène III, page 32.

Il veut que je vous voie, et vous ne voulez pas.

Et vous ne voulez pas, est du langage familier. Il falloit, *et vous ne le voulez pas*.

Acte III, scène III, page 36.

L'un ou l'autre perfide n'est pas français : *l'un ou l'autre* ne peut se joindre qu'à un substantif. (*Laharpe.*)

Ibid. même page.

Un sang digne des rois dont il est découlé.

Le verbe *découler* n'a point de participe passif : ou du moins, ce participe, s'il existe, est inusité.

Ibid. page 37.

...... digne frère d'Hémon,
Et trop indigne aussi d'être fils de Créon.

Laharpe loue avec raison cet emploi du mot *indigne*, qui, dans l'usage ordinaire, ne se prend guère qu'en mauvaise part. Nous le retrouverons encore dans Racine avec la même acception :

Si vous daignez, seigneur, rappeler la mémoire
Des vertus d'Octavie indignes de ce prix.
(*Britannicus*, acte III, scène 1.)

C'est un de ces latinismes dont il cherchoit à enrichir la langue.

Flebilis indignos elegeia solve capillos,

a dit Ovide dans son élégie sur la mort de Tibulle. (*Amor.* III, El. IX, v. 3.)

Ibid. page 38.

Les dieux sont trop payés du sang de Ménécée.

Du sang, pour, *par le sang*, est équivoque. La phrase de Racine signifie, comme le remarque Laharpe, *Les Dieux ont reçu le prix du sang de Ménécée et au-delà.* Ce n'est pas ce que vouloit dire l'auteur.

Acte III, scène IV, page 40.

...... Il faut que je vous die.

On se servoit autrefois, en prose et en vers, du mot *die*, pour *dise*. Vaugelas écrivoit *quoi qu'on die*, et paraissoit dans une de ses Remarques le préférer à *quoi qu'on dise*. Ce *quoi qu'on die* se retrouve, comme chacun sait, dans le sonnet de *Trissotin :* « Faites-la sortir, quoi qu'on die, etc. » On voit dans Corneille :

Ma sœur que je vous die une bonne nouvelle.

(*Horace*, acte III, scène III.)

Enfin, cette forme surannée se rencontre quelquefois dans Racine :

Mais quoi que je craignisse, il faut que je le die.

(*Bérénice*, acte V, scène VI.)

J'épouserois, et qui? il faut que je le die.

(*Bajazet*, acte II, scène V.)

Ah! que vous auriez vu, sans que je vous le die,

(*Iphigénie*, acte III, scène VI.)

Acte III, scène V, page 43.

Ce jour la doit conclure, ou la rompre...

La construction régulière exige : *Ce jour doit la conclure, ou la rompre,* etc.

Acte IV, scène I, page 49.

J'aurois même regret qu'il me quittât l'empire.

Le verbe *quitter* est pris ici dans une acception assez rare, mais qu'autorise le Dictionnaire de l'académie, c'est à tort que les commentateurs de Racine ont relevé cette expression comme incorrecte. On trouve dans le Tartufe :

Et je ferai bien mieux de lui quitter la place.
(Acte II, scène IV.)

Ou je vais sur-le-champ vous quitter la partie.
(Acte III, scène II.)

Malherbe et Corneille avoient aussi employé cette expression. Bossuet s'en est servi. Aujourd'hui le sens en est plus restreint; elle n'a guère d'usage qu'au Palais.

Acte IV, scène III, page 51.

Me voici donc tantôt au comble de mes vœux.

Tantôt se disoit encore alors, en style soutenu, pour *bientôt*. Il ne s'emploie plus dans ce sens que familièrement, en parlant d'une chose qui se passera dans le jour : *vous viendrez tantôt*. Il se dit aussi pour énoncer ce qui a eu lieu dans la journée : *vous m'avez dit tantôt*, et, en ce dernier sens, il entre quelquefois dans la poésie noble. (*Laharpe.*)

Ibid. page 54.

Vous êtes son tyran avant qu'être son roi.

La langue veut, *avant que d'être*, ou *avant d'être*.

Ibid. page 58.

Mon cœur jaloux du sort de ces grands malheureux.

Cette expression, où *grand* est qualificatif de malheureux, est belle; il est fâcheux qu'on ne l'emploie guère qu'en mauvaise part, comme dans ces vers de Régnard :

Voilà donc ce marquis, cet homme dangereux?

HECTOR.

Oui, monsieur, le voilà.

VALÈRE.

C'est un grand malheureux.

(*Le Joueur*, acte III, scène XIII.)

Acte IV, scène III, page 59.

Les dieux de ce haut rang te vouloient interdire.

On dit *interdire quelque chose à quelqu'un*, et non *interdire quelqu'un de quelque chose*. Cette dernière expression est encore un latinisme.

Ibid. même page.

Jamais *dessus* le trône on ne vit plus d'un maître.

Dessus se disoit autrefois pour *sur*. On en pourroit citer de nombreux exemples, entr'autres ce vers du fameux sonnet de Desbarreaux :

Mais dessus quel endroit tombera ton tonnerre, etc.

Acte V, scène II, page 62.

J'*y suis courue* en vain; c'en étoit déjà fait.

Y ne peut s'expliquer dans ce vers que par une ellipse un peu forte. *J'y suis courue* est contraire à la grammaire, qui veut, *j'y ai couru*. Racine a cependant employé la même expression à une époque où son style étoit formé ainsi que son talent; ce qui feroit croire qu'elle étoit alors autorisée par l'usage. Nous trouvons dans *Bérénice*, acte II, scène I :

Il en étoit sorti lorsque j'y suis couru.

Ibid. page 63.

Et que le ciel vous mît, pour finir vos discords, etc.

« *Discords*. Quoique Vaugelas, et l'académie, dans ses observations sur Vaugelas, permettent ce mot au pluriel en vers, il est hors d'usage, et on ne le trouvera plus dans ces tragédies. » (*L. Racine.*)

Ibid. même page.

Infortunés tous deux dignes qu'on vous déplore.

Racine applique non-seulement le verbe *déplorer* aux personnes, mais l'adjectif *déplorable*. Voyez la note relative à la page 159.

Acte V, scène III, page 65.

Que veut ce discours est une expression empruntée à la langue latine, et que Laharpe blâme assez mal-à-propos, ce me semble. Lui-même avoue qu'on la trouve quelquefois dans les poètes contemporains de Racine.

Ibid. page 69.

Ne m'accable pas moins qu'elle afflige votre ame.
Il falloit, *qu'elle n'afflige*.

Ibid. même page.

Il me tarde déjà que vous ne l'occupiez.
La négation *ne* est de trop dans ce vers.

Acte V, scène VI, page 74.

Jocaste, Polynice, Étéocle, Antigone.

Ce vers ne se trouve point ainsi dans les éditions faites du vivant de Racine. On y lit :

Polynice, Étéocle, Iocaste, Antigone.

Le nom de Jocaste étoit écrit de cette manière, depuis le commencement jusqu'à la fin, dans la première édition des *Frères ennemis*. Racine fit changer cette orthographe dans les éditions suivantes, mais il la laissa subsister dans ce vers, le seul où Jocaste soit nommée, et qu'il étoit très-facile de corriger, en changeant l'ordre des noms, comme on l'a fait depuis.

ALEXANDRE.

Acte I, scène I, page 83.

Je tiens avec mon sort sa fortune enchaînée.

Laharpe remarque que cette phrase manque d'exactitude et de clarté. Il falloit, *enchaînée à mon sort.*

Ibid. page 85.

Mais Alexandre enfin ne vous tend point de chaînes.

Ne vous tend point de chaînes, expression impropre justement relevée par Laharpe. On dit *apporter des chaînes, présenter des fers.*

Acte I, scène II, page 86.

J'ai vu de rang en rang cette ardeur répandue,
Par des cris généreux éclater à ma vue.

J'ai vu... à ma vue. Sorte de négligence bien rare dans Racine, et dont il a corrigé notre poésie. Luneau de Boisjermain a remarqué avec raison que des *cris* ne peuvent frapper la *vue.* Geoffroy cherche mal à-propos à défendre ce passage d'Alexandre par ces vers de Mithridate, qui ne présentent certainement pas la même confusion d'images, et qui par conséquent ne prouvent rien ici :

Approchez mes enfants ; enfin l'heure est venue
Qu'il faut que mon secret éclate à votre vue.

(*Mithridate*, acte III, scène I.)

Acte I, scène II, page 86.

Laisserons-nous languir tant d'illustres courages?

Le mot *courage* s'employoit alors très-élégamment au pluriel. On en trouve de fréquents exemples dans Racine, et surtout dans Corneille. On le trouve employé depuis, dans le sens de *cœurs*, par Boileau et J.-B. Rousseau, et même par Bossuet et Rollin.

Ibid. page 90.

Eh bien! je l'avoûrai, que ma juste colère, etc.

Luneau de Boisjermain et Geoffroy trouvent ici une incorrection, et veulent retrancher le *que*. Laharpe fait très-bien voir que cette critique n'est point fondée, et que le tour employé par Racine est fort usité dans notre langue. Qui a jamais imaginé de trouver une incorrection dans ce vers d'Andromaque?

Qui l'eût cru, *que* Pirrhus ne fût point infidèle.
(Acte III, scène II.)

Ibid. page 91.

Que je portois envie au bonheur des Persans.

« On n'ignore pas, dit L. Racine, qu'on doit dire *les Perses* quand on parle des anciens habitants de ce pays, et *les Persans*, lorsqu'on parle des nouveaux. Mais dans ces tragédies on verra presque toujours le poète se servir du mot *Persan*, comme plus harmonieux. »

Repousser les efforts du Persan et du Scythe.
(*Alexandre*, acte II, scène I.)
Seroit-ce sans effort les Persans subjugués. (*Ibid.* scène II.)
Et le Persan superbe est aux pieds d'une Juive.
(*Esther*, acte I, scène I.)

Acte I, scène II, page 91.

Oui, sans doute, une ardeur si haute et si constante.

On ne peut dire une *haute ardeur*. C'est une incohérence d'expression, comme Laharpe en fait la remarque dans son Commentaire.

Ibid. même page.

Et vos cœurs rougiroient des foiblesses du mien.

Laharpe, après Luneau de Boisjermain, blâme cette expression, et soutient, contre L. Racine, qu'un cœur ne peut rougir, ni au propre, ni au figuré. Geoffroy trouve, comme ses deux prédécesseurs, que *rougir*, appliqué au cœur, est une métaphore peu convenable. Il me semble que Racine, en usant de cette métaphore, n'a pas excédé les libertés permises à la poésie, pas plus que dans ce vers des Frères ennemis, qu'aucun critique n'a blâmé :

D'un éclat si honteux je rougirois dans l'ame.

(Acte IV, scène III.)

ou dans cet autre d'Andromaque :

Pensez-vous, qu'après tout, ses mânes en rougissent.

(Acte III, scène VIII.)

Le mot *cœur* est ici, comme il l'est très-souvent dans cette pièce et dans les premiers ouvrages de Racine, pris pour la personne.

Acte I, scène III, page 92.

Il en fait trop paraître. Expression vague et incorrecte. *En* ne se rapporte à rien. On dit bien, *j'en dis trop*, c'est une phrase faite ; mais on ne peut dire *il en fait trop paraître ;* à moins que ce qui précède n'explique ce dont il s'agit. (*Laharpe.*)

Acte I, scène III, page 92.

> D'achever un dessein qu'il peut n'avoir pas pris.

D'Olivet ne veut pas qu'on dise *achever un dessein*. Tous les critiques, qui l'ont suivi, L. Racine, l'abbé Desfontaines, Luneau de Boisjermain, Laharpe, Geoffroy, ont réclamé avec raison contre cette censure. Racine a depuis employé plus d'une fois la même expression. Il a dit dans Andromaque :

> Le dessein en est pris, je le veux achever.
>
> (Acte III, scène 1.)

et dans Mithridate :

> Et pour être approuvés,
> De semblables projets veulent être achevés.

Corneille, avant Racine, avoit dit avec moins d'élégance :

> Voici le jour heureux
> Qui doit conclure enfin vos desseins généreux.
>
> (*Cinna*, acte I.)

Ibid. page 93.

> Sais-je pas que Taxile est une ame incertaine?

Sais-je pas au lieu de *ne sais-je pas*, et de même dans les Plaideurs, acte I, scène v :

> ...... suis-je pas fils de maître?

Au lieu de, *ne suis-je pas*. « Vaugelas (Remarque 202) dit que ces deux manières de parler sont bonnes. Mais l'Académie, dans ses Observations sur Vaugelas, traite de négligence et même de faute la suppression de l'une des négatives. Pour la prose, cela est incontestable. Pour les vers, c'est une licence, dont aujourd'hui les oreilles délicates sont blessées, et que Racine, dans toutes ses tragédies, ne s'est permise que trois ou quatre fois.... » (*D'Olivet*, Remarques sur Racine.)

Acte II, scène I, page 96.

> Fidèle confident du beau feu de mon maître,
> Souffrez que je l'explique aux yeux qui l'ont fait naître.

On ne peut dire *expliquer un feu*, quoique la qualification de beau désigne bien la métaphore, et qu'on puisse dire, *expliquer* un sentiment, un desir, une ardeur.

Ibid. même page.

Alexandre est tout prêt *d'y courir*. Non-seulement *y courir* est vague : mais *prêt* veut *à* et non *de*.

Ibid. page 98.

> .... vaincu du pouvoir de vos charmes.

C'est le tour énergique de Malherbe dans son Ode à Louis XIII (livre III.)

> Je suis vaincu du temps......

D'Olivet trouve, je ne sais pourquoi, *quelque chose de sauvage* dans ce vers. Il remarque au reste qu'il n'y a rien de si familier à Racine et à Despréaux, que l'emploi de la préposition *de*, dans le sens d'*avec* ou de *par*.

Ibid. page 99.

> ...... Mon ame inquiétée,
> D'une crainte si juste est sans cesse agitée.

D'Olivet blâme l'emploi du participe *inquiétée* ; il voudroit que Racine se fût servi de l'adjectif *inquiète*. Il fait la même remarque au sujet de ce vers d'*Andromaque*, acte I, scène II :

> La Grèce en ma faveur est trop inquiétée.

Racine, selon lui, auroit dû dire, *est trop inquiète*, *ou s'inquiète trop*. Cette critique paraît un peu vétilleuse. Voltaire ne s'est pas fait scrupule de dire après Racine, dans son OEdipe :

> Non, quoi que vous disiez, mon ame inquiétée
> De soupçons importuns n'est pas moins agitée.

(Acte IV, scène I.)

Acte II, scène II, page 100.

> Vous les verriez plantés jusque sur vos tranchées,
> Et de sang et de morts nos campagnes jonchées.

« Des campagnes ne peuvent pas être jonchées de sang, comme l'observe d'Olivet; mais elles peuvent être jonchées de morts. Ce terme, qui est convenable, couvre l'impropriété de l'autre. Lorsqu'Achille dit :

> Si de sang et de morts le ciel est affamé.
>
> (*Iphigénie*, acte V, scène II.)

Personne ne s'avise de remarquer qu'on ne peut pas être *affamé* de sang. » (*Geoffroy*.)

Mais une irrégularité de construction qu'offre le premier exemple, c'est que *vous les verriez* se trouve régir *et vos campagnes*, etc.

Ibid. page 101.

> ... quelque éclat qui les puisse toucher.

Un éclat *éblouit, frappe, séduit, surprend*, mais ne *touche* jamais, ni au propre ni au figuré. (*Luneau de Boisjermain.*)

Ibid. page 102.

> Quel est ce grand secours que son bras nous octroie?

Laharpe blâme cette expression approuvée par L. Racine, Luneau de Boisjermain, et Geoffroy. Je penche pour l'opinion de ces derniers. L'ironie donne ici de l'élégance au mot *octroyer*, qui du reste ne s'emploie guère en poésie, et n'est d'usage, comme le remarque le Dictionnaire de l'académie, qu'en *style de chancellerie et de finance*.

Ibid. même page.

Il portoit, etc. Le pronom se rapporte par le sens et la construction à *l'Inde*, qui cependant est féminin.

Acte II, scène II, page 103.

Suivant la décision de Vaugelas, il faudroit écrire *tout tant que nous sommes*.

Ibid. même page.

Dessous un même joug rangent tous les humains.

« Autrefois *dessous*, *dessus*, *dedans* étoient prépositions aussi-bien qu'adverbes. Vaugelas les souffre encore dans les vers, comme prépositions; mais aujourd'hui la poésie se pique d'être à cet égard aussi exacte que la prose.

« Racan, comme nous apprenons de Ménage, disoit que Malherbe le blâmoit d'avoir écrit *dessus mes volontés*, au lieu de *sur mes volontés*. Ainsi la différence qu'aujourd'hui nous mettons tous ici a été sentie depuis long-temps; et Racine n'a manqué à l'observer que dans ce seul endroit... »

(*D'Olivet*, Remarques sur Racine.)

Cette dernière assertion n'est pas tout à-fait exacte, car nous avons déjà rencontré le mot *dessus*, employé comme préposition, dans les *Frères ennemis*.

Acte II, scène IV, page 106.

La foi d'un ennemi doit être un peu suspecte.

Geoffroy blâme cette expression, *la foi :* on la trouve sans cesse employée de même dans nos auteurs. Corneille a pu dire sans qu'on l'en ait repris :

Mais c'est trop que d'en croire un Romain sur sa foi.

(*Nicomède*, acte II, scène III.)

Acte II, scène V, page 108.

Après, dans votre camp j'attendrai votre sort.

Les commentateurs de Racine trouvent l'adverbe *après*, employé ici ainsi qu'à la page 37 et ailleurs, trop familier; c'est à tort, je crois. On le trouve fréquemment employé dans nos grands tragiques, particulièrement dans Corneille :

Après ne me répond qu'avecque cette épée.

(*Le Cid*, acte III, scène IV.)

Et qu'il choisisse *après* de la mort ou de moi!

(*Cinna*, acte III, scène V.)

Qu'*après* le sort me soit ou propice, ou contraire.

(*Polyeucte*, acte IV, scène VI.)

Acte III, scène I, page 110.

De leur fureur... font voler les éclats... conduiriez-vous vos pas?

Les commentateurs du poëte ont relevé l'impropriété de ces expressions, *faire voler les éclats de sa fureur, conduire ses pas.* Ces fautes déjà rares dans ce second ouvrage, ne se rencontrent plus dans les productions qui l'ont suivi.

Ibid. page 111.

Le soin qui vous travaille. Cette expression a vieilli; elle étoit fort usitée du temps de Racine, et on la rencontre fréquemment chez les auteurs du siècle de Louis XIV, notamment dans Bossuet. Nous la retrouverons plus d'une fois dans cette même tragédie.

Ne laissez point languir l'ardeur qui vous travaille.

(Acte IV, scène IV.)

Mais j'ai su prévenir le soin qui te travaille.

(Acte V, scène III.)

Boileau a dit dans sa X[e] satire :

Quelque léger dégoût le vient-il travailler.

Ibid. même page.

Me le feroit chercher... perdre tous mes états, etc. Construction irrégulière : *me le feroit* ne peut régir *perdre,* etc.

Acte III, scène II, page 113.

N'en ait aux ennemis ensanglanté la gloire.

Laharpe, qui vante l'heureuse hardiesse de cette expression *ensanglanter la gloire*, ajoute que le verbe *ensanglanter*, comme l'adjectif *sanglant*, a un sens absolu, qu'il ne peut être suivi d'aucune préposition, et qu'on ne peut dire *ensanglanter la gloire à quelqu'un*, pas plus qu'on ne dit *la rendre sanglante à quelqu'un*. On peut répondre que, dans le vers dont il s'agit, *aux ennemis* dépend du verbe *ait*, qui, quoiqu'auxiliaire, conserve sa signification propre, séparé d'*ensanglanter*. De même dans cette phrase, *rendre la victoire sanglante à quelqu'un*, la préposition *à* et le mot qui la suit, dépendront du verbe *rendre*. Laharpe convient qu'on diroit élégamment en latin : *cruentam hostibus victoriam effecit*. Il en est de cette phrase latine comme des deux phrases françoises que nous avons cherché à expliquer; *hostibus* devroit se construire avec *effecit* et non avec *cruentam*. Racine, si habile, comme le dit Laharpe, à introduire dans notre langue des latinismes, n'a donc pas été moins heureux ici qu'en beaucoup d'autres occasions.

Ibid. page 114.

Caresser un tyran, et régner par pitié.

Cette expression, *régner par pitié*, comme le fait observer Laharpe, semble employée à contre-sens. *Régner par pitié*, dit-il, signifie *consentir par pitié à régner*.

Acte III, scène III, page 115.

M'a semblé démentir le nombre de ses faits.

« *Ses faits*, dit Laharpe, ne peut guère entrer dans la poésie noble sans une épithète qui le relève. » On en trouve cependant d'autres exemples. Boileau lui-même l'emploie ainsi dans les vers suivants :

> Et moi, sur ce sujet, loin d'exercer ma plume,
> J'amasse de *tes faits* le pénible volume. (IIIe *Épître au roi*.)

Les faits d'un roi plus grand en sagesse, en vaillance,
Que Charlemagne aidé des quatre pairs de France.

J.-B. Rousseau a dit, dans son ode sur la mort du prince de Conti :

Pour qui compte *les faits*, les ans du jeune Achille
L'égalent à Nestor.

Acte III, scène VI, page 119.

Dans les cœurs les plus durs inspireront l'amour.

Inspirer dans paraît manquer de correction, comme l'ont remarqué d'Olivet et plusieurs des commentateurs de Racine. Lui-même disoit deux vers plus haut :

Vous inspirez la crainte aux plus fermes courages.

Peut-être pourroit-on expliquer cette expression par un latinisme : on dit fort bien en latin *inspirare in*. Bossuet a dit : « La sombre obscurité des églises *inspire* une sainte horreur *dans* l'ame. » On trouve au cinquième chant de la *Henriade* :

Et *dans* les cœurs chrétiens *inspirant* ses fureurs.

Acte IV, scène I, page 123.

M'entretenir moi seule avecque mes douleurs.

Avecque est fréquent dans Corneille ; il est très-rare dans Racine, qui l'a changé presque partout, et il ne se trouve conservé que dans ce seul endroit, s'il en faut croire d'Olivet. Depuis il a totalement disparu des vers et de la prose.

Ibid. même page.

Un secret si fatal au repos de tes jours.

Un secret si fatal est un contre-sens. L'auteur veut et doit dire, *un secret dont dépendoit* le repos de tes jours. Il dit à-peu-près le contraire. (*Laharpe.*)

Acte IV, scène II, page 125.

Je ne le cherchois pas afin de le *détruire*.

Expression hardie, que Racine a reproduite dans Mithridate :

> Vous-même n'allez pas de contrée en contrée,
> Montrer aux nations Mithridate détruit. (Acte III, scène I.).

Ibid. page 126.

> Et voyant de son bras voler partout l'effroi
> L'Inde, etc.

Voyant peut ici s'entendre également de *l'Inde* et d'*Alexandre*. Il y a donc amphibologie.

Laharpe, qui fait cette remarque, loue d'ailleurs le tour de ce vers, cette espèce d'ablatif absolu, dont Racine particulièrement s'est souvent servi avec tant de bonheur.

D'Olivet blâme, ce me semble, mal-à-propos l'emploi du mot *effroi* dans le sens actif, pour l'effroi que *causoit son bras*. Le sens est aussi clair que l'expression est vive. Racine est plein de mots, pris ordinairement dans le sens passif, et auxquels il donne, par une hardiesse heureusement imitée des anciens, la signification active. — C'est ainsi que dans un vers d'Andromaque, également critiqué par d'Olivet, il a dit avec beaucoup d'élégance :

> Mais admire avec moi le sort, dont la poursuite
> Me fait courir alors au piége que j'évite. (Acte I, scène I).

Ibid. page 127.

Quoique partout, ce semble, accablé sous le nombre.

Ce semble se disoit autrefois pour *à ce qu'il paraît*, et étoit plus précis. Il est tombé en désuétude on ne sait trop pourquoi, puisqu'on dit encore, *ce me semble*. (*Laharpe.*)

Acte IV, scène II, page 127.

Qu'ai-je fait, pour venir accabler en ces lieux, etc.

« *Pour venir*, dit Laharpe d'après d'Olivet, se rapporte par la construction à Axiane, et par le sens à Alexandre. La grammaire demandoit, *pour que vous veniez* ou *vinssiez*. » Cette observation est juste ; mais le sens est si clair, qu'on ne peut blâmer Racine d'avoir donné, par une ellipse, plus de vivacité à sa phrase. Boileau a dit de même dans sa neuvième satire :

> Le tombeau contre vous ne peut-il les défendre ?
> Et qu'ont fait tant de morts pour remuer leurs cendres ?

Ibid. même page.

A-t-il de votre Grèce inondé les frontières ?

Cette métaphore manque de clarté ; elle est bien plus heureusement employée dans ce vers d'Athalie :

> Le peuple saint en foule inondoit les portiques.
>
> (Acte I, scène I.)

Ibid. page 128.

Sans lui vous avoûriez que le sang et les larmes, etc.

Sans lui se rapporte à *trouble*, et *lui* ne peut, en bon français, s'employer que pour les personnes, ou pour ce qui peut être personnifié. C'est une faute très-commune dans les mauvais écrivains, très rare dans les bons. On ne la retrouvera plus dans Racine. (*Laharpe.*)

M. Fontanier, dans ses Études sur Racine, répond fort bien, que *sans lui* est employé ici suivant la règle, puisque *le trouble* auquel il se rapporte a été personnifié dans les vers qui précèdent.

Acte IV, scène III, page 131.

.... mon cœur douteux en apparence.

Douteux signifie *ce dont on doute*, et non pas *celui qui doute*. On est *incertain* d'une chose, et une chose est *douteuse*.

(*Laharpe.*)

Il paraît cependant, comme le remarque M. Fontanier (Études sur Racine, p. 92), que *douteux* se disoit autrefois des personnes pour *incertain*. C'est dans ce sens que Boileau dit de lui-même, dans son épître au savant Arnauld :

> Ainsi toujours *douteux*, chancelant et volage,
> A peine du limon où le vice m'engage,
> J'arrache un pied timide, etc.

C'est encore dans ce sens que La Fontaine dit du lièvre dans une de ses fables :

> Il étoit *douteux*, inquiet :
> Un souffle, une ombre, un rien, tout lui donnoit la fièvre.
> (*Le Lièvre et les Grenouilles.*)

Acte IV, scène IV, page 134.

> Je l'aime; et quand les vœux que je pousse pour elle.

On dit *former des vœux*. *Pousser des vœux* est une de ces expressions ridicules que l'on toléroit encore, et que sans doute Racine, dont le goût a tant contribué à former le goût général, n'auroit pas laissée dans ses premières pièces, s'il les avoit revues plus tard. (*Laharpe.*)

On retrouve cependant encore cette expression dans Andromaque (Act. I, sc. I.) :

> Honteux d'avoir poussé tant de vœux superflus.

Ibid. même page.

> Si je n'étois aimé, je serois moins haï.

Le premier hémistiche de ce vers est équivoque, comme l'explique très-bien Laharpe dans son Commentaire. On doit dire, cependant, que le sens est déterminé par ce qui précède.

Acte V, scène II, page 140.

> Il faut bien qu'il succombe, etc.

Ce vers et le suivant sont très défectueux ; l'expression en est tout-à-la-fois incorrecte et obscure. Louis Racine soupçonnoit ici une faute d'impression, et proposoit de lire :

« Il faut bien qu'il succombe, et, malgré son courage,
Tombe sur tant de morts qui ferment son passage. »

ce qui ne seroit pas beaucoup meilleur.

Acte V, scène II, page 140.

Je m'en souviens, seigneur ; vous me l'avez promis.

Promettre pour *assurer* est une acception abusive, qui n'est tolérée que dans la conversation familière. (*Laharpe.*)

Acte V, scène III, page 143.

Le mettoient à l'abri de leurs corps expirants.

Le sens est fort clair, quoique l'expression présente une équivoque. *Mettre à l'abri de,* signifie, dans l'usage ordinaire, *garantir de.* Ici Racine détourne de son acception reçue cette locution. Il veut dire que les soldats de Porus le mettoient *sous l'abri,* lui prêtoient *l'abri de leurs corps expirants.*

Au reste, cette expression *à l'abri* est souvent prise dans ce sens par nos bons auteurs :

Encor, si vous naissiez à l'abri du feuillage
Dont je couvre le voisinage.
(*La Fontaine.* Fable du *Chêne et du Roseau.*)

En vain tout fier d'un sang que vous déshonorez,
Vous dormez à l'abri de ces noms révérés.
(*Boileau.* Satire V.)

Peut-être encore, comme le veut Geoffroy, la préposition *de* est-elle ici prise pour *avec,* ce qui donneroit ce sens : *le mettoient à l'abri* avec *leurs corps expirants.*

ANDROMAQUE.

Acte I, scène I, page 157.

Ma fortune va prendre une face nouvelle.

L'abbé Desfontaines, dans une réponse aux Remarques de d'Olivet sur Racine, intitulée *Racine vengé*, et publiée en 1739, prétend que l'auteur n'a pu personnifier ici la fortune, en disant *son courroux*, puisqu'il ne parle pas de la fortune en général, mais de celle d'Oreste en particulier. L. Racine répond fort bien que son père a pu poétiquement personnifier la fortune d'Oreste, c'est-à-dire son destin, son sort, son génie, suivant le langage des anciens.

Ibid. page 159.

Prêt à suivre partout le déplorable Oreste.

D'Olivet ne veut pas que l'épithète *déplorable* s'applique aux personnes : Racine ne s'est pas fait scrupule de l'employer ainsi, dans ses meilleurs ouvrages :

Vous voyez devant vous un prince déplorable.
(*Phèdre*, acte II, scène II.)

Phèdre épargnoit plutôt un père déplorable.
(*Ibid.* acte IV, scène I.)

Déplorable héritier de ces rois triomphants
Ochosias....
(*Athalie*, acte I, scène I.)

L'exemple de Racine a prévalu, et aujourd'hui le Dictionnaire de l'académie permet d'appliquer le mot *déplorable* aux personnes, en poésie, et même en général dans le style soutenu. Voltaire a dit dans la Henriade :

> Père, époux malheureux, famille déplorable, etc.

Acte I, scène I, page 159.

> Tu sais de quel courroux toujours alors épris.

On se servoit autrefois du mot *épris* pour toutes les affections vives... (*Laharpe.*)

Ibid. page 161.

> Et chaque jour encore on lui voit tout tenter.

Le pronom *lui* (mis pour *le*) se rapporte par la construction à la *veuve*, mais par le sens à Pyrrhus.

Ibid. page 162.

> Plus on les veut brouiller, plus on va les unir.

Brouiller ne s'emploie guère dans la poésie noble. (*Laharpe.*)

Acte I, scène II, page 162.

> Souffrez que j'ose ici me flatter de leur choix.

Me flatter pour m'applaudir, me féliciter, est une expression peu correcte : *se flatter* c'est espérer ou se faire illusion...
(*Geoffroy.*)

Ainsi Corneille emploie cette expression dans son acception véritable, quand il fait dire à Cornélie :

> Tu te flattes César de mettre en ta croyance
> Que la haine ait fait place à la reconnoissance.
>
> (*Pompée*, acte IV, scène IV.)

Au surplus Racine emploie très-bien, suivant l'acception reçue, la même expression dans Bérénice et dans Bajazet.

Acte I, scène II, page 165.

Oui, les Grecs sur le fils persécutent le père.

D'Olivet, et Laharpe après lui, blâment l'emploi du verbe *persécuter* dans le sens de *poursuivre*. La critique me semble trop sévère. C'est ici un de ces nombreux latinismes dont Racine a heureusement enrichi notre langue.

Ibid. page 166.

Qu'ils confondent leur haine, et ne distinguent plus...

L'expression eût été plus *exacte*, comme l'a remarqué Laharpe, si le poète eût pu mettre *qu'ils confondent leurs haines*, comme il a mis plus haut :

Nous excitoient au meurtre et confondoient nos coups.

Ibid. même page.

Ses yeux s'opposeront entre son père et vous.

« *S'opposer*, dit Laharpe, exige impérieusement un régime. » Je me permettrois d'en douter. Le sens est ici fort clair; et l'ellipse bien facile à suppléer. C'est ainsi que dans un vers de Sénèque, que nous avons déjà eu occasion de citer, Sénèque a pu dire..... *Media se opponit parens..* (*Theb.*, vers 457.)

Acte I, scène IV, page 168.

On craint qu'il n'essuyât les larmes de sa mère.

« *Qu'il n'essuyât* est certainement un solécisme; cependant observez qu'après le verbe *on craint*, qui exprime l'incertitude, l'imparfait du subjonctif est beaucoup moins choquant. »
(*Laharpe.*)

M. Fontanier, qui adopte et développe cette observation, remarque que pour rendre la phrase correcte, il suffit d'y rétablir une condition qui s'y trouve sous-entendue; *on craint que, s'il vivoit, il n'essuyât*, etc.

Acte I, scène IV, page 170.

Brûlé de plus de feux que je n'en allumai.

« .... M. Racine le fils, s'étant imaginé que les rimes *consumé, allumai,* pouvoient être critiquées, il ne sera pas inutile qu'on sache que de faire rimer aux yeux un participe avec un prétérit, ce n'est pas une invention moderne, car il s'en trouve de fréquents exemples dans nos vieux poètes, et, sans aller plus loin, dans ceux du temps d'Amyot.... » (*D'Olivet,* Remarques sur Racine.)

Ibid. même page.

Et le puis-je, madame? Ah! que vous me gênez!

Le mot *gêner* se prenoit encore, d'après son étymologie (*gehenna,* gêne) dans le sens de *mettre au supplice, tourmenter.* Il a depuis perdu sa force, et ne signifie plus que *importuner.* C'est même ainsi que l'emploie Racine dans Britannicus, acte I, scène I.

Britannicus le gêne, Albine...

Ibid. page 171.

Oui, mes vœux ont trop loin porté leur violence
Pour ne plus s'arrêter que dans l'indifférence.

Laharpe, qui critique avec raison ces deux vers, a cependant tort de prétendre, d'après d'Olivet, que la négative est de trop dans le second, et qu'elle y forme une espèce de contresens.

Acte II, scène I, page 174.

Vous croyez qu'un amant vienne vous insulter.

« Pour justifier le subjonctif *vienne,* il faut absolument *croyez-vous.* » Laharpe, qui fait cette observation, fournit lui-même une excuse naturelle de la faute qu'il reproche à Racine. « Peut-être Racine a-t-il cru que le ton d'interrogation que suppose nécessairement ce vers, suppléoit à la formule interrogative... »

Acte II, scène I, page 175.

Je veux qu'on vienne encor lui demander la mère, etc.

L'embarras qui naît de ces pronoms multipliés, nuit à la clarté de la phrase.

Ibid. page 176.

Me voyoit-il de l'œil qu'il me voit aujourd'hui.

« La grammaire veut que l'on dise, me voyoit-il de l'œil *dont* il me voit, ou *du même œil qu'il* me voit... » (*Laharpe.*)

Acte II, scène III, page 182.

Il n'attend qu'un prétexte à l'éloigner de lui.

« On dit aujourd'hui plus généralement *un prétexte pour...* »
(*Laharpe.*)

Racine a employé la même expression dans *Britannicus;*

Pour trouver un prétexte à vous plaindre de lui.
(Acte I, scène II.)

Molière et surtout Corneille avoient fait avant lui un fréquent usage de la préposition *à*, au lieu de *pour*.

Si vous n'avez un charme à vous justifier...
Pour me faire un passage à vous percer le cœur.
(*Rodogune*, acte V, scène IV.)

Acte II, scène V, page 186.

Qui me hait d'autant plus que mon amour la flatte.

« Ce vers est équivoque : Pyrrhus veut dire que plus il a de douceur, de bonté, de tendresse pour Andromaque, plus elle le hait; et le vers, tel qu'il est construit, semble dire qu'Andromaque hait davantage Pyrrhus, parce qu'elle est très-flattée de son amour. C'est le mot *flatte* qui forme l'ambiguité. *Mon amour la flatte* peut signifier *mon amour lui plaît*. C'est dans ce même sens que Racine l'emploie dans la première scène du troisième acte :

Non, non, je le connais, mon désespoir le flatte. (*Geoffroy.*)

Acte III, scène III, page 194.

N'avons-nous d'entretien que celui de ses pleurs ?

Entretien, pour *sujet d'entretien*, est une ellipse très-élégante. On la retrouve dans *Iphigénie :*

Et ce triomphe heureux, qui s'en va devenir
L'éternel entretien des peuples à venir.

(Acte I, scène v.)

Molière en a fait usage dans les *Femmes savantes :*

Leurs ménages étoient tout leur docte entretien.

(Acte II, scène vii.)

Acte III, scène VI, page 198.

Pardonnez à l'éclat d'une illustre fortune
Ce reste de fierté qui craint d'être importune.

« Tout le monde a senti la beauté touchante de ces vers : il n'y a que les grammairiens qui soient obligés de remarquer que, dans le second vers, le relatif *qui* ne sauroit se rapporter régulièrement à *fierté*, et se rapporte nécessairement à ce *reste*; ce qui devroit amener l'adjectif masculin *importun*... Racine a compté sur l'oreille qui écoute la pensée, et qui sent que c'est la *fierté* qui est *importune*. Il est aussi justifié par l'analogie de plusieurs constructions pareilles, autorisées dans notre langue.

Jamais tant de vertu fut-elle couronnée ?

(*Esther*, acte III, scène ix.)

Et que tant de vertu ne soit pas dangereuse. (*Voltaire.*)

(*Laharpe.*) »

Acte III, scène VIII, page 203.

> Dis-lui que de mon fils l'amour est assez fort....

Cette expression, l'*amour de*, susceptible d'être prise passivement ou activement, seroit équivoque, si le rapport de la préposition *de* n'étoit déterminé par le sens. Dans le vers suivant, c'est aussi le sens qui distingue le rapport différent des deux pronoms *son* et *sa*, dont l'un se rapporte à Pyrrhus et l'autre à Astyanax.

Acte IV, scène I, page 205.

> Sur lui, sur tout son peuple il vous rend souveraine.

Racine a dit ailleurs, avec la même hardiesse d'expression :

> Il va sur tant d'états couronner Bérénice.
> (*Bérénice*, acte I, scène IV.)

Voltaire ne veut pas qu'on dise *souverain sur*. Il a condamné ce vers de Corneille :

> Il nous rend souverains sur leurs grandeurs suprêmes.
> (*Cinna*, acte III, scène IV.)

On doit croire néanmoins que ce tour étoit alors usité, et il est fréquent dans Rotrou. Les deux exemples qu'en offre Racine ne sont pas les seuls qu'on puisse citer chez les écrivains de son temps. Boileau n'a-t-il pas dit dans sa quatrième satire, en parlant de la raison ?

> En vain certains rêveurs nous l'habillent en reine,
> Veulent *sur* tous nos sens la rendre *souveraine*.

Molière a dit de même dans les Femmes savantes :

> Allez, c'est se moquer, votre femme, entre nous,
> Est par vos lâchetés *souveraine sur* vous.
> (Acte II, scène IX.)

Acte IV, scène I, page 206.

Mais j'ai cru qu'à mon tour tu me connaissois mieux.

Transposition pour, *mais, à mon tour, j'ai cru*, etc. « Ce sont là, dit Laharpe, des licences dont il faut être très-sobre : on ne les pardonne qu'à l'extrême difficulté de nos vers français. C'est ainsi que Voltaire fait dire à Catilina,

Je ferai ce qu'enfin Sylla craignit de faire.
(*Catilina*, acte II, scène IV.)

pour, *Je ferai enfin ce que Sylla*, etc. ; et cela n'est pas moins hasardé que le vers d'Andromaque. »

Acte IV, scène II, page 209.

Que bientôt à vos pieds il alloit se ranger.

Laharpe trouve cette expression impropre, sans doute parce qu'il ne s'agit que d'Oreste, et qu'elle semble ne pouvoir convenir qu'à plusieurs personnes. N'y a-t-il pas dans cette critique un excès de scrupule? L'esprit ne supplée-t-il pas facilement ce qu'il y a ici de sous-entendu, et ne comprend-il pas que c'est avec les défenseurs naturels d'Hermione qu'Oreste vient se ranger à ses pieds? Ne dit-elle pas plus loin,

Armez avec vos Grecs tous ceux qui m'ont suivie.
Soulevez vos amis : tous les miens sont à vous.
(Acte IV, scène III.)

Acte IV, scène III, page 210.

Mettons encore un coup toute la Grèce en flamme.

Encore un coup ne s'emploie plus guère que d'une manière absolue et par forme de parenthèse, pour signifier, *je vous le répète, je vous le dis encore*. Ici cette expression signifie *une seconde fois*. (*Luneau de Boisjermain.*)

Acte IV, scène III, page 211.

Ne vous suffit-il pas que je l'ai condamné ?

L'usage ordinaire voudroit, *que je l'aie condamné*. Il est toutefois douteux qu'il y ait ici un *véritable solécisme*, comme l'affirme Laharpe. « L'Académie, dit M. Fontanier, donne cet exemple, parfaitement analogue à celui de Racine : *Qu'il vous suffise que je l'ai voulu*. Il paraît que, du temps de Racine, on pouvoit employer l'indicatif après *suffise*, surtout lorsqu'on vouloit affirmer bien positivement, et ne laisser aucun doute. Molière dit, dans les Femmes savantes :

> *Il suffit* que l'on *est* contente du détour,
> Dont s'est adroitement avisé votre amour,
> Et que sous la figure où le respect l'engage,
> On *veut* bien se résoudre à souffrir votre hommage.
>
> (Acte I, scène IV.)

Ibid. même page.

Qu'Hermione est le prix d'un tyran opprimé.

Opprimé, expression inusitée en ce sens, et qui, ainsi employée, est plus latine que française. Racine la répète plus bas :

> Aux yeux de tout son peuple il faut que je l'opprime.

Au reste, *d'un tyran opprimé*, est aussi un tour latin, pour, *de l'oppression d'un tyran*.

Acte IV, scène V, page 215.

Loin de les révoquer, je voulus y souscrire.

« Le mot propre étoit, *loin de les désavouer*, *loin de les démentir*. *Révoquer des ambassadeurs*, signifie *les rappeler*, et non pas rétracter ce qu'ils ont promis... (*Laharpe.*)

Dans le même vers, *y souscrire*, pour, *souscrire à cette promesse, à cet engagement*, est vague et incorrect.

Acte IV, scène v, page 217.

> Pleurante après son char vous voulez qu'on me voie.

La règle voudroit *pleurant*, comme dans ce vers de la même pièce :

> N'est-ce pas à vos yeux un spectacle assez doux,
> Que la veuve d'Hector *pleurant* à vos genoux.
>
> (Acte III, scène IV.)

Peut-être est-ce à cause de l'inversion que Racine a préféré l'adjectif verbal *pleurante*, au participe *pleurant*, qui n'eut pas été aussi clair, et eut paru d'abord se rapporter à Pyrrhus.

Peut-être encore faut-il voir ici, avec Laharpe, une nuance de diction. D'après ce critique, dans les vers que prononce Andromaque, *N'est-ce pas à vos yeux*, etc., les pleurs sont une action momentanée; dans ceux où Hermione se représente *pleurante*, après le char d'Andromaque, les pleurs offrent, suivant l'intention du poète, une situation prolongée, et qui fait spectacle... En général, ajoute-t-il, le participe seul marque l'action; déclinable ou adjectif, il marque l'habitude.

La Fontaine s'est servi, comme Racine, de cet adjectif *pleurante*, dans ces beaux vers d'un poème oublié, malgré des traits de génie, son poème sur le quinquina. Il peint les objets funèbres qui entourent le lit du malade :

> Ses amis, ses enfants, l'un l'appui de ses jours,
> Et l'autre dans les bras de ses chastes amours;
> Une fille *pleurante*, et déjà destinée
> Aux prochaines douceurs d'un heureux hyménée.

Acte V, scène I, page 220.

> Je tremble au seul penser du coup qui le menace.

Penser est très-usité en poésie; on le rencontre fréquemment dans nos tragiques. Il n'est pas d'usage dans la prose.

Acte V, scène I, page 220.

Il pense voir en pleurs dissiper cet orage.

« ... Le sens dit Laharpe, d'accord avec la grammaire, exige absolument *se dissiper.* » Racine s'est permis la même ellipse dans ce vers des Plaideurs, acte I, scène v.

Elle voit dissiper sa jeunesse en regrets.

On ne peut nier que la phrase ne gagne par-là en vivacité, ce qu'elle perd peut-être en correction.

Ibid. page 221.

L'assassiner, le perdre? Ah! devant qu'il expire...

« Vaugelas (remarque 274e.) permettoit encore de mettre ces deux prépositions *avant* et *devant* l'une pour l'autre. Aujourd'hui l'usage est qu'on les distingue, soit en vers, soit en prose. *Avant* est relatif au temps... *Devant* est relatif au lieu... ajoutons que *devant* ne sauroit être suivi d'un *que*... » (*D'Olivet*, Remarques sur Racine.)

Cette dernière assertion peut être contredite. *Devant*, pris dans son acception ordinaire, ne peut sans doute être suivi de *que*. Mais il n'en étoit pas de même quand on l'employoit pour *avant*. Or c'étoit l'usage, non-seulement du temps de Vaugelas, mais encore du temps de Racine.

L'âne d'un jardinier se plaignoit au destin,
De ce qu'on le faisoit lever devant l'aurore.
(*La Fontaine.* Fable l'*Ane et ses Maîtres.*)

Et devant qu'il vous pût ôter à mon ardeur
Mon bras de mille coups lui perceroit le cœur.
(*Molière.* École des Maris.)

Voltaire n'avoit plus pour lui l'excuse de l'usage, quand il faisoit dire à Aménaïde en parlant de Tancrède, ce que dit ici Hermione en parlant de Pyrrhus:

Ah! devant qu'il expire, etc.
(Acte V, scène v.)

Acte V, scène II, page 222.

Phœnix même en répond, qui l'a conduit exprès.

Phœnix en répond, qui... latinisme hardi, que d'Olivet et Laharpe blâment mal-à-propos, ce me semble, puisqu'il rend la phrase plus vive, sans lui rien ôter de sa clarté. Racine s'est servi plusieurs fois de la même construction :

Mon père va venir, qui pourra vous entendre.
(*Les Plaideurs*, acte II, scène II.)

Il faut que sur le trône un roi soit élevé,
Qui se souvienne un jour qu'au rang de ses ancêtres,
Dieu l'a fait remonter par la main de ses prêtres.
(*Athalie*, acte I, scène II.)

On pourroit citer mille exemples de cette sorte de construction :

Une épaisse nuée à longs flots est sortie,
Qui, s'ouvrant à mes yeux dans son bleuâtre éclat,
M'a fait voir un serpent conduit par le prélat.
(*Boileau*. Lutrin, chant IV.)

Un loup survint à jeun, qui cherchoit aventure,
Et que la faim en ces lieux attiroit.
(*La Fontaine*. Fable le Loup et l'Agneau.)

Une tortue étoit, à la tête légère,
Qui, lasse de son trou, voulut voir le pays.
(Ibid. *La Tortue et les deux Canards*.)

Un prince nous poursuit, dont le fatal génie,
Dans cette ignominie,
De notre antique gloire éteint tous les rayons.
(*J.-B. Rousseau*. Ode aux Princes chrétiens.)

Une grotte est auprès, dont la simple structure
Doit tous ses ornements aux mains de la nature.
(*Voltaire*. Henriade, chant I.)

Des deux côtés du port un vaste roc s'avance,
Qui menace les cieux de son sommet immense.
(*Delille*. Énéid. chant I.)

On voit que ce tour vif et hardi est familier à nos poètes, et s'est conservé jusqu'à nos jours comme par tradition. Par un tour analogue qui n'est point étranger à nos grands orateurs, Bossuet a dit : *Un homme s'est rencontré... qui ne laissoit rien à la fortune*, etc., en traçant le portrait de Cromwel, dans l'oraison funèbre de la reine d'Angleterre.

Acte V, scène II, page 223.

Mais il se craint, dit-il, soi-même plus que tous.

On desireroit que Racine eût écrit *lui-même* : il le pouvoit sans blesser le vers; ce qui prouve qu'il ne l'a pas voulu. Il pensoit donc, comme on peut le conjecturer d'après ce passage et plusieurs autres encore, qu'on peut indifféremment se servir de *soi* et de *lui*, en parlant des personnes; et ainsi, il ne reconnaissoit pas la règle établie par l'Académie française, par d'Olivet et d'autres grammairiens, de n'employer *soi* que quand son antécédent présente un sens vague et indéfini, comme dans les mots *on*, *chacun*, etc., etc. Louis Racine, sans contester cette règle, prouve cependant combien elle présente d'incertitude, par un grand nombre d'exemples, qui se contrarient les uns les autres. Nous en citerons quelques-uns.

Boileau se conforme à la règle, quand il dit :

Chacun pris dans son air, est agréable en soi.

Chacun, présentant un sens indéfini, on devoit mettre *soi*, et non pas *lui*.

Corneille manque à la règle dans ce vers :

Qu'il fasse autant pour soi, comme je fais pour lui.

Il faudroit *lui* au premier hémistiche, comme au second, puisque l'antécédent de *soi* n'a rien d'indéfini.

Enfin La Fontaine viole la règle d'une autre manière, en disant :

Tout auteur qui voudra vivre encore après lui.

Tout auteur présente un sens indéfini, la règle vouloit *après soi*.

On voit qu'on ne peut rien conclure de l'usage des poètes en faveur de la règle établie par les grammairiens, sur l'emploi de *soi* et de *lui*.

Une remarque délicate, faite par Bouhours, Beauzée, et autres grammairiens, c'est que dans ces phrases par exemple, *il se craint soi-même*, *il se craint lui-même*; *soi-même* paraît être le régime du verbe, et *lui-même* une réduplication du sujet. Si cette remarque étoit fondée, elle offriroit une règle sûre pour les cas où il peut être embarrassant de choisir entre *soi-même* et *lui-même*, et elle laisseroit une grande latitude à l'écrivain, pour les occasions beaucoup plus nombreuses, où il est indifférent d'employer l'un ou l'autre.

Acte V, scène II, page 223.

S'il en devoit sortir coupable ou spectateur.

« *En* ne se rapporte à rien qui ait été énoncé : on le supplée si aisément, que l'omission est une très-légère inexactitude. »

(*Laharpe.*)

Ibid. même page.

Allons. C'est à moi seule à me rendre justice.

« *Se rendre justice*, c'est se rendre à soi même un juste témoignage, soit en bien, soit en mal. *Se faire justice*, c'est exécuter sur soi ou sur les autres ce que la justice prescrit... Ailleurs Racine a parfaitement observé cette différence.

Mithridate dit à Monime :

Enfin j'ouvre les yeux, *et je me rends justice*;
C'est faire à vos beautés un triste sacrifice, etc.

(Acte III, scène v.)

Il *se rend justice* en avouant que son union avec Monime ne seroit pas sortable. Mais dans la même scène, lorsqu'après avoir renoncé, au moins en apparence à Monime, il exige qu'elle renonce aussi à Pharnace, il lui dit :

Quand je me fais justice, il faut qu'on se la fasse. (Laharpe.) »

Acte V, scène II, page 224.

De leur hymen fatal troublons l'événement.

« *L'événement*, dit Laharpe, est ici une expression impropre et froide. L'hymen de Pyrrhus est pour Hermione autre chose qu'un *événement.* » Cette critique est peu fondée, et Laharpe ne paraît pas avoir saisi le sens de l'expression de Racine. *L'événement* est ici pour *l'issue;* et c'est une acception très-française et très-élégante. Voltaire a dit fort bien :

Qu'Aménaïde ici ne soit plus prisonnière,
Jusqu'à l'*événement* de ce léger combat.
(*Tancrède*, acte III, scène VI.)

Acte V, scène III, page 224.

Pyrrhus m'a reconnu, mais sans changer de face.

Laharpe blâme l'expression *changer de face*, qui s'entend, dit-il, des choses qui changent d'état, comme dans ce vers de *Britannicus* (act. V, sc. III),

Il suffit, j'ai parlé, tout a changé de face.

et non pas de personnes qui *changent de visage*. Il est très-vrai que l'usage a prévalu d'employer cette expression dans le sens métaphorique, mais je ne vois pas pourquoi il seroit interdit aux poètes de l'employer au propre, quand la clarté n'en souffre pas, comme dans le passage qui nous occupe.

Ibid. page 225.

Pour tous mes ennemis je déclare les siens.

Il y a dans ce vers une transposition que blâme d'Olivet, et que défend Louis Racine. Cette faute, si c'en est une, me semble de peu d'importance. Le véritable défaut du vers a été indiqué par Laharpe, c'est qu'il offre un sens équivoque : il pourroit signifier que Pyrrhus n'a pas d'autres ennemis que ceux d'Astyanax.

Acte V, scène IV, page 227.

Je deviens parricide, assassin, sacrilége.

Geoffroy trouve une impropriété d'expression dans le mot *parricide*. M. Fontanier répond fort bien que *parricide* se dit par extension, en parlant de tout attentat qui révolte la nature et l'humanité. Si l'adjectif *parricide* est ici condamnable, le substantif ne le seroit pas moins dans ce vers d'Hermione :

.... tais-toi, perfide,
Et n'impute qu'à toi ton lâche parricide.
(Acte V, scène III.)

Acte V, scène V, page 228.

Tout le peuple assemblé nous poursuit à main forte.

Cette expression *main forte*, relevée ici, comme le fait observer Laharpe, par la tournure de la phrase, étoit usitée en poésie du temps de Racine

Bientôt l'ambition et toute son escorte
Dans le sein du repos vient le prendre *à main forte*.
(*Boileau.* Satire VIII.)

Et chez moi venons à main forte
Pour le percer de mille coups.
(*Molière.* Amphitryon, acte III, scène V.)

Ibid. page 229.

J'étois né pour servir d'exemple à ta colère.

En admettant ici une inversion, *servir à ta colère d'exemple*, il n'est pas besoin de supposer qu'il faille dire, *servir d'exemple de ta colère*.

LES PLAIDEURS.

Acte I, scène I, page 237.

Tous les plus gros monsieurs me parloient chapeau bas.

Laharpe remarque que *les plus gros monsieurs* convient fort bien à Petit-Jean. Molière fait parler de même Georgette dans l'*École des Femmes*.

> Oui, mais pourquoi chacun n'en fait-il pas de même ;
> Et que nous en voyons, qui paroissent joyeux,
> Lorsque leurs femmes sont avec les beaux *monsieux* ?
> (Acte II, scène III.)

Ibid. page 238.

Il s'y seroit couché sans manger et sans boire.

L'édition de 1679 porte : *Il y seroit couché*. La leçon la plus correcte eût été : *Il y auroit couché*.

Ibid. même page.

Pour s'échapper de nous, Dieu sait s'il est alègre.

« *Alègre*, vieux mot tiré de l'italien *allegro*, vif, gai, alerte. Ces termes surannés sont quelquefois un ornement dans le genre comique. » (*Geoffroy*.)

Les anciennes éditions écrivent *alaigre*, qui répondroit plutôt au mot latin *alacris*.

Acte I, scène III, page 240.

Si je leur donne temps, ils pourront comparaître.

L'ellipse de l'article *du*, avant le mot *temps*, est une licence que s'est permise le versificateur.

Acte I, scène III, page 240.

> Oh, monsieur! je vous tien.

« Autrefois, comme on peut le voir dans la grammaire de R. Estienne, les premières personnes des verbes, au singulier, ne prenoient point d'*s* à la fin. On réservoit cette lettre pour les secondes personnes, et on mettoit un *t* aux troisièmes... Les poètes, ajoute d'Olivet, changèrent l'orthographe des premières personnes des verbes; ils s'enhardirent à y mettre une *s* afin d'éviter la fréquente cacophonie qu'elles auroient faite sans cela devant les mots qui commencent par une voyelle. Comme ils n'avoient rien à craindre de semblable des verbes qui finissent par un *e* muet, parce que ceux-là s'élident, ce sont les seuls qu'ils ont laissés sans *s*; et insensiblement l'usage des poètes est devenu si général, qu'enfin l'omission de l'*s* aux premières personnes des verbes qui finissent par une consonne ou par toute autre voyelle que l'*e* muet, a été regardé comme une négligence dans la prose, et comme une licence dans les vers. Racine en fournit plusieurs exemples : vous trouverez dans Bajazet, *je vous en averti*, qui rime avec *parti* : ailleurs, *je reçoi, je croi, je voi*, riment avec *emploi*, avec *moi*... »

(*D'Olivet*, Remarques sur Racine.)

L. Racine condamne entièrement le retranchement de l'*s*; et Laharpe se borne à recommander aux poètes de ne point abuser de cette licence.

Acte I, scène IV, page 242.

> Combien en as-tu vu, je dis des plus huppés.

La règle grammaticale exige aujourd'hui le participe pluriel : *combien en as-tu vus*, c'est-à-dire, *combien de gentilshommes*, etc.

Acte I, scène V, page 244.

Sans plaider le curé, le gendre et le notaire.

« *Plaider quelqu'un*, style de chicane. Dans la conversation, aussi-bien qu'en écrivant, il faut dire *plaider contre quelqu'un*. »
(*Luneau de Boisjermain.*)

Boileau a fait dire à Sidrac :

J'ai moi seul autrefois *plaidé* tout *un chapitre*...
Le moindre d'entre nous, sans argent, sans appui,
Eût *plaidé le prélat* et *le chantre* avec lui.
(*Lutrin*, ch. III.)

Ibid. page 245.

Invisible et dolente est en prison chez elle.

« .... *Dolente* ne s'emploie aujourd'hui que dans le style badin, et la comédie même ne le comporteroit pas dans un couplet sérieux. » (*Laharpe.*)

À peine ils sont assis, que d'une voix *dolente*,
Le chantre désolé, lamentant son malheur,
Fait mourir l'appétit, et naître la douleur.
(*Lutrin*, ch. IV.)

Ibid. même page.

Elle voit dissiper sa jeunesse en regrets.

La grammaire voudroit *se dissiper* : à cela près les deux vers sont excellents et tout-à-fait irréprochables, malgré les critiques peu fondées de d'Olivet et de Luneau de Boisjermain.

Acte I, scène VII, page 248.

Si pourtant j'ai bon droit.

Locution surannée qui n'est d'usage que dans la conversation familière et dans le style comique. Racine s'en est encore servi dans la même pièce, acte II, scène XI :

. . . . *si pourtant*
Sur toute cette affaire il faut que je le voie.

Acte I, scène VII, page 250.

J'obtiens lettres royaux, et je m'inscris en faux.

Cette expression du Palais, *lettres royaux*, contre laquelle Balzac s'est tant récrié, vient de ce qu'autrefois le mot *royaux*, traduit du latin *régales*, étoit également des deux genres.

Ibid. page 251.

Eh! quelque soixante ans.

« Du temps de Racine *quelque* étoit en usage pour signifier *à-peu-près, environ :* on l'emploie encore aujourd'hui dans le style familier. » (*Geoffroy.*)

Acte I, scène VII, page 253.

Je ne la serai point.

Racine fils dit que, *je ne la serai point*, est plus dans le ton d'une vieille plaideuse, tout en convenant que la règle grammaticale demande *le*.

Acte II, scène III, page 262.

Comment! c'est un exploit que ma fille lisoit.

« Pour la rime, il faut prononcer *lisoit* comme *exploit*, par où finit le vers précédent. Vaugelas (Remarque 110) nous apprend que les gens du Palais prononçoient encore de son temps, *à pleine bouche*, la diphthongue *oi;* et cette coutume sans doute s'étoit conservée jusqu'au temps de Racine, du moins parmi les vieux procureurs. Ainsi c'est à dessein qu'il fait parler de cette sorte Chicaneau, plaideur de profession... »

(*D'Olivet,* Remarques sur Racine.)

Acte II, scène III, page 262.

Va, je t'acheterai le Praticien françois.

Racine suit ici l'ancienne prononciation du mot *françois*, telle qu'elle se trouve établie dans les vers suivants :

Voulant pousser à bout tous les rimeurs françois,
Inventa du sonnet les rigoureuses lois.
(*Boileau*, Art poétique, ch. II.)

C'est lui dont les Dieux ont fait choix
Pour combler le bonheur de l'empire françois.
(*Quinault*, Prologue de l'opéra d'*Isis*.)

Acte II, scène IV, page 263.

... plus je vous envisage
Et moins je me remets, monsieur, votre visage.

D'Olivet, dans une fort longue remarque, cherche à établir que la conjonction *et* se trouve ici de trop, et même qu'elle pourroit donner lieu à un contresens, puisqu'elle travestit des propositions *correlatives* en propositions *copulatives*. Il convient sans doute, en thèse générale, que la grammaire soit d'accord avec la logique; mais il n'y a, je crois, aucun grammairien qui puisse se méprendre sur le sens du vers de Racine : il n'est pas plus obscur que cet autre vers du même poète, auquel on n'a jamais reproché de manquer de clarté :

Croyez-moi, *plus* j'y pense, et *moins* je puis douter
Que sur vous son courroux ne soit près d'éclater.
(*Athalie*, act. I, sc. 1.)

Quinault a dit :

Plus j'observe ces lieux, et *plus* je les admire.
(*Monologue de Renaud dans* Armide.)

Voltaire ne s'est pas fait scrupule de dire depuis :

Non, *plus* j'y pense encore, et *moins* je m'imagine
Que mon fils des Romains ait tramé la ruine.
(*Brutus*, act. V, sc. vi.)

Acte II, scène v, page 268.

Si j'en connais pas un, je veux être étranglé.

« .... *Pas* ne se met en aucun cas qu'après la négative *ne*, énoncée ou supposée. » (*Laharpe.*)

« C'est, dit Geoffroy, une incorrection bien légère dans une comédie, et surtout dans la bouche d'un chicaneur, qui ne se pique pas de pureté dans le langage. »

Cependant ce mot *pas*, qui paraît de trop, revient à la page suivante, et semble mis exprès pour rendre l'expression ou le tour plus comique.

Acte II, scène vi, page 269.

On ne veut pas rien faire ici qui vous déplaise.

« On pourroit dire à Léandre :

De *pas* mis avec *rien* tu fais la récidive,
Et c'est, comme on t'a dit, trop d'une négative.

(*Femmes savantes*, act. II, sc. vi.)

« On ne peut pas croire que Racine ignorât ce qu'on n'ignore pas en sixième. Son fils prétend que Léandre fait exprès cette faute pour soutenir son déguisement... Cette excuse paraît un peu forcée... » (*Laharpe.*)

Acte II, scène vii, page 272.

Je ne sais qu'est devenu son fils.

Le pronom *ce*, avant *qu'est devenu*, seroit plus régulier; mais il se supplée facilement.

Acte II, scène ix, page 275.

Son droit? tout ce qu'il dit sont autant d'impostures.

Sont n'est pas régulier après le singulier *tout*. Geoffroy remarque cependant qu'on pourroit dire : *Ce sont autant d'impostures que tout ce qu'il dit.*

Acte II, scène XIII, page 281.

Tu prétends faire ici de moi ce qui te plaît.

D'Olivet remarque qu'il faudroit, *ce qu'il te plaît* (sous-entendu *de faire*). Le vers se lit ainsi dans les éditions de Luneau et de Laharpe, et dans plusieurs des éditions modernes. L'on a suivi, avec Ambroise Didot, les anciennes éditions.

Ibid. page 282.

Condamnez-le à l'amende; ou, s'il le casse, au fouet.

D'Olivet fait l'observation suivante, sur le premier hémistiche de ce vers, *condamnez-le à l'amende* : « Voilà le seul exemple qui reste dans tout Racine, d'un *le*, pronom relatif, mis après son verbe, et devant un mot qui commence par une voyelle : encore faut-il observer que cela se trouve dans une comédie. Mais dans les premières éditions de sa *Thébaïde* et de son *Alexandre*, il y en avoit cinq ou six autres exemples, qu'il a tous réformés dans les éditions suivantes. Il a donc senti que *le*, placé ainsi, blessoit l'oreille? Pourquoi la blesse-t-il? Parce qu'elle trouvera dans l'hémistiche une syllabe de trop, si on appuie sur *le*, sans faire sentir l'élision; ou s'il est totalement élidé à cause de la voyelle suivante, alors *le à l'amende* font entendre *la, la,* cacophonie. »

(*Remarques sur la langue française.*)

Acte III, scène III, page 287.

Oh, monsieur! je sais bien à quoi l'honneur m'oblige.

« *L'honneur* n'est pas ici employé dans son véritable sens : il est pris pour *le respect...* » (*Geoffroy.*)

Acte III, scène III, page 295.

Témoin trois procureurs, dont icelui Citron.

Dans la plupart des éditions, ainsi que dans les anciennes, *témoin* est écrit sans *s*. Ce mot est employé adverbialement, comme dans ces exemples donnés par l'académie : *témoin les victoires qu'il a remportées, témoin les blessures dont il est encore couvert*. Il est, de même que le mot *excepté*, indéclinable, mis ainsi devant les noms.

Ibid. même page.

Compendieusement énoncer, expliquer.

Compendieusement ne se trouve point dans le Dictionnaire de l'académie. C'est, je crois, un mot créé par Racine, et bien heureusement. « Où a-t-il été chercher, dit Laharpe, ce mot de six syllabes, qui tient tout un demi vers, et qui signifie *en abrégé?* »

Acte III, scène IV, page 300.

La fille le veut bien, son amant le respire.

Son amant le respire, est une expression inusitée : le verbe *respirer* n'est guère d'usage, dans le sens de *desirer*, qu'avec une négation, *ne respirer que*. (Voyez les *Remarques* de d'Olivet sur *Racine*.)

Laharpe fait à ce sujet une distinction qui mérite d'être rappelée.

« On dit figurément, *respirer la guerre, la vengeance, les plaisirs*, etc., pour *desirer ardemment*, et alors *respirer* prend le régime direct, comme *desirer*, mais seulement quand il s'agit de choses qui sont l'objet d'une passion habituelle. Quand il s'agit d'un fait, d'un événement, comme ici le mariage, *respirer* ne s'emploie qu'avec la négative et le régime indirect : *elle ne respire qu'après le mariage, le retour, la convalescence de son fils. »*

Voltaire a fait usage du mot *respirer* dans le premier des deux sens distingués par Laharpe.

> Les moments lui sont chers, il court dans tous les rangs
> Sur un coursier fougueux, plus léger que les vents,
> Qui, fier de son fardeau, du pied frappant la terre,
> Appelle les dangers, et *respire* la guerre.
>
> (*Henriade*, ch. VIII.)

FIN DES NOTES GRAMMATICALES DU TOME PREMIER.

TABLE DES PIÈCES

CONTENUES

DANS CE VOLUME.

Avant-Propos des Éditeurs............... Pag. 1

Notice sur la Vie et les Ouvrages de Racine........... i

Notice sur les Enfants de Jean Racine............ xvij

La Thébaïde, ou les Frères ennemis........... 1

Alexandre le Grand................... 75

Andromaque...................... 149

Les Plaideurs..................... 251

Notes grammaticales du tome premier........... 305

FIN DE LA TABLE.

L.-É. HERHAN, IMPRIMEUR-STÉRÉOTYPE,
RUE TRAÎNÉE, N°. 15, PRÈS DE SAINT-EUSTACHE.

www.ingramcontent.com/pod-product-compliance
Lightning Source LLC
Chambersburg PA
CBHW070432170426
43201CB00010B/1063